AF523071

Berlin

REGINA STÜRICKOW

VERBRECHEN IN BERLIN

32 HISTORISCHE KRIMINALFÄLLE 1890–1960

Inhaltsverzeichnis

Kapitel I

Verbrechen im Kaiserreich

Kapitel II

Verbrechen zur Zeit der Weimarer Republik

Kapitel III

Verbrechen im Dritten Reich

Kapitel IV

Verbrechen in der Nachkriegszeit

Achtung!

Barbier- u. Friseurgeschäfte!

Am 2. Januar d. J. ist im Hotel **Adlon** Unter den Linden der Geldbriefträger **Lange** von einem in dem Hotel unter falschem Namen wohnenden Gast ermordet und beraubt worden. Der Täter wird beschrieben als ein Mann ungefähr Ende der 30er Jahre alt, mittelgroß und schwarzem Vollbart. Da anzunehmen ist, daß der Täter sich den Bart am 2. Januar oder später hat abnehmen lassen, wird gebeten, etwaige zweckdienliche Angaben an die Mordkommission im Polizeipräsidium Berlin gelangen zu lassen.

Berlin, den 15. Januar 1919.

Polizeipräsidium Berlin.

Kriminalpolizei.

Handzettel der Polizei im Fall des Mordes im Hotel Adlon

Vorwort

„Jede Stadt hat eine offizielle Seite und eine inoffizielle, und es erübrigt sich, zu sagen, dass die letztere die interessantere und für das Verständnis eines Stadtwesens aufschlussreichere ist. […] Wer Erlebnisse sucht, Abenteuer verlangt, Sensationen erhofft, der wird im Schatten gehen müssen", schreibt Curt Moreck in seinem „Führer durch das ‚lasterhafte' Berlin" aus dem Jahre 1931. Denn, auch das schreibt Moreck: „Die im Schatten Wandelnden haben immer Sehnsucht nach dem Licht, aber die im Licht Wandelnden haben immer Sehnsucht nach dem Schatten. Nur die Art dieser Sehnsucht ist verschieden."

Schon zur Kaiserzeit lechzten die Bürger nach Kriminalgeschichten. Polizei- und Prozessberichte füllten die Zeitungsspalten und steigerten die Auflage. Die Namen der ermittelnden Kriminalkommissare waren in aller Munde. Die Hautevolee fand ihr Vergnügen daran, eine Nacht in den Kaschemmen der Unterwelt zu verbringen. Das waren in erster Linie die Lokale in der Spandauer Vorstadt, dem sogenannten Scheunenviertel. Neugierigen wurde jedoch dringend geraten, um die „wirklichen" Verbrecherspelunken rund um den Schlesischen Bahnhof (heute Ostbahnhof) doch lieber einen großen Bogen zu machen.

Die hier gesammelten 32 Kriminalfälle führen in das „dunkle" Berlin des ausgehenden 19. Jahrhunderts bis in die Zeit nach dem Zweiten Weltkrieg. Es ist ein anderes Berlin – nicht das Berlin des wilhelminischen Pomps der Jahre vor der Wende zum 20. Jahrhundert, sondern das Berlin der Gestrandeten und Gescheiterten. Es wird erzählt von den unbedarften Mädchen aus der Provinz, die ohne Geld, aber reich an Illusionen am Schlesischen Bahnhof aus dem Zug steigen, in der Hoffnung, bei reichen Leuten eine gut bezahlte Anstellung als Dienstmädchen zu bekommen. Die erträumte Stellung finden sie zwar nicht, dafür aber einen netten Herrn, der ihnen eine warme Mahlzeit und ein Dach über dem Kopf verspricht. Die Sache geht oft böse aus.

Nicht Sensationslust veranlasst den Historiker, sich in die Akten der Kriminalpolizei früherer Epochen zu vertiefen, sondern die sozialgeschichtliche Bedeutung dieser Archivalien. Sie geben nicht nur Aufschluss über den Wandel der Ermittlungsmethoden der Polizei, sondern vielmehr noch einen authentischen Einblick in die Lebenswelten vergangener Zeiten. Beschuldigte oder Zeugen geben nicht nur zu Protokoll, was sie gesehen oder gehört haben, sie erzählen von ihren Aktivitäten am Tattag und ihren Lebensumständen. Vor allem die Täter geben oft detaillierte Schilderungen ihres vergangenen Lebens und der Umstände, die zur Tat führten. Schon in der wilhelminischen Zeit haben Polizeifotografen den Tatort aus den verschiedensten Perspektiven abgelichtet. So erfahren wir aus einer authentischen Quelle, wie die „kleinen Leute" gelebt haben. Ein Leben, das uns heute ärmlich erscheint, ein Leben geprägt von Entbehrung, und blanker Not – und nicht selten von Kriminalität.

Vorwiegend sind es Mordfälle, die uns hier beschäftigen werden. Doch die Motive unterscheiden sich grundlegend: Habgier, Eifersucht, enttäuschte Liebe, Mord im Affekt, Sexualmord, ja auch der politische Mord kommt in „Verbrechen in Berlin" vor. Die meisten der hier behandelten Fälle sind in den Aktenbeständen des Landesarchivs Berlin dokumentiert. Den verantwortlichen Kriminalbeamten sowohl der Kaiserzeit als auch der Weimarer Republik und der NS-Zeit schienen in erster Linie die Mordakten der Aufbewahrung würdig. Seinerzeit dienten sie „Lehrzwecken", also der Ausbildung künftiger Kriminalbeamter. Nur ein Teil der Polizeiakten aus dem alten Polizeipräsidium am Alexanderplatz ist erhalten geblieben: authentische Zeugnisse der Polizeiarbeit vergangener Zeiten.

Ohne die Hilfe vieler und ihren Einsatz wäre dieses Buch nicht möglich gewesen. Zunächst gilt der Dank den Mitarbeitern des Landesarchivs Berlin, die unermüdlich Archivalien herbeigeschafft und Zeitungsjahrgänge geschleppt haben. Insbesondere danke ich Bianca Welzing-Bräutigam für ihre Unterstützung. Mein besonderer Dank gilt der Leiterin der Polizeihistorischen Sammlung Berlin, Dr. Bärbel Fest, für wertvolle Hinweise und Tipps und für ihren Einsatz, was die Beschaffung von Fotomaterial betrifft.

Der größte Dank gebührt aber meinem Verleger Dr. Dirk Palm für seine unermüdliche Geduld, die kritische Durchsicht und Korrektur des Manuskripts, für seine hilfreichen Hinweise und Ergänzungen.

Regina Stürickow

Ein Tatort mitten in Berlin: In diesem Zimmer wurde Martha Franzke, die „Tote im Reisekorb“, 1916 ermordet.

VERBRECHEN IM KAISERREICH

Berliner Polizeirevier, um 1906

Berlin wächst um 1900 rasant. Blick vom Potsdamer Platz in die Bellevuestraße

Die Berliner sind empört, die Presse entrüstet sich, und im November 1871 nimmt sich die Stadtverordnetenversammlung des Themas an, das seit Wochen in der Öffentlichkeit debattiert wird: der Sicherheit der Bürger. Keinen Steinwurf vom Schloss entfernt herrsche weniger Schutz und Sicherheit für die Bevölkerung „als in den verrufensten und entlegensten Winkeln von London", schreibt eine zeitgenössische Gazette. Nun sollen angesichts der „mindestens 40 000, die sich hier von Diebstahl, Raub und Unzucht" ernähren, Maßnahmen ergriffen werden. Das Ergebnis: Anfang 1872 beschließt das preußische Abgeordnetenhaus, die Königliche Schutzmannschaft von 255 auf 1543 Personen zu erhöhen.

Bei aller Empörung weckt die „Verbrecherwelt", umnebelt von einer Aura der Romantik, die Neugier der braven Bürger, und schon zur Kaiserzeit wird das „dunkle Berlin" zu einer Attraktion. So führt der gerade 13-jährige Heinrich Zille 1871 Touristen aus der Provinz durch die verrufenen Gassen und Kaschemmen der Stadt und lässt sie mit geflunkerten und wahren Geschichten aus dem Verbrecherleben erschaudern.

Erst nach dem Attentat auf Kaiser Wilhelm I. am 2. Juni 1878, bei dem der Monarch durch 30

Schrotkugeln eine schwere Kopfverletzung erleidet, wird die Schutzmannschaft noch einmal aufgestockt, doch Sicherheit vor Verbrechen gewährleistet der preußische Schutzmann mit der Pickelhaube nicht.

Seit der Mitte des 19. Jahrhunderts wächst die Stadt unaufhörlich. Zuwanderer aus den nord- und ostdeutschen Provinzen strömen massenhaft nach Berlin und hoffen auf Arbeit in den ständig expandierenden Industriebetrieben. Von 1849 bis 1871 verdoppelt sich die Einwohnerzahl auf 826 000, 1877 erreicht sie die Millionengrenze, und bis 1900 wird sie auf rund 2,7 Millionen anwachsen. Die einst beschauliche preußische Residenz entwickelt sich zu einer der modernsten Metropolen Europas. Das Berlin von 1900 ähnelt kaum noch dem von 1871. Die biedermeierliche Stadt wird rigoros dem Zeitgeist geopfert. Der amerikanische Schriftsteller Mark Twain, der 1891 einige Monate in Berlin verbringt, nennt die junge Kaiserstadt „The Chicago of Europe" und schreibt: „Die Hauptmasse der Stadt macht den Eindruck, als sei sie erst vorige Woche erbaut worden; der Rest wirkt eine kaum wahrnehmbare Schattierung gesetzter und sieht aus, als wäre er sechs oder vielleicht sogar acht Monate alt." Mit seinem Ausspruch: „Spreeathen ist tot, und Spreechicago wächst heran", treibt der Industrielle und spätere Außenminister Walther Rathenau den Vergleich auf die Spitze.

Das Tempo des Wandels ist atemberaubend: Das Berlin von 1905 gleicht kaum noch dem der Jahrhundertwende, und schon 1910 hat sich das Stadtbild erneut gewandelt. Im Tiergartenviertel entstehen breite Straßen und Alleen, hochherrschaftliche Villen und Wohnhäuser mit stucküberladenen Fassaden und prächtigen, marmorprotzenden Treppenhäusern. In den westlichen Vororten wachsen noble Wohnviertel, die den Geldadel anziehen. Charlottenburg wird die reichste Stadt Preußens.

Die Jahre 1895 bis 1913 sind von Hochkonjunktur geprägt. Die Industrie nimmt einen rasanten Aufschwung und wächst mit ihren Produktionsstätten bis weit über das Stadtgebiet hinaus. Doch für die Arbeiter, die in Massen nach Berlin kommen, fehlt es an Wohnungen. Die Kehrseite: Ausufernde Bodenspekulation führt in den nördlichen und östlichen Stadtteilen zu einer in Europa einzigartigen städtebaulichen Verdichtung. In wenigen Jahren werden die berüchtigten Mietskasernenviertel mit ihren Seitenflügeln, Quergebäuden und engen Höfen, in die wenig Licht und kaum Luft dringt, aus dem Boden gestampft und dehnen sich vom Schlesischen über den Stettiner Bahnhof bis weit nach Moabit und in den Wedding aus. Oft haust eine aus sechs und mehr Personen bestehende Familie in einer Wohnung, bestehend aus Stube und Küche. Eine Toilette für mehrere Mietparteien befindet sich entweder auf dem Treppenabsatz oder im Hof. In der Gegend um den Schlesischen Bahnhof sind die Häuser noch nicht an die Kanalisation angeschlossen. Nicht selten teilen die Hauptmieter die Stube noch mit sogenannten Schlafburschen, Untermietern, denen kein Zimmer, sondern nur eine Schlafstelle für ein oder zwei Mark Miete im Monat zur Verfügung gestellt wird. Das Zusammenleben zahlreicher Kinder und Erwachsener auf derart engem Raum hat verheerende Auswirkungen. Dass sich „Schlafburschen" an den Kindern ihrer Wirtsleute vergehen, ist keine Seltenheit.

Die widrigen Lebensverhältnisse in den heruntergekommenen Arbeitervierteln bilden einen Nährboden für ständig wachsende Kriminalität. Kaum ein Tag vergeht, an dem die Presse nicht von Raubmorden, einer aus der Spree gefischten Leiche oder angeschwemmten Leichenteilen berichtet. Die roten Fahndungsplakate, die sogenannten Mordplakate mit schwarzer Schrift und weißer Umrandung, die das Polizeipräsidium nach jedem Kapitalverbrechen an die Litfaßsäulen kleben und in den Bahnhofshallen aushängen lässt, sind stets von Neugierigen umlagert. Auch Hinrichtungen werden der Öffentlichkeit durch „Bekanntmachungen" an Litfaßsäulen angezeigt.

Angesichts der ständig wachsenden Aufgaben der Polizei bekommt das Polizeipräsidium, das seinen Sitz in der Stadtvogtei am Molkenmarkt hat, endlich ein repräsentatives Domizil. Auf dem Gelände des ehemaligen „Ochsenkopfes", des einstmals berüchtigten Arbeitshauses am Alexanderplatz, entsteht nach den Plänen des Baustadtrats Hermann Blankenstein das neue Polizeipräsidium. Nach knapp vier Jahren Bauzeit ist es am 1. Oktober 1889 bezugsfertig. Der vierstöckige Backsteinkoloss mit seinen acht Innenhöfen, einem überdachten Mittelhof und dem Polizeigefängnis ist nach dem Stadtschloss und dem im Bau befindlichen Reichstag das größte Gebäude Berlins. Die

„Zwingburg am Alex“ oder „Adelsklub“ nennen die Berliner das Polizeipräsidium spöttisch. Denn in der Tat gibt es zur Kaiserzeit kaum einen Kriminalbeamten, der nicht von Adel ist. Die Mehrzahl der Beamten im höheren Dienst rekrutiert sich zum einen aus Offizieren, die den Militärdienst quittiert haben, sowie aus Abkömmlingen mehr oder weniger verarmter Adelsfamilien, die aufgrund ihrer misslichen wirtschaftlichen Lage eine Karriere im Staatsdienst anstreben, denn die Beamtenstellung bietet ihnen wenigstens finanzielle Sicherheit. Der Werdegang des Kriminalkommissars Hans von Tresckow, der sich mit seinen 1922 erschienenen Erinnerungen „Von Fürsten und anderen Sterblichen“ einen Namen macht, ist

Das Polizeipräsidium, hier auf einer Postkarte von 1906, befand sich dort, wo heute das Einkaufszentrum „Alexa“ steht.

Bekanntmachung.

Der Tischler

Peter Heinrich Schunicht

aus Brakel im Kreise Höxter ist auf Grund der thatsächlichen Feststellung:
daß er zu Berlin am 19. Mai 1885 durch ein und dieselbe Handlung

1) **die verehelichte Johanna Weber geborene Pieper**
vorsätzlich getödtet und diese Tödtung mit Ueberlegung ausgeführt hat,
2) **mit Gewalt gegen die Person der Johanna Weber ein der letzteren gehöriges Sparkassenbuch und 70 bis 75 Mark baares Geld derselben in der Absicht weggenommen hat, sich diese Sachen rechtswidrig zuzueignen,**
und zwar indem durch die gegen die Frau Weber verübte Gewalt der Tod derselben verursacht worden ist,

durch Erkenntniß des Schwurgerichts bei dem Landgericht I. zu Berlin vom 11. December 1885 wegen Mordes und Raubes gemäß der §§ 211, 249, 251, 73 des Strafgesetzbuchs für das Deutsche Reich zum Tode und Verlust der bürgerlichen Ehrenrechte verurtheilt worden.

Das Erkenntniß hat die Rechtskraft beschritten, und nachdem durch Allerhöchsten Erlaß vom 3. Februar 1886 bestimmt worden, daß der Gerechtigkeit freier Lauf zu lassen, ist das Urtheil heute früh in dem Hofraum der Strafanstalt Moabit **durch Enthauptung des Verurtheilten** vollstreckt worden.

Berlin, den 8. Februar 1886.

Der Erste Staatsanwalt bei dem Königlichen Landgericht I.
Angern,
Geheimer Justizrath.

Druck von Nauck und Hartmann, Kurstr. 49.

Hinrichtungen wurden öffentlich bekannt gegeben.

typisch: Nach dem Tod des Vaters kann der junge von Tresckow sein Studium der Rechts- und Wirtschaftswissenschaften in Königsberg nicht mehr finanzieren und bewirbt sich 1889, eher der Not als der Überzeugung gehorchend, für den höheren Polizeiexekutivdienst.

In den 1890er-Jahren ist die Kriminalpolizei noch nicht klar strukturiert, die Kompetenzen sind unklar. Ein „Morddezernat" gibt es noch nicht. Erst 1902 wird ein sogenannter Mordbereitschaftsdienst eingerichtet, um jederzeit Beamte an einen Tatort schicken zu können. Bis dahin hat die Kripoleitung immer erst im Bedarfsfall damit begonnen, geeignete Ermittler ausfindig zu machen. Mitunter dauert es Stunden, bis die Beamten am Tatort eintreffen.

Überdies stoßen die polizeilichen Ermittlungen an noch unüberwindliche Grenzen. So werden Giftmorde zu einer Modeerscheinung, denn der Umgang mit Giften jeglicher Art wird erschreckend sorglos gehandhabt. Buchstäblich jedermann kann starke Betäubungsmittel, tödliche Chemikalien, sowie arsen-, strychnin- und zyankalihaltige Schädlingsbekämpfungsmittel problemlos in Drogerien erwerben. Andererseits ist die Gerichtsmedizin noch nicht in der Lage, Giftmorde zweifelsfrei nachzuweisen. Generell wird es potenziellen Mördern leicht gemacht: Pistolen sind für relativ wenig Geld sogar in Warenhäusern zu haben.

Nach der Jahrhundertwende ist es die ständig wachsende Kinder- und Jugendkriminalität, die die Polizei beschäftigt. Nicht nur Diebstähle und Einbrüche gehen auf das Konto Minderjähriger, auch immer mehr Raubmorde werden von Jugendlichen begangen. Pädagogen meinen die Hauptursache für die Verrohung der Jugend im sich rasch wandelnden Freizeitverhalten ausmachen zu können: in der Lektüre billiger Detektiv- und Abenteuerromane, wie der beliebten Nic-Carter-Groschenheftchen, und anderer Schundromane, die in jeder Bahnhofsbuchhandlung in großer Auswahl angeboten werden. Mehr noch wird das neue Medium Film, das gerade die Jugend anzieht, für diese Entwicklung verantwortlich gemacht. Zeitgenössische Publikationen werden nicht müde, den moralischen Verfall der Kinokinder, die einen beachtlichen Teil ihrer Freizeit in den Lichtspielhäusern verbringen, zu beklagen.

Hans von Tresckows Erinnerungen

Doch das Spektrum der Kriminalität ist weit gefächert:

Zu den häufigsten Delikten der Kaiserzeit gehören Erpressungen im Zusammenhang mit dem § 175, der Homosexualität unter Strafe stellt. Bei Hofe hat der „175er“ zu zahlreichen Skandalen geführt. An Skandalen mangelt es dem Kaiserreich ohnehin nicht, oftmals mit tragischem Ausgang. So wurde der Kriminaldirektor Leopold von Meerscheidt-Hüllessem, der Begründer des Verbrecheralbums und des Erkennungsdienstes, in einen Bestechungsskandal verwickelt und verübte Selbstmord. Meerscheidt-Hüllessem hatte für Berlin eine „Homosexuellenliste“ angelegt, was den SPD-Vorsitzenden August Bebel zu der Bemerkung veranlasste: „Die Zahl dieser Personen ist aber so groß und greift so in alle Gesellschaftskreise, von den untersten bis zu den höchsten, ein, daß, wenn die Polizei pflichtmäßig ihre Schuldigkeit thäte, der preußische Staat sofort gezwungen würde, allein, um das Verbrechen gegen § 175, soweit es in Berlin begangen wird, zu sühnen, zwei neue Gefängnißanstalten zu bauen.“

Auch die Wirtschaftskriminalität blüht. Betrügerische Bankrotteure, Wechselbetrüger, Schieber und Spekulanten tummeln sich in Berlin. Doch die Maschen des Gesetzes sind weit gestrickt. „Je ergiebiger Sie ihre Mitmenschen übervorteilen, umso gewissenhafter müssen Sie darauf achten, dass Sie das Recht auf Ihrer Seite haben“, rät der Marquis von Keith in Frank Wedekinds gleichnamigem Schauspiel von 1901. – Die Wirtschaftskriminellen achten penibel darauf.

Auch internationale Verbrecher, Mädchenhändler, Betrüger, Heiratsschwindler, Fassadenkletterer, Hochstapler und Hoteldiebe tummeln sich zunehmend in Berlin. Der berühmteste ist der rumänische Hochstapler und Hoteldieb Georges Manolesku. In allen europäischen Hauptstädten ist er bekannt – und gefürchtet. Im Sommer 1900 mietet er sich im Hotel Bristol Unter den Linden als Fürst Lahovary ein und erleichtert die Gäste ihres Bargeldes und ihres Schmuckes. Diesmal wird Manolesku allerdings gefasst, landet im Polizeigefängnis am Alex und wird schließlich an Österreich ausgeliefert, wie Hans von Tresckow schreibt. Einige Jahre später veröffentlicht er seine Memoiren. Sie werden ein Erfolg.

Ist die Kriminalität seit der Jahrhundertwende wirklich so dramatisch angestiegen? Mangels verlässlicher Statistiken kann darüber nur spekuliert werden. Sicher ist jedoch, dass die Presse inzwischen auch in Deutschland die Publikumswirksamkeit von Sensationsmeldungen erkannt hat. Ausführliche Berichte über Verbrechen, besonders über Mordtaten, werden von den Lesern förmlich verschlungen und beherrschen ebenso wie Prozessberichte die Titelseiten.

Der Ausbruch des Krieges 1914 trifft die Wirtschaft auf nahezu allen Ebenen. Die folgenschwere Fehleinschätzung der Gesamtsituation lässt es die kaiserlichen Behörden versäumen, rechtzeitig geeignete Maßnahmen zu ergreifen, um die Versorgung der Bevölkerung mit dem Lebensnotwendigsten sicherzustellen. Angesichts der Not erlangt die Kriminalität eine neue Qualität. Racheakte gegen Wucherer und Schieber, Raubmorde an alleinstehenden Inhaberinnen kleiner Läden oder Kneipenwirtinnen, sowie Überfälle auf Lebensmittelgeschäfte sind an der Tagesordnung. Am 16. April 1917 berichtet Polizeipräsident Heinrich von Oppen von mehreren Lebensmittelläden, die von Jugendlichen geplündert worden sind: „So versuchten etwa 100 bis 150 junge Burschen und Mädchen, darunter auch Schulkinder, in der Münz-, Gips- und Großen Hamburgerstraße einige Geschäfte zu plündern. In etwa 5–6 Bäckerläden wurden die Schaufenster zertrümmert und hierbei Backwaren entwendet.“ Nicht nur unter Proletariern kursiert der Spruch:

Die Armen liefern die Leichen,
der Mittelstand muss weichen,
den Krieg gewinnen die Reichen.

Das Kaiserreich ist am Ende.

Fluchtpunkt Brasilien

Der Bankier Gumpel schaut auf die Standuhr in seinem Büro. „Schon zwei Stunden überfällig", murmelt er kopfschüttelnd vor sich hin. „Wo die Schulzens doch sonst immer so pünktlich sind." Als die beiden Kundinnen, deren Vermögen er verwaltet, auch am nächsten Tag, es ist der 23. August 1897, nicht erscheinen, beschließt er, persönlich nach dem Rechten zu sehen, und begibt sich in die Königgrätzer Straße (heute Stresemannstraße), eine aufstrebende Geschäftsstraße zwischen dem Belle-Alliance-Platz (dem heutigen Mehringplatz) und dem Brandenburger Tor.

Der 1892 verstorbene Georg Schulze, Baustoffhändler und Besitzer mehrerer Gipsbrüche im Brandenburgischen, daher auch „Gips-Schulze" genannt, hat seiner Witwe, die nun die „Gips-Schulzen" ist, nicht nur ein Millionenvermögen hinterlassen, sondern auch ein Mietshaus in der Prenzlauer Allee und eines in der Königgrätzer Straße 35. In diesem gutbürgerlichen fünfstöckigen Mietshaus unweit des Anhalter Bahnhofs wohnt die 74-jährige Auguste Schulze mit ihrer 56-jährigen unverheirateten Stieftochter Klara in der zweiten Etage. Von geradezu krankhaftem Geiz besessen, versagen sich die Millionenerbinnen jede Annehmlichkeit und führen ein kärgliches Leben. Sie laufen, wie die Nachbarn sagen, in „schlunzigen" Kleidern herum, und auch das Haus wirkt heruntergekommen: Der Treppenläufer ist löchrig, die Wände haben schon lange keine frische Farbe mehr gesehen. Um zu sparen haben sie den Hauswart entlassen und putzen die Treppen selbst.

Vergeblich klingelt der Bankier an der Wohnungstür der Schulzens. Er kennt die misstrauischen Alten lange genug, um zu wissen, dass sie völlig zurückgezogen leben, nie ausgehen und außer ihm und dem Kohlenträger niemanden in die Wohnung lassen. Umso erstaunter ist er, als er von Nachbarn erfährt, die Frauen seien für längere Zeit nach Paris gereist und hätten den neuen Ladenmieter Joseph Gönczi beauftragt, sich um das Haus zu kümmern und die Mieten zu kassieren.

„Lächerlich", denkt der Bankier, „nie und nimmer fahren diese stinkgeizigen alten Hexen nach Paris! Zumal sie nicht einmal Geld für eine Auslandsreise abgehoben haben." Außerdem würde die Gips-Schulzen niemals einem Fremden den Einzug der Mieten anvertrauen. Kurz entschlossen geht er zur Polizei und schildert seine Bedenken.

Unter polizeilicher Aufsicht öffnet ein Schlosser die Wohnungstür der Gips-Schulzen, und schon beim ersten Schritt in die Stube gibt es keinen Zweifel mehr: Hier liegt ein Verbrechen vor. Schränke und Schubkästen sind durchwühlt, die Möbel von den Wänden gerückt, mehrere Schmuckschatullen aufgebrochen und ausgeraubt. Von den beiden Frauen fehlt jede Spur.

Joseph Gönczi soll herbeigeholt werden, doch der ist seit einigen Tagen ebenfalls verreist. Zudem scheint der neue Mieter nicht sehr beliebt zu sein. Vor einigen Wochen, erzählen Hausbewohner, habe er den Eckladen gemietet, um einen eleganten „Wiener Schuhsalon" aufzumachen. Die Einrichtung ist zwar fertig und die Schuhkartons stapeln sich bereits, doch Gönczi macht keine Anstalten, sein Geschäft zu eröffnen. „S' braucht, i bitt schön, alles seine Zeit", redet sich der Wiener Schuhmacher auf Nachfrage heraus. Schließlich lässt er Sand anfahren, und blockiert damit den Bürgersteig in ganzer Breite. Auf Beschwerden der Mieter erklärt er, er wolle ungarische Weine verkaufen und brauche den Sand für den Weinkeller.

Hat Gönczi etwas mit dem Verschwinden der Schulzens zu tun? Als die Ermittler seinen Laden durchsuchen, staunen sie nicht schlecht. Die Schuhkartons sind leer, die Einrichtung ist nur Attrappe. Dann ist da noch dieser penetrante Gestank, der an Verwesungsgeruch erinnert. Blutspuren im Laden lassen Böses ahnen. Nun wird der Keller inspiziert. Der Sand, inzwischen hier unten aufgeschüttet, wird weggeschaufelt und zum Vorschein kommen zwei längliche Kisten. Sie werden geöffnet und zum Vorschein kommen die bereits in Verwesung übergegangenen Leichen von Auguste und Klara Schulze. Die Gerichtsmedizin wird feststellen, dass beiden

Blick vom Askanischen Platz in die Königgrätzer Straße, um 1900. Rechts ist der Anhalter Bahnhof zu erkennen.

Frauen mit einem Beil die Schädeldecke zertrümmert worden ist.

Nach dem 45-jährigen Joseph Gönczi wird gefahndet. In der Mühlenstraße, wo der aus Siebenbürgen stammende Schuhmacher mit seiner Frau Anna und seinem gelblich-weißen Wolfsspitz seit 1892 lebt, trifft die Polizei nur auf die Haushälterin. Die Gönczis seien seit dem 18. August verreist, sagt sie. Wohin, wisse sie nicht.

Dennoch finden die Beamten heraus, dass die Gönczis am Bahnhof Friedrichstraße den D-Zug nach Posen genommen haben, in Frankfurt/Oder aber wieder ausgestiegen und von hier in Richtung Westen, über Halle, Hameln und Köln, nach Brüssel gefahren sind. In Halle hat Gönczi einen Koffer „bahnpostlagernd" nach Brüssel aufgegeben. Wer den Koffer in Brüssel abgeholt hat, bleibt unklar. Hier verliert sich dann auch die Spur der Gönczis, und die Ermittler gehen davon aus, dass sich das Paar ins Ausland abgesetzt hat.

Ein Steckbrief mit den Fotos des Paares und ihres auffälligen langhaarigen Hundes namens „Butzi" wird in 18 Sprachen übersetzt und an die deutschen und österreichischen Konsulate in aller Welt gesandt. Überall, wo es Kolonien von Deutschen gibt, werden sie in Vereinshäusern und Lokalen ausgehängt. Doch die Kriminalpolizei muss sich in Geduld üben.

Zwei Jahre später, am 15. September 1899, teilt der deutsche Konsul in Rio de Janeiro dem Berliner Polizeipräsidium in einem Telegramm mit, die Gönczis seien ergriffen worden. Der Hund hat das Paar verraten. Ein Österreicher, durch den auffälligen Wolfsspitz auf das Paar aufmerksam geworden, habe das Tier beim Namen gerufen und sofort sei „Butzi" freudig zu dem Zeugen hingerannt.

Die Gönczis, sie nennen sich jetzt Joseph und Anna Foenze, leugnen zunächst zwar ihre Identität, geben dann aber doch zu, dass sie mit gefälschten Papieren von Antwerpen mit einem Dampfer des Deutschen Lloyd nach Rio de Janeiro gereist sind. Obwohl Gönczi den ihm zur Last gelegten Mord vehement bestreitet, wird das Paar ausgeliefert und in besonders gesicherten Kabinen nach Deutschland überführt, denn seit 1874 gibt es ein Auslieferungsabkommen zwischen Brasilien und dem Deutschen Kaiserreich. Der Hund verbleibt in Rio und wird verkauft. Am 23. November 1899 werden sie vom Untersuchungsrichter in Berlin-Moabit erstmals vernommen.

„Butzi" sollte die Gönczis schließlich verraten.

Gespannt wartet die Öffentlichkeit auf den Prozess. Nachdem die Tagespresse wochenlang ausführlich über das bevorstehende Ereignis berichtet hat, ist das Interesse überwältigend. So liegen dem Gericht lange vor Prozessbeginn bereits mehr als 200 Anträge auf Eintrittskarten zur Hauptverhandlung vor. Sogar ein Gesuch um Erlaubnis, der Hinrichtung beiwohnen zu dürfen, ist Wochen vor Verhandlungsbeginn eingegangen und sorgt in Moabit für Kopfschütteln.

Mit 70 geladenen Zeugen beginnt am 3. April 1900 vor dem Schwurgericht in Berlin-Moabit der Prozess gegen das Ehepaar Gönczi. Joseph Gönczi, sichtlich gealtert und mit ergrautem Vollbart, erscheint im schwarzen Anzug mit Gehrock. Die Untersuchungshaft hat ihn sichtlich mitgenommen, denn auf Anordnung des Untersuchungsrichters ist er Tag und Nacht an Händen und Füßen mit Ketten gefesselt.

Gönczi bewahrt dennoch Haltung. Er bleibt bei seiner Taktik des hartnäckigen Leugnens und zeigt sich redegewandt und fantasiebegabt. Jeden Satz

Der Fall von Joseph und Anna Gönczi erregte großes Aufsehen. Im Deutschen Fahndungsblatt wurde ausführlich über die beiden berichtet.

Deutsches Fahndungsblatt.

1. Jahrgang. Berlin, 22. Juli 1899. Stück 93.

II. Theil.

Bekanntmachungen.

Anna Goenczi. Josef Goenczi.

26. (☞ 1000 Mark Belohnung. Doppelmord Berlin.) Es ist bisher nicht gelungen, des vorstehend gebildeten und seit 25. 8. 1897 wegen Raubmordes ckbriefl ch verfolgten Schuhmachers Josef Goenczi bhaft zu werden. Am 23. 8. 1897 wurden die itwe Auguste Schultze, geb. Lutze und ihre ieftochter Clara Schultze in ihrem Hause Königätzerstraße 35 zu Berlin ermordet aufgefunden. Die iden Frauen sind mittelst scharfer und schwerer Inumente durch Schläge auf den Kopf getödtet, die ichname demnächst mit schwarzer Wachsleinewand wickelt, die Umhüllungen mit Bindfaden fest zusammenschnürt und beide Leichname in genagelte Kisten epackt, im Keller des genannten Hauses durch darauf schaufelte Erde versteckt worden. Der That dringend rdächtig ist der Schuhmacher und Schuhwaarenhändler **Josef Goenczi,** am 2. 7. 1852 zu Maros-Varsahely in Siebenbürgen geboren, österreichischer Staatsangehöriger. Goenczi spricht deutsch, ungarisch, rumänisch und polnisch. Größe: 1,65 m, von untersetzter gedrungener Statur, dunkles, graumelirtes, lockiges Haar, welches Goenczi tiefdunkel, fast schwarz zu färben pflegte, niedere Stirn, dunkelbraune, etwas melirte Augenbrauen, breit geflügelte Nase, kleine braune Augen, etwas aufgeworfene Lippen, gelbliche Gesichtsfarbe, dunkelblonder, in der Mitte gescheitelter, gewöhnlich schwarz gefärbter Schnurr- und Backenbart; der obere Theil beider Backen frei von Bart. Kennz große Narben, beginnend an der rechten Halsseite und bis hinter die Mitte der Ohrmuschel reichend. Die in den österreichischen militärischen Straf-Anstalten aufgenommenen Signalements bezeichnen diese Narben als Brand- und Skrophelnarben. Goenczi selbst gab stets an, dieselben rührten von einer in den Feldzügen erhaltenen Schußwunde her. Als weiteres Erkennungszeichen ist ein erbsengroßes Muttermal am rechten Schulterblatt zu erwähnen. In Begleitung des Mörders befand sich bei der Abreise seine Ehefrau **Anna Goenczi,** geb. **Sattler,** geb. 20. 1. 1849 in Windorf (Königreich Bayern), 1,62 m groß, untersetzte Statur, dunkles, glatt gescheiteltes Haar, letzteres für gewöhnlich nicht wellig, wie auf den Photographien; dunkelbraune Augenbrauen, gewöhnliche Nase, defekte Zähne, schmales Gesicht, gelbliche Gesichtsfarbe, dunkelbraune Augen, rundes Kinn. Kennz. kropfartige Geschwulst an der rechten Halsseite. Goenczi ist reformirter, seine Ehefrau katholischer Konfession. Die Goenczi'schen Eheleute sind am Abend des 18. 8. 1897 von Berlin nach Frankfurt an der Oder, am 19. 8. über Cottbus nach Halle gefahren. Von hier aus sind sie allem Anschein nach, nach Brüssel weitergereist, haben auch ihr Gepäck dorthin aufgegeben und am 25. 8. 1897 abgeholt oder abholen lassen. Von diesem Tage an fehlt jede Spur über den Verbleib des Paares, welches bei der Abreise einen weiß- und gelbgefleckten Wolfsspitz Namens „Butzi" bei sich hatte. Goenczi soll in seinem Fach als Schuhmacher (Zuschneider und Vorrichter) sehr tüchtig sein und hat auch im persönlichen Verkehr eine außergewöhnliche Gewandtheit dokumentirt. Es muß hervorgehoben werden, daß in den Militärpapieren des Goenczi neben den Beruf desselben als „Schuhmacher" auch derjenige als „Matrose" verzeichnet ist. Für die Ergreifung des Goenczi haben die Gerichts-Behörden obige Belohnung

beginnt er in seinem unnachahmlichen Dialekt mit den Worten „I bitt schön“ und bringt sowohl Publikum als auch Gericht immer wieder zum Lachen. So nennt ihn die Tagespresse nicht zu Unrecht „einen vollendeten Komödianten“.

Er bestreitet zwar den Mord, gibt aber zu, davon gewusst zu haben. Ein gewisser Leo Loevy, Weinhändler aus Brüssel, habe den Mord begangen, behauptet er. Loevy habe eine heimliche Affäre mit Klara Schulze gehabt, von der die Mutter nichts wissen durfte. Der Vorsitzende verweist die Geschichte ins Reich der Märchen. Klara Schulze, so wendet er ein, sei seinerzeit bereits 56 Jahre alt und gelinde gesagt, nicht eben mit Schönheit gesegnet gewesen und litt an Epilepsie. Einen heimlichen Liebhaber wird sie wohl kaum gehabt haben. Zudem findet sich niemand, der den ominösen Weinhändler Loevy je gesehen hat. Gönczi jedoch bleibt nie eine Antwort schuldig. Der Nachbar, erklärt er zerknirscht, der Inhaber der Gaststätte Hinz, habe den Doppelmord zusammen mit Loevy begangen. Hinz habe den Verdacht auf Gönczi lenken wollen. Deshalb habe er Gönczi 10 000 Mark Schweigegeld gegeben und eine gute Anstellung in Brasilien versprochen. Mit seiner übereilten Abreise falle der Verdacht dann zwangsläufig auf Gönczi. „I bitt schön, I hob mi halt drauf eing’lassen.“

Der Kneipenwirt Hinz, ein Mensch von schlichtem Gemüt, wird daraufhin vorgeladen. Es verschlägt ihm die Sprache. Als er sie wiedergefunden hat, beteuert er, einen Loevy nie gekannt zu haben. Was Gönczi da erzählt, höre er zum ersten Mal.

Während des fünftägigen Prozesses hat Gönczi sich stets unter Kontrolle und sorgt mit seiner Redegewandtheit für Amüsement im Saal. Doch dann lässt er sich in einem unkonzentrierten Augenblick zu einer unbedachten Äußerung hinreißen: Als ein in seinem Laden sichergestellter Läufer mit Blutflecken und Haarresten der Ermordeten dem Gericht als Beweisstück vorgelegt wird, ruft Gönczi aus: „Das ist ja der Läufer, auf den die Alte gefallen ist!“, und schickt nach einer Schrecksekunde hinterher: „Hat der Loevy erzählt.“

Am 7. April 1900 wird Joseph Gönczi wegen Mordes und Raubes in zwei Fällen zum Tode verurteilt. Im Fall seiner Ehefrau Anna werden alle Schuldfragen verneint. Sie wird freigesprochen.

Gönczis Pflichtverteidiger Dr. Herbert Fraenkel legt gegen das Urteil mit der Begründung Revision ein, dass ein gewisser Louis Schulz, der in Rio de Janeiro an den deutschen Konsul ein Schreiben gerichtet hat, in dem er sich der Mordtat an den Schulzens bezichtigt, in Berlin ignoriert worden sei. Doch Schulz ist den Behörden kein Unbekannter, wie der Berliner Lokal-Anzeiger vom 21. Juli 1900 zu berichten weiß: Mit 20 Jahren wandert Louis Schulz, der Sohn eines Hamburger Handwerkers, nach Brasilien aus. Doch schon bald überwältigt ihn das Heimweh, und er will so schnell wie möglich wieder nach Hause. Er bezichtigt sich beim deutschen Generalkonsul eines zwei Jahre vor seiner Ankunft in Brasilien in Deutschland begangenen Mordes und wird daraufhin nach Hamburg gebracht. Hier gibt er bei seiner Vernehmung zu, dass er die Geschichte erfunden habe, um auf Staatskosten in die Heimat zurückgebracht zu werden. Nach Verbüßung einer kleinen Strafe geht er einige Jahre später wieder nach Brasilien. Die Komödie wiederholt sich: Abermals bezichtigt er sich eines Mordes und wird auf Staatskosten nach Hamburg befördert. Jetzt beginnen die Behörden an seiner Zurechnungsfähigkeit zu zweifeln, und er kommt in

eine Irrenanstalt. Hier benimmt er sich „derart vernünftig“, dass er auf Bitten des Vaters, der ihn in seinem Betrieb beschäftigen und ein Auge auf ihn werfen will, entlassen wird. Bald ist Louis wieder verschwunden. Ein drittes Mal hat er sich nach Brasilien begeben. Nun bezichtigt er sich des Mordes an der Gips-Schulzen …

Als Gönczi der Ablehnungsbescheid zugestellt wird, bekommt er einen Wutanfall und zerreißt das Schreiben in kleine Stücke. Am 6. Dezember wird ihm mitgeteilt, dass der König von seinem Begnadigungsrecht keinen Gebrauch gemacht habe.

Am Nachmittag vor der Hinrichtung trifft der 51-jährige Scharfrichter Lorenz Schwietz, „ein großer starker Mann mit vollem Gesicht und rötlich blondem Schnurrbart“, so der Berliner Lokal-Anzeiger, aus Breslau in Berlin ein. Es ist seine vierte Hinrichtung, aber die erste, die er in Berlin vollziehen wird. Mit vier Gehilfen trifft er am Nachmittag im Gefängnishof seine Vorbereitungen.

Am 7. Dezember 1900 um 6 Uhr 30 wird Gönczi auf dem Hof der Strafanstalt Plötzensee hingerichtet. Er wird mit dem Handbeil enthauptet. 33 Zuschauer sind zugelassen.

Die Akten über diesen ungewöhnlichen Fall werden noch heute aufbewahrt.

Ein Diener feiner Leute

Am Morgen des 13. Juni 1913, es ist Pfingstsonntag, machen sich zwei Polizeibeamte daran, ein sorgfältig verschnürtes, in gelblich-grünes Packpapier gewickeltes Paket zu öffnen. Ein älterer Herr hat es gegen 11 Uhr 30 in einem öffentlichen Pissoir an der Kaiserallee (heute Bundesallee) entdeckt und einen Schutzmann herbeigerufen. Starr vor Entsetzen blicken die Beamten auf den Inhalt: In blutdurchtränktes Papier sind die Beine eines Kindes eingewickelt.

Ob von einem Mädchen oder Jungen, vermag der herbeigerufene Gerichtsmediziner nicht zu sagen. Fest steht nur, dass das Kind nicht länger als einen Tag tot ist und die Beine von unkundiger Hand abgetrennt worden sind.

Noch am selben Abend wird in der Halle des Potsdamer Bahnhofs ein weiteres, ähnlich verpacktes Paket gefunden. Es enthält den Rumpf mit dem Kopf des Kindes. Nun gibt es keinen Zweifel mehr: Es handelt sich um einen Jungen, der, den Strangulierungsmarken nach zu urteilen, erwürgt worden ist. Bekleidet ist der Rumpf nur mit einem Unterhemd. Die übrigen Kleidungsstücke, bis auf die Schuhe, liegen aber im Paket. In der Tasche der Jacke steckt ein Schülerausweis auf den Namen Otto Klähn, geboren am 8. Oktober 1900, wohnhaft in Berlin, Steinmetzstraße 46.

Von der Stiefschwester wird die Kripo erfahren, dass Otto sich in dem Kolonialwarengeschäft Scholz in der Lützowstraße 52 als Laufbursche ein paar Mark verdient hat. Die Ermittlungen in dem

Die Hohenzollernstraße ist das, was der Berliner „feine Jejend" nennt.

Laden bringen die Kripo allerdings kaum weiter. Scholz sagt aus, Otto sei am Sonnabend schon gegen 20 Uhr mit der Begründung gegangen, er müsse Verwandte vom Bahnhof abholen. Doch Otto hat gelogen: Die Verwandten gibt es nicht! – Mit wem war Otto verabredet?

Die Recherchen in der Umgebung des Kolonialwarengeschäfts bringen Interessantes zutage: Der Scholz'sche Laden wird mit Vorliebe von homosexuellen Männern aufgesucht, die auf die Botenjungen ein Auge geworfen haben. Alles nur Klatsch und Tratsch? Um den Gerüchten auf den Grund zu gehen, werden die Laufburschen, die in letzter Zeit für Scholz gearbeitet haben, ins Polizeipräsidium zitiert. Die Vernehmungen erweisen sich indes als äußerst schwierig. Keiner der Knaben, sie sind alle minderjährig, mag zugeben, dass er intime Kontakte zu Kunden unterhalten und vielleicht sogar Geld dafür bekommen hat. Bis ein älterer Botenjunge das Schweigen endlich bricht: „Da ist der Josef Ritter aus der Hohenzollernstraße 26", beginnt er zögernd. „Der ist Diener bei piekfeinen Leuten, die oft auf Reisen sind. Wenn er dann allein ist, nimmt er immer Jungs mit rauf. Mich hat er auch öfter mitgenommen. Danach hat er aber immer reichlich Trinkgeld gegeben."

Josef Ritter, ein Diener feiner Leute

Scholz, der sich abgesehen von seiner ersten Aussage in Schweigen hüllt, denn der zweifelhafte Ruf seines Ladens ist ihm unangenehm, erinnert sich jetzt, dass er Klähn am Sonnabendmittag mit vier Flaschen Bier zu Ritter geschickt hat. Ob Ritter den Jungen für den Abend zu sich bestellt hat, entzieht sich jedoch seiner Kenntnis.

Wie die Kripo in Erfahrung bringt, genießt Ritter in der Hohenzollernstraße (heute Hiroshimastraße) den denkbar schlechtesten Ruf, denn aus seiner homosexuellen Veranlagung macht er keinen Hehl, und dass er in Abwesenheit seiner Dienstherren minderjährige Knaben mit in die Wohnung nimmt, ist niemandem verborgen geblieben. Auch jetzt sind Ritters Arbeitgeber wieder auf Reisen und er ist schon seit längerer Zeit allein in der Wohnung. Umgehend schlägt die Kripo zu.

Bei seiner Festnahme leistet Ritter keinerlei Widerstand und legt, von Weinkrämpfen unterbrochen, ein umfassendes Geständnis ab. Eine Haussuchung bringt alle Beweise an den Tag: eine stark mit Blut besudelte Schürze, das Tatmesser, Reste des Verpackungsmaterials sowie die Schuhe des Opfers.

Das Geheimnis des Knabenmordes.

Die Ermittelungen der Kriminalpolizei.

Der heutige Vormittag hat noch keine weitere
Aufklärung des Mordes an dem 13jährigen Ge-
meindeschüler Otto Kläh n gebracht. Die Kriminalpolizei bemüht sich, um einen Anhaltspunkt dafür zu gewinnen, in welchen Kreisen der
Täter zu suchen sei, das junge Vorleben des Ermordeten klarzustellen. Soviel bis jetzt bekannt
geworden ist, ist Otto Klähn, der die 156. Ge-
meindeschule in Berlin besucht hat, von seinen
Lehrern als ein besonders aufgeweckter, streb-
samer Schüler geschildert wird, trotz seiner
Jugend sehr nach Geld ausgewesen. Er war fast,
was man geldgierig nennt und er hat, wie
man erfährt, durchaus nicht das normale Leben
eines 13jährigen Schülers geführt, sondern in
seinen freien Stunden sich bemüht, auf die verschiedensten Arten Geld zu verdienen, gerade so
wie er die Pfingstferien der Schule dazu benützt
hat, um als Laufbursche in einem Kolonial-
warenladen in der Lützowstraße tätig zu sein,
um sich das nötige

Geld für einen Pfingstausflug

zu verdienen, so hat er auch früher schon in seinen freien Stunden sich auf die verschiedenste
Weise versucht, sich durch kleine Dienstleistungen
Geld zu verdienen. Er hat auch häufig bei sich
Beträge gehabt, die an und für sich geringfügig,
aber für einen 13jährigen Schüler aus armem
Hause doch immerhin auffallend waren. Er ist
im Elternhause mit den Erklärungen, wie er zu
dem Gelde gekommen war, auf welche Weise er
es verdient habe, immer sehr sparsam gewesen,
so daß man zu Hause eigentlich niemals wußte,
was er in seinen freien Stunden trieb. Vermutlich hat er sich sehr viel zu Botengängen be-
nutzen laessn und bei einer solchen Gelegenheit
ist er wahrscheinlich einem pervers veranlagten
Menschen in die Hände gefallen, der ihn an sich
gelockt und mißbraucht hat. Daß der Mörder
den homosexuellen Kreisen angehört,
gerade so wie vor einigen Jahren der Mörder
des 15jährigen Blechert sich als Homosexueller
herausstellte, darüber kann kaum noch ein Zweifel sein.

Der Täter

hat entweder bei dem 13jährigen Jungen
Widerstand gefunden, oder ist durch
Drohung des Jungen in die Furcht versetzt
worden, daß er angezeigt und entlarvt werden
würde. Um den gefährlichen Zeugen aus der
Welt zu schaffen, hat er den Knaben erdrosselt und dann die Leiche zerstückelt,
um sie bequem fortschaffen zu können. Der
Mord ist nach dem Gutachten der ärztlichen
Sachverständigen in der Nacht zum Pfingstsonntag geschehen. Von Wichtigkeit für die Er-
mittlung des Täters kann das gelblich-
grüne Packpapier sein, in das die Leichenteile gewickelt waren. Packpapier von dieser
Farbe ist nicht allzu häufig. Dieses Papier wird,
wie die Kriminalpolizei festgestellt hat, in
Berlin von einer einzigen Fabrik erzeugt. Zu
jeder anderen Zeit hätte sich wohl auch leichter
feststellen lassen, wer am Sonnabend solches
Packpapier in größeren Mengen gekauft hat.
Aber gerade vor den Pfingstfeiertagen ist der
Einkauf von Packpapier für Pakete natürlich
ungleich stärker gewesen und so kommt es, daß
sich heute eine große Menge von Zeugen
meldeten, die angaben, ein Mann von diesem
oder jenem Aussehen hätte am Sonnabend bei
ihnen Packpapier von dieser Qualität gekauft.
Personen, die am Pfingstsonntag den Täter mit
diesem Paket gesehen, haben sich bis jetz. bei der
Polizei noch nicht gemeldet.

Die Zeitungen berichten ausführlich über den Fall.

Ritter gibt zu, dass er nur deshalb bei Scholz kaufe, um mit den Laufburschen Kontakt aufnehmen zu können. Aus diesem Grund nehme er auch immer nur einen Teil der Waren mit, den Rest lasse er sich dann liefern. Zu einigen Jungen habe er freilich auch intime Beziehungen unterhalten und ihr Schweigen stets mit Geld erkauft. Otto Klähn, der blonde, blauäugige Junge mit den mädchenhaften Zügen, habe es ihm besonders angetan. Dass er ihn für den Abend zu sich bestellt hat, bestreitet Ritter allerdings. Er habe Klähn am Nachmittag zufällig getroffen und mit in die Wohnung genommen. Nachdem es zu „homosexuellen Handlungen“ gekommen sei, habe der Junge versucht, ihn um 100 Mark zu erpressen, andernfalls werde er ihn anzeigen. Da sei er so wütend geworden, dass er den Jungen gewürgt habe. Unter Tränen beteuert Ritter, dass er Klähn keinesfalls habe töten wollen. Er sei in Panik geraten, entsetzt aus der Wohnung gelaufen und in der Stadt umhergeirrt. Als ihm klar wird, dass er die Leiche irgendwie wegschaffen muss, kauft er Packpapier und Bindfaden. Um über sein weiteres Vorgehen nachzudenken, hält er sich einige Stunden im Tiergarten auf. Zurück in der Wohnung, zerstückelt er die Leiche und verpackt sie. In der Hoffnung, seine Spuren verwischen zu können, fährt er mit den Paketen anschließend durch die Stadt, stellt eines im Pissoir in der Kaiserallee ab, das andere in der Halle des Potsdamer Bahnhofs.

In wichtigen Punkten entspricht Ritters Geständnis jedoch nicht dem wirklichen Tathergang: Zu „homosexuellem Verkehr“ mit dem Knaben, wie Ritter behauptet, kann es nicht gekommen sein, denn die Obduktion hat das Gegenteil ergeben. Ritter wird unsicher und nimmt zumindest die Behauptung, der Knabe habe ihn erpresst, zurück. An eine Tat im Affekt mag die Mordkommission ohnehin nicht glauben. Sie geht von einem Lustmord aus.

Ein Lokaltermin zur Rekonstruktion des Tathergangs soll nun letzte Ungereimtheiten klären. Doch da kommt es zu einem unvorhergesehenen Zwischenfall: Täglich haben die Tageszeitungen ausführlich über den Stand der Ermittlungen berichtet. Die Öffentlichkeit empört sich. Der Lokaltermin hat sich herumgesprochen und so versammelt sich vor dem Haus in der Hohenzollernstraße eine aufgebrachte Menschenmenge, und als die Kommissare das Haus mit Ritter wieder verlassen, kommt es in der vornehmen, sonst so ruhigen Hohenzollernstraße zu tumultartigen Szenen. Nur mit Mühe gelingt es den Beamten, Ritter vor der wütenden Menge zu schützen.

Einblick in die Psyche des Mörders gibt ein von Ritter geschriebener Brief, den er nach dem Mord angeblich an die Polizei schicken wollte. Darin beschreibt er den Mord an Otto Klähn und behauptet, sich schon seit längerer Zeit mit dem Gedanken getragen zu haben, einen Knaben zu erdrosseln, um, wie in der Morgenausgabe des Berliner Lokal-Anzeigers vom 15. Mai 1913 zu lesen ist, „bei dem Todeskampf des Opfers seine widernatürlichen Regungen zu befriedigen". Hat Ritter also nicht im Affekt getötet? Handelt es sich doch um einen Lustmord?

Am 22. September 1913 beginnt vor dem Schwurgericht des Landgerichts I in Berlin-Moabit der Prozess gegen Josef Ritter. Als Gutachter treten zwei Koryphäen auf: Dr. Arthur Leppmann ist einer der bekanntesten preußischen Gerichtsmediziner, Dr. Magnus Hirschfeld eine anerkannte Autorität auf dem Gebiet der Sexualmedizin. Hirschfelds Buch „Berlins Drittes Geschlecht", erschienen 1904, sorgte noch immer für Furore.

Während Leppmann von einer Affekttat ausgeht, wie sie auch Ritter behauptet hat, hält Hirschfeld den Angeklagten für einen gemeingefährlichen Geisteskranken, und plädiert, da sich impulsive Gewalttaten schon bei geringen Anreizen jederzeit wiederholen können, für die Unterbringung in einer geschlossenen Anstalt.

Nach zweitägiger Verhandlung endet der Prozess mit einem überraschenden Urteil: Das Gericht folgt Leppmann und verurteilt Ritter unter Zubilligung mildernder Umstände wegen Totschlags. Er muss für fünf Jahre ins Gefängnis. Die Öffentlichkeit ist empört, und der Lokal-Anzeiger stellt die provozierende Frage: „Und wie viele Menschenleben werden noch gemeingefährlichen Halb- und Dreiviertelirren geopfert werden?"

Die Akten zu diesem Fall sind noch heute im Archiv erhalten.

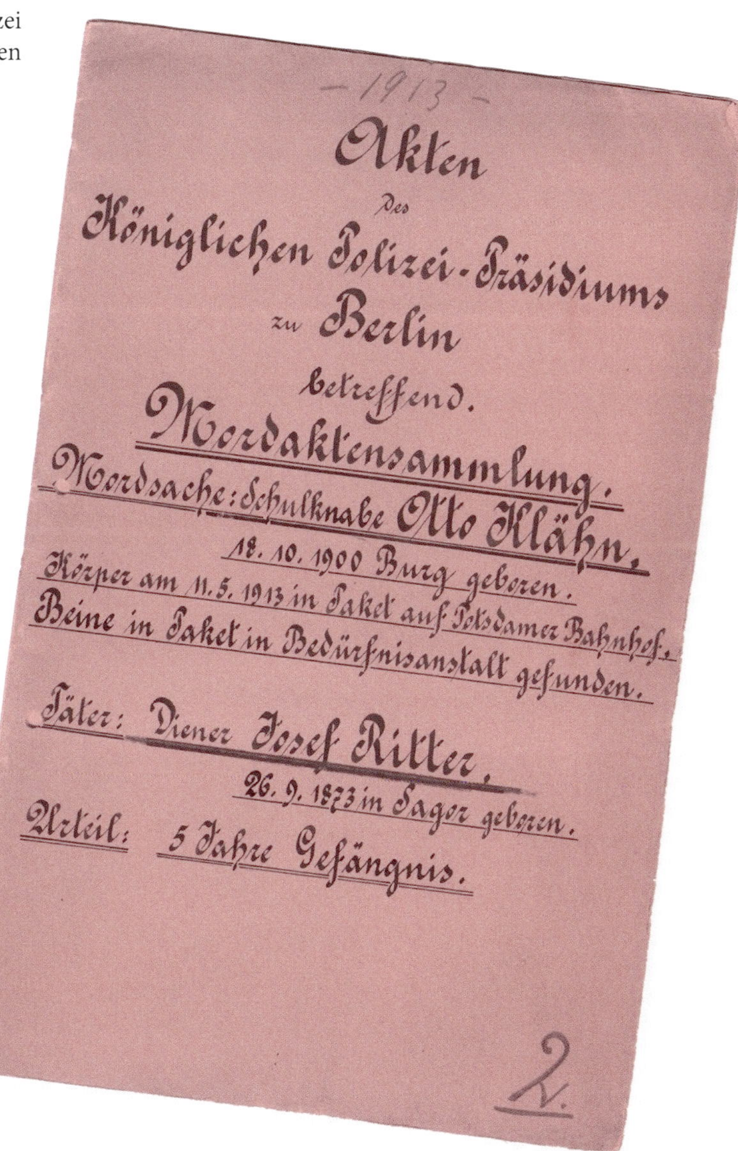

— 1913 —

Akten
des
Königlichen Polizei-Präsidiums
zu Berlin
betreffend.
Mordaktensammlung.
Mordsache: Schulknabe Otto Klähn.
18. 10. 1900 Burg geboren.
Körper am 11. 5. 1913 in Paket auf Potsdamer Bahnhof.
Beine in Paket in Bedürfnisanstalt gefunden.
Täter: Diener Josef Ritter.
26. 9. 1873 in Sagor geboren.
Urteil: 5 Jahre Gefängnis.

2.

Soldat für einen Tag

Das Geschäft von Wilhelm Klauss in der Roelckestraße 175/Ecke Lehderstraße in Berlin-Weißensee ist eine typische Kolonialwarenhandlung, eine Mischung aus Delikatessengeschäft und Tante-Emma-Laden. Im August des Jahres 1915 ist das Warenangebot allerdings nur noch dürftig, denn die Versorgungslage nach fast einem Jahr Krieg lässt zu wünschen übrig. Als Klauss einberufen wird, führt seine 35-jährige, unverheiratete Schwester Martha, die zusammen mit ihm in der kleinen Wohnung hinter dem Laden lebt, das Geschäft allein weiter.

Am Morgen des 31. August 1915 will eine Nachbarin bei Martha Klauss einkaufen, doch das Geschäft ist geschlossen. Sie geht in den Flur, um an der Wohnungstür zu klingeln. Zu ihrem Erstaunen ist die Tür einen Spalt offen. Sie tritt in den Korridor, und als ihr Blick in den Lagerraum hinter dem Laden fällt, stockt ihr der Atem. Martha Klauss liegt in einer Blutlache leblos am Boden.

Am selben Vormittag steht ein schmächtiger blonder junger Mann in der Artilleriestraße (der heutigen Tucholskystraße) in der Spandauer Vorstadt vor dem Schaufenster eines Militariahändlers. Seit Tagen bewundert er die Fliegeruniform im Schaufenster. Vor einigen Tagen hat er sich nach dem Preis erkundigt, aber seine Ersparnisse haben für die Anschaffung nicht gereicht. Nun hat er das Geld beisammen. Er geht in den Laden und probiert das ersehnte Prachtstück an. Es sitzt ausgezeichnet.

Zurück zu Martha Klauss: Tatzeit und Todesursache sind schnell festgestellt. Die Frau ist am Abend des 30. August 1915 zwischen 20 und 21 Uhr, also nach Geschäftsschluss, durch 18 Stiche mit einem dolchartigen Messer getötet worden. Offenbar hat Frau Klauss noch Hilfe holen wollen,

In dem Geschäft von Wilhelm Klauss ereignet sich im August 1915 ein schreckliches Verbrechen.

Raubmord Klauss betreffend.

Aufbewahren!

Wer weiss noch etwas?

Im Interesse baldiger Aufklärung der Mordsache **Klauss** — die Tat ist verübt am Montag, den 30. August, abends nach $8^{1}/_{4}$ Uhr —, wird die Bevölkerung um Angaben nach folgender Richtung gebeten:

a) Wer hat **in der letzten Zeit vor dem Morde — nach Ladenschluss** — in dem Kolonialwarengeschäft von Klauss, Rölckestr. 175, Ecke Lehderstrasse, gekauft?
Wo hat die **Klauss** bei dieser Gelegenheit den Kunden abgefertigt?
Hat der Kunde bei dieser Gelegenheit **oder sonst** — d. h. auch am Tage — irgendwelche Personen in den Räumen der **Klauss** gesehen oder gehört? (z. B. hinter dem Ladentisch, in den Wohnräumen, am Telephon!)
Hat die **Klauss** geäussert, sie fürchte sich vor jemand oder dergl.? — Ist bekannt, wer gegen Ladenschluss oder gleich darauf noch Speck zu holen pflegte?

b) Wer hat am **Montag, den 30. August, zwischen $8^{1}/_{4}$ und 11 Uhr abends** den Flur des Hauses **Rölckestraße 175** überhaupt passiert?

c) Wer ist der junge Mann, der am **30. August kurz nach 9 Uhr abends** die Treppe des Hauses **Rölckestraße 175** nach oben gegangen ist? Bei wem ist er gewesen?
Beschreibung: 1,60 – 1,65 m groß, blauer Jackettanzug, weicher, dunkler Hut, Anfangs 30er Jahre.

d) Wer ist die Frau, die am **30. August zwischen $9^{1}/_{2}$ und $9^{3}/_{4}$ Uhr abends** im Hausflur des Hauses **Rölckestrasse 175** stand, eine Hausbewohnerin nach der Wohnung von Klauss fragte und dann, ohne an der Wohnung zu klopfen, wieder herausging?
Beschreibung: ca. 1,70 m gross, Anfang 40er, schlank, blondes, glattgekämmtes Haar — ohne Hut, dunkle wollene Weste, schwarze Schürze, dunkler Rock.

e) Wer ist der Mann, der **am 30. August gegen $10^{1}/_{2}$ Uhr abends** das Haus **Rölckestr. 175** eilig verliess? Bei wem ist er etwa gewesen?
Beschreibung: ca. 1,60 m gross, dunkler Jackettanzug.

f) Wer ist der junge Mann, der **am 30. August gegen $9^{1}/_{2}$ Uhr** zwei vor dem Hause **Lehderstr. 96** sitzende junge Mädchen nach einer „Trude Fiebig“ fragte, die er auf dem Antonsplatz kennen gelernt haben wollte?
Beschreibung: 18 bis 20 Jahre, 1,65 m gross, bartlos, dunkler Jackettanzug, darunter blauweiss gestreifter kurzer Kittel, „Schiebermütze“.

g) Wer kann Angaben machen über einen Mann, der sich **am 30. August gegen 11 Uhr abends** — anscheinend auch schon an den vorhergehenden Abenden — **gegenüber dem Hause Rölckestrasse 175** aufgehalten hat?

h) Wer kann Angaben machen über die Urheber des **am 28. August vormittags gegen 11 Uhr** auf dem Hause **Lehderstrasse 95** verübten Diebstahls von Telephondraht?

Alle Personen, die über diese oder sonstige hier interessierenden Punkte (z. B. auffälliger Geldbesitz seit 30. August, verdächtige Aesserungen vor oder nach dem Mord usw.) Angaben machen können, werden ersucht, dies umgehend mündlich oder schriftlich zu tun. Verschwiegenheit wird zugesichert.

Berlin, den 17. September 1915.

Kriminalpolizei.
Anruf Zentrum 1440 Nr. 582.

Auch mit Handzetteln sucht die Polizei nach dem Mörder.

denn sie besitzt, seinerzeit ein seltener Luxus, ein Telefon. Das Kabel ist durchgeschnitten, der Hörer hängt nur halb in der Gabel. Alles deutet darauf hin, dass sich das Opfer energisch gegen seinen Angreifer zur Wehr gesetzt hat. Der Täter muss sich also stark mit Blut besudelt haben. Zweifellos handelt es sich um Raubmord, denn die Wohnung ist durchwühlt.

Die Routinearbeit der Polizei beginnt. Sowohl die Hausbewohner als auch die Kunden und Lieferanten von Martha Klauss werden vernommen. Flugblätter mit den wichtigsten Fragen werden gedruckt und in allen Häusern der Nachbarschaft verteilt.

Unverzüglich wird Wilhelm Klauss von seiner Einheit nach Berlin geholt. Mit seiner Hilfe kann zwar rekonstruiert werden, dass der Täter neben der Ladenkasse aus der Wohnung etwa 1000 Mark und eine goldene Uhr gestohlen hat, einen konkreten Verdacht vermag aber auch er nicht zu äußern. Im Sommer verkauft seine Schwester oft auch noch nach 20 Uhr etwas an die „Laubenpieper“ aus der nahe gelegenen Kolonie. Die klingeln dann an der Wohnungstür, doch Martha öffnet nur, wenn sie die Leute kennt. Dass seine Schwester einen Fremden eingelassen haben könnte, schließt Wilhelm aus.

Rote „Mordplakate“ an den Litfaßsäulen bitten die Bevölkerung um Mithilfe bei der Aufklärung des Verbrechens und rufen dazu auf, blutbefleckte Kleidung, die irgendwo gefunden wird, bei der Polizei abzuliefern. Am folgenden Tag bringen zwei Männer einen fast neuen, aber stark mit Blut verschmutzten Uniformrock der Jugendwehr, einer paramilitärischen Jugendorganisation, den sie in der Jungfernheide gefunden haben, ins Polizeipräsidium. Eine erste Spur? Nicht wirklich, denn solche Uniformen gibt es zu Tausenden. Ihre Träger können unmöglich alle überprüft werden. Dennoch will die Kriminalpolizei herausfinden, welche jungen Männer aus der Nachbarschaft der Jugendwehr angehören und welche seit dem Mord zum Militär eingezogen worden sind.

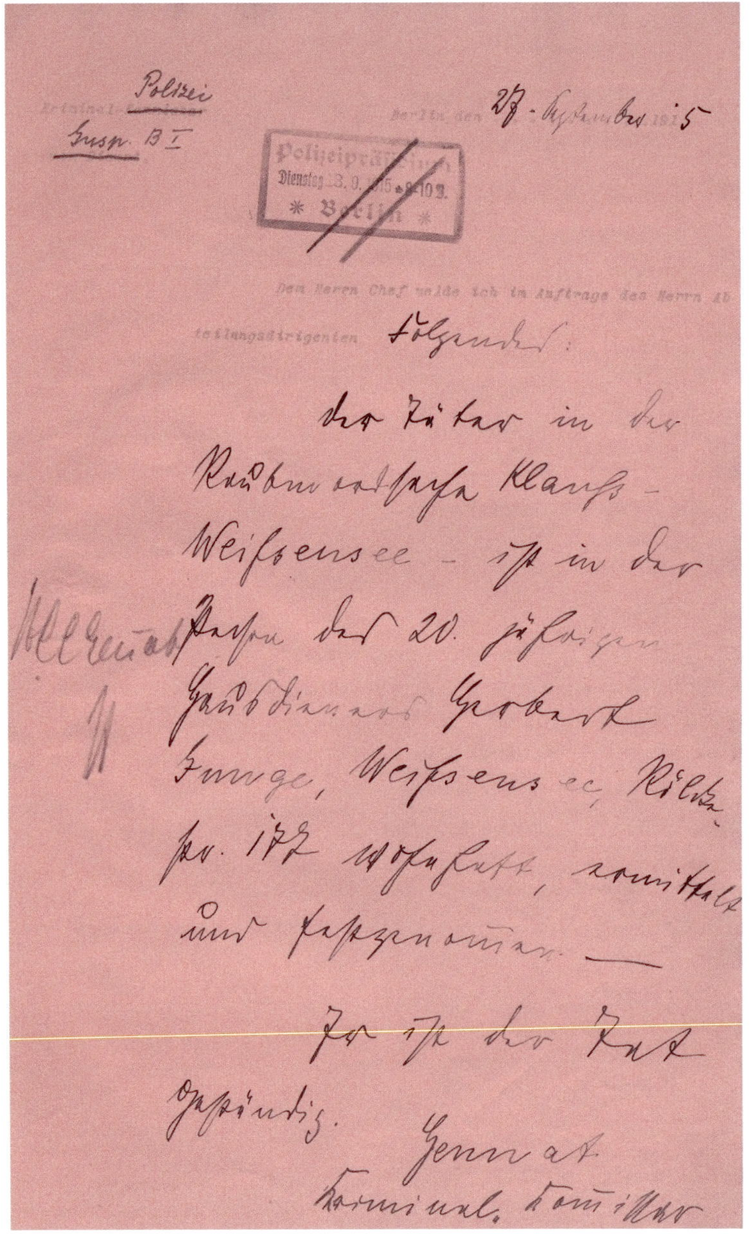

Polizei
Insp. B I

Berlin, den 27. September 1915

Polizeipräsidium
Berlin

Den Herrn Chef melde ich im Auftrage des Herrn Abteilungsdirigenten Folgendes:

der Täter in der Raubmordsache Klauss – Weissensee – ist in der Person des 20. jährigen Hausdieners Herbert Junge, Weissensee, Roelckestr. 177 wohnhaft, ermittelt und festgenommen. —

Er ist der Tat geständig.

Gennat
Kriminal-Kommissar

Kommissar Ernst Gennat meldet dem „Herrn Chef" Junges Verhaftung.

Die Beamten bringen schnell in Erfahrung, dass ein junger Mann aus der Nachbarschaft, der Vizefeldwebel Herbert Junge, erst vor wenigen Tagen zu einer Fliegerabteilung einberufen worden ist. Die Recherchen bleiben jedoch erfolglos. Ein Herbert Junge ist in keiner Fliegerabteilung bekannt. Das Misstrauen der Ermittler ist geweckt, und sie schreiben Junge zur Fahndung aus.

Wenig später kommt endlich Bewegung in die auf der Stelle tretenden Ermittlungen. Zwei Jugendwehr-Kameraden von Herbert Junge melden sich bei der Polizei. Vor zwei oder drei Tagen sei Junge ihnen in Weißensee begegnet, erzählen sie. Er habe mit einer goldenen Uhr geprahlt, vom Kauf einer Uniform erzählt und ihnen ein ganzes Bündel Banknoten gezeigt. Dabei sei er doch arbeitslos!

In der Wohnung seiner Eltern in der Roelckestraße 177 wird Herbert Junge schließlich verhaftet. Die Durchsuchung seines Zimmers bringt ein regelrechtes Lager an Uniformen und anderen militärischen Ausrüstungsstücken an den Tag. Herbert Junge gibt zwar zu, seit einigen Wochen unberechtigterweise eine Fliegeruniform zu tragen, den Mord an der Kolonialwarenhändlerin bestreitet er indes energisch. Bei der Haussuchung fällt den Beamten auch die Hose einer Jugendwehruniform in die Hände, zu der die entsprechende Jacke fehlt. Nun verstrickt sich Junge in Widersprüche und behauptet, er habe den schon stark abgetragenen Uniformrock verbrannt. Die blutverschmutzte Jacke wird ihm vorgelegt, er muss sie anziehen – sie sitzt wie angegossen. Junge gerät nun derart aus der Fassung, dass er ein Geständnis ablegt. Er beteuert aber, dass er Martha Klauss nicht habe töten wollen und auch kein Messer bei sich gehabt, sondern in einer Art „Notwehr" gehandelt habe: Nach Ladenschluss habe er an der Wohnungstür geklingelt, um ein Viertelpfund Speck zu kaufen. Frau Klauss habe ihn hereingelassen, und während sie den Speck geschnitten habe, sei er hinter den Ladentisch geschlichen und habe versucht, den Inhalt der Kasse zu stehlen. Dies habe Frau Klauss jedoch bemerkt, sei mit dem Speckmesser auf ihn losgegangen und habe ihn als nichtsnutzigen Lauselümmel beschimpft. Es kommt zu einem Handgemenge. Frau Klauss befreit sich und will zum Fernsprecher eilen, um Hilfe herbeizuholen, doch Junge ist schneller und schneidet die Schnur durch. Dann entringt er ihr, so behauptet er jedenfalls, das Messer und sticht in seiner Angst blindlings auf die Frau ein. Anschließend plündert er die Ladenkasse, durchwühlt die Wohnung nach Wertgegenständen und flüchtet.

Junge lügt in einem entscheidenden Punkt, denn das Speckmesser ist mit Sicherheit nicht die Mordwaffe gewesen. Die Tat ist mit einem dolchartigen Messer ausgeführt worden.

Schon als Kind hat der nunmehr 20-jährige Herbert Junge eine Vorliebe für alles Militärische gehabt. Nach Beendigung der Schule, in der er besonders durch Abwesenheit geglänzt hat, tritt er der Jugendwehr bei. Die graue Uniform hat es ihm so angetan, dass er sie bei jeder möglichen und unmöglichen Gelegenheit zur Schau trägt.

Zwar ist er einige Zeit in einer Metallwarenfabrik in Weißensee beschäftigt, doch eigentlich träumt er davon, Soldat zu sein. Kurz nach Kriegsausbruch meldet er sich als Freiwilliger. Der schmächtige Junge, der für sein Alter nicht nur körperlich, sondern auch geistig zurückgeblieben ist, wird allerdings ausgemustert. All seine Bemühungen, auf „ehrliche Weise" Soldat zu werden, sind somit gescheitert. Wenn das uneinsichtige Militär ihm partout keine Uniform geben will, dann muss er sich eben auf eigene Faust eine verschaffen! Die Fliegeruniform im Schaufenster in der Artilleriestraße soll es sein! Doch 300 Mark sind kein Pappenstiel. Woher nehmen und nicht stehlen ... oder doch?

So kommt ihm der Gedanke, Martha Klauss zu überfallen, die er gut kennt und von der er annimmt, sie habe größere Geldbeträge in der Wohnung. Schließlich gibt er dann doch zu, sie mit einem von zu Hause mitgebrachten Messer erstochen zu haben. Die Tatwaffe bleibt allerdings verschwunden.

Einen Prozess gegen Junge wird es nicht geben. Ein psychiatrisches Gutachten bescheinigt ihm eine Geisteskrankheit, erklärt ihn für sowohl haft- als auch verhandlungsunfähig und verfügt seine sofortige Überführung in die geschlossene Psychiatrie.

Zum indirekten Opfer dieses Verbrechens ist Wilhelm Klauss geworden. Er kann den Tod seiner Schwester nicht verwinden und gibt seinen Laden auf, der eigentlich seine Existenz und sein Lebensinhalt ist. Sein weiteres Schicksal ist unbekannt.

Der Täter Herbert Junge wird später in die Psychiatrie eingewiesen.

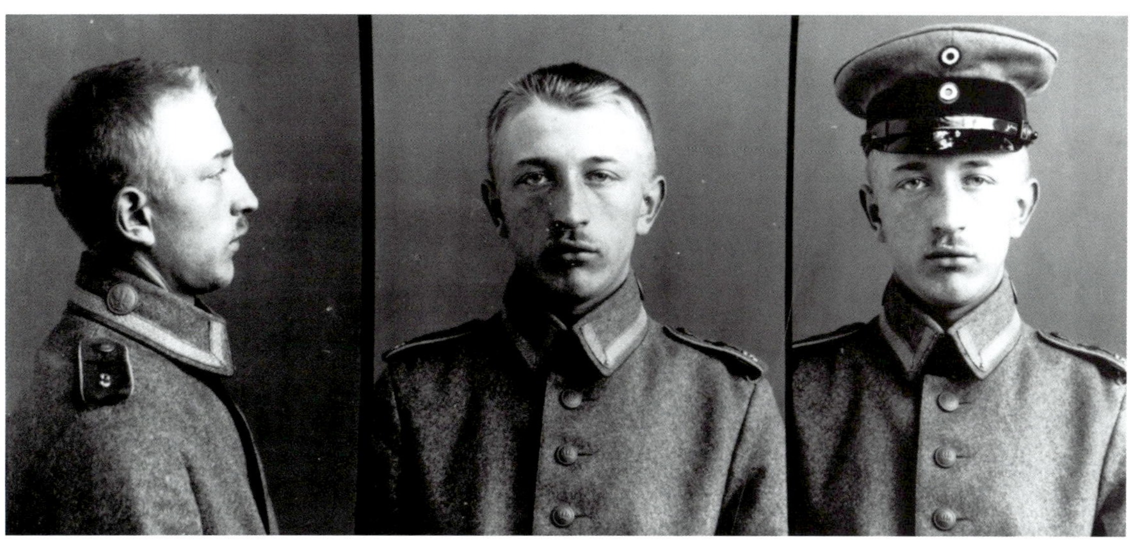

Die Tote im Reisekorb

Der Beamte des Erkennungsdienstes ist mit seiner Geduld am Ende. „Was meinen Sie, gute Frau, wie viele Personen täglich als vermisst gemeldet werden? Da können wir nicht nach jedem suchen. Gerade jetzt im Krieg, bei dem Personalmangel. Warten Sie mal noch ein paar Tage. Die meisten tauchen nach einer gewissen Zeit ohnehin wieder auf." Isolde Mönke, Portiersfrau aus der Ackerstraße 35, schüttelt energisch den Kopf und streichelt den Hund auf ihrem Schoß. „Ich gehe hier nicht weg, bevor Sie nicht meine Anzeige aufgenommen haben. Niemals hätte sie ihren Hund zurückgelassen. Ihr muss was passiert sein." Der Beamte seufzt tief und nimmt, um die Frau endlich loszuwerden, die Vermisstenanzeige auf.

Vor drei Tagen, am 16. März 1916, haben Kinder aus der Nachbarschaft den Hund der Martha Franzke, einer Hausbewohnerin, bei der Portiersfrau abgegeben. Der schwarz-weiße Terriermischling ist im Treppenhaus der Bergstraße 63 angeleint gewesen. Die Franzke hat ihn wohl vergessen, denken die Kinder, und weil er so bellt und an der Leine zerrt, nehmen sie ihn mit, um ihn nach Hause zu bringen. Sie klingeln Sturm, doch Martha Franzke ist nicht da. So nimmt Isolde Mönke den Hund in ihre Obhut. Die Franzke kommt sicher gleich wieder, denkt sie. Aber Martha Franzke kommt nicht. Nicht am Abend, nicht am nächsten Tag, nicht am übernächsten. Isolde Mönke ist beunruhigt, denn sie weiß, dass ihre Nachbarin ihren Hund abgöttisch liebt und sich für kein Geld der Welt freiwillig von ihm trennen, geschweige denn ihn unversorgt zurücklassen würde.

Aus der Kaiserstadt Berlin ins Pommersche, auf den Bahnhof der Provinzstadt Stettin: Seit drei Wochen wartet ein großer Reisekorb, der immerhin 67 Kilogramm auf die Waage bringt, auf einen Abholer. Das Ungetüm ist am 16. März mit dem Abendzug aus Berlin eingetroffen. Nach einer internen Bestimmung ist der Vorsteher der Gepäckabfertigung berechtigt, ein Eisenbahngut, das nach Ablauf von 14 Tagen nicht abgeholt worden ist, unter Zeugen zu öffnen. Das geschieht am Morgen des 5. April 1916.

Ein Blick in das sperrige Gepäckstück genügt, und die Anwesenden packt das Entsetzen: In dem Korb befindet sich eine Frauenleiche. An Kopf und Hals weist die Tote schwere Schnittverletzungen auf, die Lappen und Tücher, mit denen die Leiche bedeckt ist, sind blutdurchtränkt. Der Mord ist mit unglaublicher Kaltblütigkeit verübt worden, so der Gerichtsmediziner. Offenbar hat der Mörder sogar versucht, seinem Opfer den Kopf abzuschneiden. Den Schnittverletzungen an den Händen nach zu urteilen, hat es zwischen Opfer und Täter einen heftigen Kampf gegeben. Das Alter der Ermordeten schätzt der Arzt auf 17 bis 20 Jahre. Ein Sexualverbrechen, so der spätere Obduktionsbefund, liegt allerdings nicht vor. Da der Reisekorb in Berlin auf dem Stettiner Bahnhof aufgegeben worden ist, wird die Berliner Kriminalpolizei alarmiert.

Die Feststellung der Identität der Ermordeten verspricht nicht allzu schwierig zu werden, weist die 1,60 Meter große, hellblonde Frau doch äußerst markante Merkmale auf: In ihrem stark vorstehenden Oberkiefer hat sie nämlich nur noch drei Zähne. In der Berliner Vermisstenkartei findet der Erkennungsdienst mehrere Mädchen und Frauen, auf die die Beschreibung zutreffen könnte, darunter auch Martha Franzke. Doch nach Aussage des Gerichtsarztes ist die Ermordete nicht älter als 20 Jahre. Martha Franzke war 33.

Der Hund von Martha Franzke führt zu den Täterinnen.

Blick in den Damensalon von Johanna Ullmann

Umso überraschter sind die Ermittler, als aufgrund der Zeitungsberichte die Schwester von Martha Franzke, die nach der Vermissten sucht, bei der Kripo erscheint. Sie wird nach Stettin gebracht, um das Opfer zu identifizieren, und ihre Befürchtung bestätigt sich. Der Mediziner hat sich bei der Bestimmung des Alters verschätzt.

Ist Martha Franzke einem Raubmord zum Opfer gefallen? Die Ermittlungen im Umfeld des Mordopfers bringen interessante Details ans Licht. Martha Franzke hat gerne mit ihrem Geld geprahlt und ihrer Freundin Helene Bahl, mit der sie eine lesbische Beziehung gehabt hat, jeden Wunsch erfüllt. Die beiden Frauen haben zusammengelebt, doch hat es viel Streit gegeben, denn die keineswegs fromme Helene fühlt sich nicht nur von Frauen, sondern gleichermaßen auch vom männlichen Geschlecht angezogen, und die eifersüchtige Martha hat Helene so manche Szene gemacht. Helene Bahl soll aufs Präsidium geholt werden, doch sie ist unauffindbar.

Inzwischen ist auch bekannt, dass beide Frauen regelmäßig im Friseurladen „Salon Woitas" in der Elsasser Straße 17/18 verkehrt haben (heute der westliche Teil der Torstraße), den eine Freundin der Bahl, eine gewisse Johanna Elsner, führt. Letztere beteuert jedoch, die Freundin seit Tagen nicht mehr gesehen zu haben.

Dann überschlagen sich die Ereignisse. Dem Dienstmann, der den Reisekorb angenommen hat, sich bei seiner ersten Befragung aber nicht hat erinnern können, ist inzwischen wieder eingefallen, dass ihm zwei Frauen den Auftrag erteilt haben, einen Reisekorb aus ihrer Wohnung abzuholen. Erst nach langem Zögern hat eine der Frauen die Adresse in sein Buch eingetragen, den Namen jedoch gleich wieder überkritzelt. Er zeigt sein Dienstbuch: Der Schriftzug „Friseurladen Woitas" ist noch zu entziffern!

500 Mk. Be

Die in der Bekanntmachung vom 7. April beschriebene, in Stettin aufgefundene Fr
der **unverehelichten Martha Franzke, geb. am 24. Januar 1884 in Jät**
wohnhaft gewesen, festgestellt.

Als Urheberin des an der Franzke verübten Mordes kommt in Frage die oben abgebil
geb. am 26. November 1894 in Spandau, zuletzt Ackerstr. 35 bei der F

Die Bahl ist ca. 1,68 bis 1,70 m groß, voll-schlank, hat kurzes, jetzt vermutlich blo
Gesicht, hochgewölbte Stirn, dunkelgraue Augen mit dunkelbraunen Augenbrauen, gerad
sind mittelgroß; sie trägt höchstwahrscheinlich weiße imitierte Korallenohrringe. Der
Lippen; die Zähne sind lang und breit, im Oberkiefer sollen zwei Zähne fehlen. Sie ha
Hände sind fleischig und groß, der Gang affektiert. Sie hat helle Stimme und spricht
fach ein braunes geripptes Samtkleid mit weitem Rock und einem in Glockenform gearbe
leicht eine braune Bluse mit gestickten Blümchen und Chiffonüberwurf. Sie ist mehrfa
gesehen worden.

Die Bahl, die seit der Tat im Besitz größerer Geldmittel sein dürfte, ist in Prof
zu suchen.

Es ist damit zu rechnen, daß sie sich nach außerhalb begeben und falsche Papiere
in Herrengesellschaft.

Obige Belohnung ist für Personen ausgesetzt, die die Festnahme der Bahl herb
Mitteilungen — auch über ihren Anhang, ihren Aufenthaltsort in den letzten
nimmt jede polizeiliche Dienststelle, sowie die Kriminalpolizei Berlin — Zimmer 48

Berlin, den 12. April 1916.

Druck von Nauck & Hartmann, Berlin C. Kurstr. 48.

Johanna Elsner wird noch einmal vernommen. Hartnäckig leugnet sie jede Beteiligung an dem Mord, gesteht aber ein, von dem Verbrechen gewusst zu haben. In ihrer Abwesenheit sei es in ihrer Wohnung zu einem heftigen Streit zwischen Helene Bahl und Martha Franzke gekommen, in dessen Verlauf Helene Bahl die Freundin umgebracht habe. Helene habe die Leiche allein in dem Reisekorb verstaut und sie lediglich beauftragt, den Korb als Bahngut wegzuschaffen. Um die

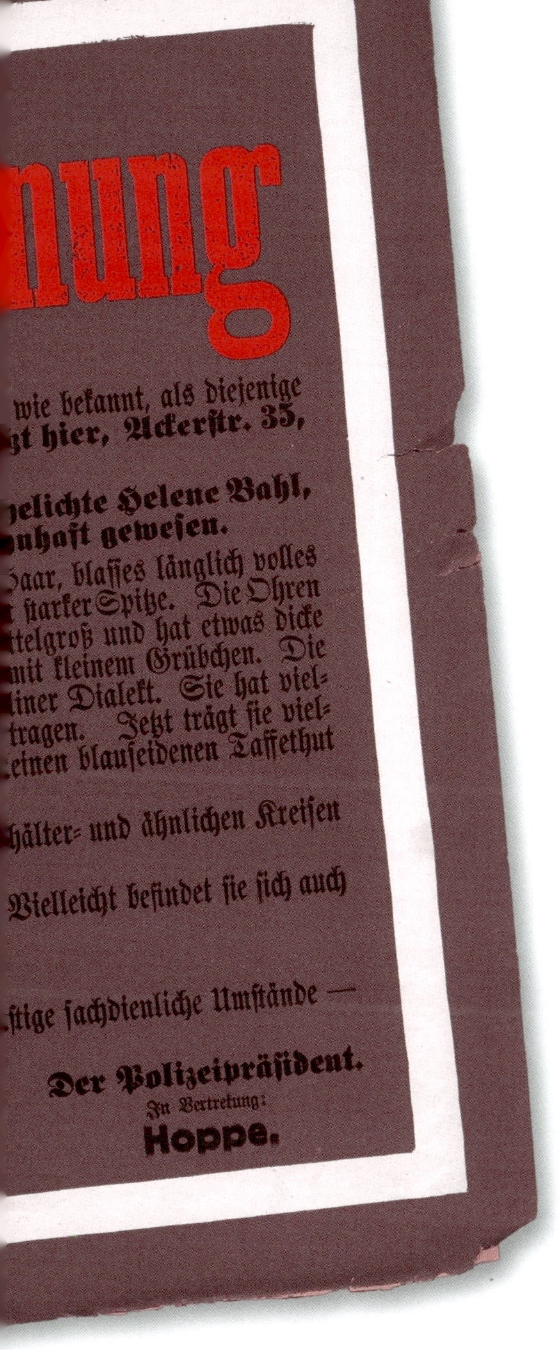
nung
wie bekannt, als diejenige
zt hier, Ackerstr. 35,
ehelichte Helene Bahl,
nhaft gewesen.
Haar, blasses länglich volles
starker Spitze. Die Ohren
ttelgroß und hat etwas dicke
mit kleinem Grübchen. Die
iner Dialekt. Sie hat viel-
tragen. Jetzt trägt sie viel-
einen blauseidenen Taffethut
hälter- und ähnlichen Kreisen
Vielleicht befindet sie sich auch
stige sachdienliche Umstände —
Der Polizeipräsident.
In Vertretung:
Hoppe.

Mit diesem Plakat wird nach Helene Bahl gefahndet.

Freundin, die unter der Tyrannei von Martha Franzke so gelitten hat, nicht in Schwierigkeiten zu bringen, habe sie geschwiegen.

Helene Bahl ist nun die Hauptverdächtige im Mordfall Franzke. Schon wenige Stunden später kleben die roten „Mordplakate" mit ihrem Steckbrief an den Anschlagsäulen und in den Bahnhofshallen. Die Tagespresse berichtet ausführlich und für sie steht bereits fest: Die bisher nur verdächtigte Helene Bahl ist die Mörderin!

Dennoch ermittelt die Kripo in alle Richtungen weiter, denn es bleiben Ungereimtheiten. So stellt der Schriftsachverständige fest: Die Adresse im Buch des Dienstmannes hat nicht Johanna Elsner geschrieben. Dazu befragt, erklärt sie nach einigem Zögern, die Schreiberin sei eine Bekannte gewesen, Anna Sonnenberg, die sie zum Bahnhof geschickt habe.

Anna Sonnenberg wird aufs Polizeipräsidium zitiert. Sie wirkt unsicher und labil. Zudem erscheint sie mit ihrem zweijährigen Sohn, der sonst bei einer Pflegemutter untergebracht ist. Ja, sie habe die Adresse ins Buch des Dienstmannes geschrieben, beteuert aber, über den Inhalt des Reisekorbs nichts gewusst zu haben. Doch dann behauptet sie, völlig unvermittelt, Johanna Elsner habe die Franzke ermordet. Sie sei eine ganz verlogene Person, lebe unter falschem Namen und heiße in Wahrheit Ullmann.

Johanna Elsner alias Ullmann wird umgehend verhaftet. Zwar leugnet sie noch immer den Mord, gibt aber zu, seit fast drei Jahren unter falschem Namen unangemeldet in Berlin zu leben. Vorübergehend habe sie in Kiel gewohnt, wo sie für ihren Verlobten anschaffen gegangen sei. Aus reiner Not habe sie einem Freier 300 Mark gestohlen und sei geflüchtet. Weil sie fürchte, von der Kieler Polizei gesucht zu werden, lebe sie in Berlin unter falschem Namen.

Die psychisch labile Anna Sonnenberg verstrickt sich jedoch immer hoffnungsloser in Widersprüche, verliert schließlich die Nerven und legt, es ist der 13. April 1916, ein Geständnis ab: Sie hat der Johanna Ullmann geholfen, Martha Franzke zu ermorden.

Die Ullmann hingegen bleibt bei ihrer Version der Mordgeschichte. Erst als ihr das Geständnis der Sonnenberg vorgehalten wird, bricht sie in einem hysterischen Weinkrampf zusammen und legt ebenfalls ein Geständnis ab.

Planung und Ausführung der Tat sind folgendermaßen verlaufen: Der Friseurladen läuft schon seit Beginn des Krieges schlecht, und Johanna Ullmann kann die Miete nicht mehr zahlen. Anna

Sonnenberg geht es nicht besser. Sie hat keine Arbeit, doch irgendwie muss sie schließlich für ihren unehelichen Sohn sorgen. So manchen Abend sitzen die Frauen zusammen und klagen sich gegenseitig ihre Not. Dabei kommen sie immer wieder auf den vermeintlichen Reichtum von Martha Franzke zu sprechen. „Die schmeißt mit dem Jeld nur so 'rum, und wir wissen nich, wie wir über den nächsten Tag kommen sollen!"

Sie beschließen, die Franzke zu erschießen und auszurauben. Mit dem Revolver, den Johannas Bräutigam zurückgelassen hat, machen sie im Herrensalon eine Schießübung. Der Schuss durchschlägt die Wasserleitung und richtet eine veritable Überschwemmung an. Vom Schießen haben sie einstweilen genug und verwerfen den Plan wieder.

Nun wollen sie Martha, wenn sie auf einem Stuhl am Tisch sitzt, von hinten eine Schlinge um den Hals werfen. Eine von ihnen soll ihr dann im selben Augenblick mit einem Rasiermesser die Kehle durchschneiden. Sie machen eine Art „Generalprobe" und üben mit der Wäscheleine, denn im Ernstfall muss jeder Handgriff sitzen!

Das Opfer soll zur Ausführung der Tat in den Laden gelockt werden. Die krankhafte Eifersucht Marthas ist kein Geheimnis. Wenn Helene zu lange wegbleibt, macht Martha sich auf, sie zu suchen, und kommt dann in der Regel in den Friseurladen. Dieses Wissen nutzen sie für ihren Mordplan. Sie arrangieren für Helene eine fingierte Verabredung mit einem angeblichen alten Freund in Charlottenburg.

Der Plan geht auf: Am Donnerstag, dem 16. März 1916, erscheint Martha Franzke, begleitet von ihrem Hund, bei Johanna Ullmann und beklagt sich über die treulose Freundin. Anna Sonnenberg und Johanna Ullmann heucheln Mitgefühl und bitten sie in die Wohnung zu einer Tasse Kaffee. Den Hund, der Martha stets begleitet, haben sie in ihren Planungen allerdings nicht bedacht. Zum Glück hat auch Johanna einen kleinen Hund, und sie lassen die beiden auf der Straße herumtollen.

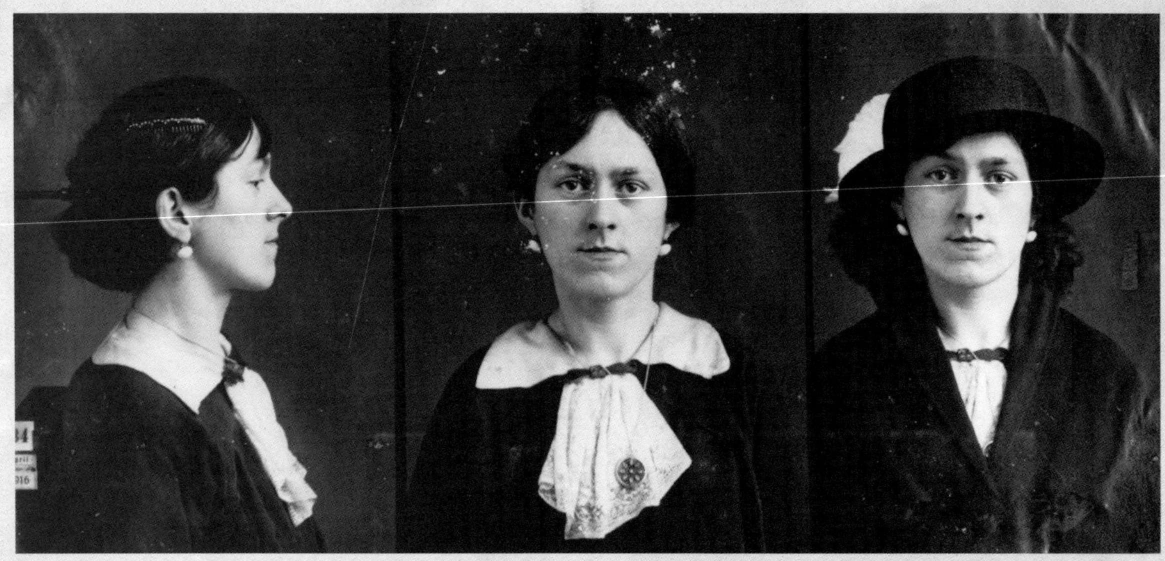

Die Tat erfolgt sofort, nachdem sich Martha Franzke an den Tisch gesetzt hat. Doch die Ausführung erweist sich als schwieriger als geglaubt. Nichts klappt so, wie sie es geplant und geprobt haben. Die Angegriffene setzt sich mit aller Kraft zur Wehr. Wie in Trance sticht Johanna auf sie ein, während Anna sie mit einem Totschläger so lange bearbeitet, bis sie glauben, dass Martha Franzke tot ist. In ihrem Brustbeutel, in dem die Franzke stets ihr gesamtes Geld aufbewahrt, finden die Mörderinnen allerdings nur zwei Zwanzigmarkscheine und den Wohnungsschlüssel.

Die beiden Frauen bewahren Ruhe, beseitigen die Spuren und verbrennen alle blutigen Kleidungsstücke der Toten in dem eisernen Ofen im Laden. Anschließend gehen sie einen Reisekorb kaufen. Die beiden Hunde, die bis jetzt draußen waren, nehmen sie mit. Den Terrier der Franzke binden sie, um ihn loszuwerden, am Treppengeländer im Flur des Hauses Bergstraße 63 an. Nachdem sie die Leiche in dem Korb verstaut haben, gehen sie zum Stettiner Bahnhof, um das schwere Gepäckstück von einem Dienstmann abholen zu lassen. Aber wo hat die angeblich so reiche Franzke ihr Geld versteckt? In der Nacht schleichen sie in die Wohnung der Ermordeten. Sie durchwühlen alles, finden aber nicht einen Pfennig.

Am 9. Mai 1916 beginnt vor dem Schwurgericht des Landgerichts I in Berlin-Moabit der Prozess gegen die 25-jährige Friseurin Johanna Ullmann, die bereits viermal wegen Diebstahls und anderer Delikte vorbestraft ist, und die ebenfalls vorbestrafte 23-jährige Anna Sonnenberg. Der Prozess wird noch am selben Tag zu Ende gebracht. Beide werden zum Tode verurteilt. Die Verurteilten legen gegen das Urteil Revision ein, die jedoch verworfen wird. Johanna Ullmann wird am 16. September 1916 im Gefängnishof in Plötzensee hingerichtet. Da an der Zurechnungsfähigkeit der Sonnenberg bei der Ausführung der Tat Zweifel entstehen, wird sie zu einer lebenslangen Zuchthausstrafe begnadigt. Ihr Sohn kommt in ein Waisenhaus.

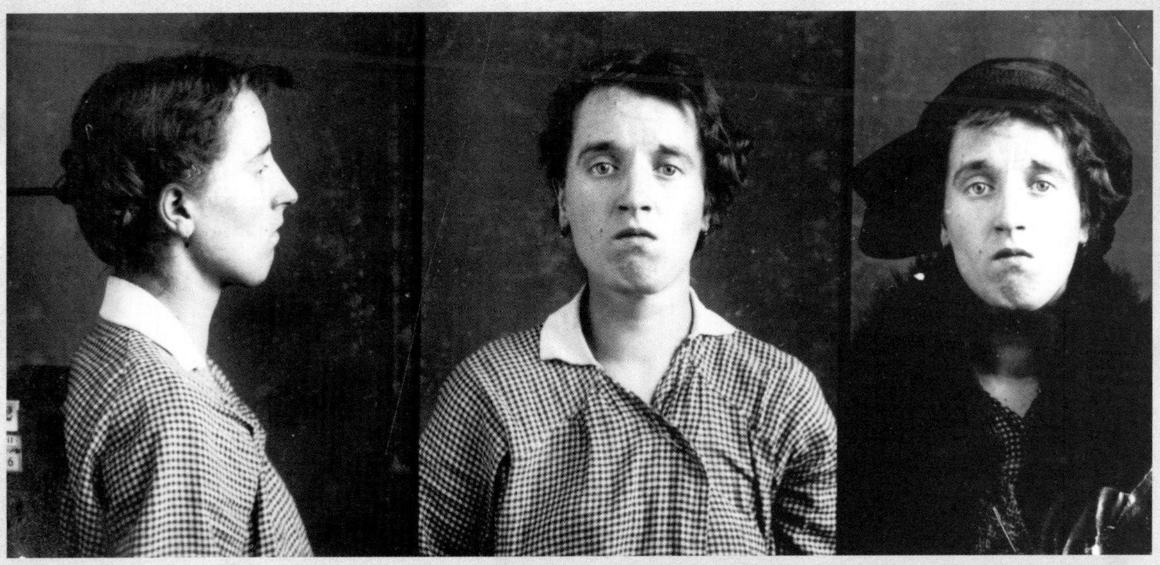

Anna Sonnenberg.

Tödliche Geschäfte

Es ist 2 Uhr morgens, der 23. März 1918. Helene Nachtigall ist auf dem Weg von ihrer Schicht in der Munitionsfabrik nach Hause in den Wedding in die Brüsseler Straße 21. An der Ecke Lütticher Straße fallen ihr drei Männer auf, die hier herumlungern. Schnell geht sie vorbei, liest man jetzt doch täglich in den Zeitungen von Überfällen, besonders auf Frauen. Sie ist erst ein paar Minuten zu Hause, als sie hört, wie sich zwei Männer direkt vor dem Fenster ihrer Parterrewohnung lautstark streiten. Worum es geht, bekommt sie nur bruchstückhaft mit. Worte wie „Betrüger", „Halsabschneider", „Blutsauger" fallen. Sie wirft einen kurzen Blick aus dem Fenster, lässt dann schnell den Rollladen herunter und geht zu Bett. Da fällt ein Schuss.

Wenig später wird die Mordbereitschaft in den Wedding gerufen. Vor dem Haus Brüsseler Straße 21 ist ein Mann erschossen aufgefunden worden. Er liegt bäuchlings auf dem Bürgersteig, ein Hut, der ein Einschussloch aufweist sowie die Patronenhülse einer 9-mm-Parabellum-Militärpistole, der „vorschriftsmäßigen Waffe für die Offiziere der deutschen Armee", liegen neben der Leiche. Die Einschussstelle befindet sich am Hinterkopf, etwa in der Höhe des Haaransatzes, ausgetreten ist die Kugel an der Stirn. Ein Raubmord wird ausgeschlossen, denn der Tote hat noch alle Wertsachen bei sich, so auch seine Brieftasche mit mehreren Geldscheinen und seinen Ausweispapieren. Danach handelt es sich bei dem Toten um den 59-jährigen Fürchtegott Hohmann aus der Brüsseler Straße 26.

Alle verfügbaren Beamten werden ausgeschickt, um in der näheren Umgebung des Tatortes die Anwohner nach verdächtigen Wahrnehmungen zu befragen, doch unmittelbare Tatzeugen können nicht ausgemacht werden. Die Aussagen der Nachbarn

In der Brüsseler Straße sehen sich Schaulustige den Schauplatz des Mordes an.

Hohmanns hingegen lassen die Beamten hellhörig werden. So sollen sich in den letzten Tagen gleich mehrere Personen intensiv für Hohmann interessiert und Erkundigungen über ihn eingezogen haben. Auch die Portiersfrau ist von einem Unbekannten vor dem Haus abgefangen und über Hohmann ausgefragt worden: Ob er allein lebe oder ob jemand die Wirtschaft bei ihm führe, habe der Mann wissen wollen. Zudem hat sie beobachtet, wie zwei Tage vor dem Mord zwei Männer und eine Frau Hohmann ins Haus nachgeschlichen sind und das Namensschild an der Tür mit einem Streichholz angeleuchtet haben, als wollten sie ganz sicher gehen, dass er hier auch wirklich wohnt. Ständig haben sich Leute vor dem Haus herumgetrieben und Hohmann ausspioniert. Doch keiner der Zeugen vermag eine verwertbare Personenbeschreibung zu geben.

In der Wohnung des Toten finden sich keine Hinweise, die auf den oder die Täter hindeuten könnten. Sie ist fast leer. Die spärliche Einrichtung besteht aus nicht viel mehr als einem Aktenregal, vollgestopft mit Prozessakten und Schriftstücken, die einstweilen sichergestellt werden, sowie einer Kiste mit vermutlich selbstgekochten Seifenstücken, die Hohmann wohl auf dem Schwarzmarkt verkauft hat – zum Ende des Ersten Weltkrieges war Seife Mangelware.

Den ersten verwertbaren Hinweis erhält die Mordbereitschaft von den zuständigen Revierpolizeibeamten, die in der Regel über allen möglichen Nachbarschaftsklatsch bestens unterrichtet sind: Hohmann hat, so wissen sie zu berichten, einen erbitterten Feind, wenn nicht gar einen Todfeind, in dem Fräser Otto Siewert. Doch was ist an diesem Gerücht dran?

Bei einem Blick in die Verbrecherkartei stellt sich heraus, dass Fürchtegott Hohmann ein guter alter Bekannter der Polizei mit beeindruckendem Vorstrafenregister ist. Wegen gewerbsmäßigen, verbotenen Glücksspiels, Betruges und anderer Delikte hat er mehrere Jahre im Gefängnis gesessen, und bis zu seinem Tod hat er einen regen Schleichhandel mit Lebensmitteln, vor allem mit Fleisch und gestohlenen Lebensmittelkarten betrieben. Die Waren hat er vornehmlich in Lokalen angeboten, wobei er immer wieder in heftigen Streit mit seinen Kunden geraten ist, denn seine Preise sind unverschämt gewesen – Wucherpreise eben.

Otto Siewert, obwohl er selbst hin und wieder schwarze Geschäfte macht, hält Hohmann für einen skrupellosen Wucherer und Betrüger, dem er mit aller Macht das Handwerk legen will.

In den Kneipen der Umgebung ist Siewerts Hass auf den Kontrahenten das Gesprächsthema Nummer eins, denn Siewert schimpft ohne Unterlass. Mehrere Zeugen bekunden, Siewert habe mehr als einmal geäußert, Hohmann müsse „mal ordentlich

Seit 1915 waren in Berlin Lebensmittel rationiert. Bis 1920 waren Lebensmittelkarten in Umlauf.

Fritz Kurz und Paul Großklaus

eins auf die Schnauze kriegen“ und habe vor einiger Zeit damit geprahlt, endlich einen „strammen Kerl“ gefunden zu haben, der den Betrüger für drei Mark gebührend verdreschen würde. Doch verprügeln heißt noch lange nicht ermorden. Zudem macht der Angeheuerte einen Rückzieher. Allein kann Siewert die Angelegenheit nicht erledigen, denn er misst nur 1,59 Meter, und Hohmann ist gegen ihn ein Riese. Aber Siewert lässt nicht locker. Ein Schlächtergeselle, der schon wegen schwerer Körperverletzung im Gefängnis gesessen hat, ist auch für Geld nicht dazu zu bewegen, Hohmann eine Tracht Prügel zu verpassen, denn er hat einstweilen genug vom Knast. Einem ebenfalls nicht unbescholtenen Möbelträger macht Siewert das gleiche Angebot, doch auch dieser winkt ab.

Schließlich findet Siewert doch noch zwei Komplizen. Mit deren Hilfe beginnt er Hohmann, der zu diesem Zeitpunkt noch in der Lütticher Straße wohnt, auszukundschaften, was Letzterem allerdings nicht verborgen bleibt. Hohmann fühlt sich von Siewert bedroht und wechselt die Wohnung. Doch Siewert findet die neue Adresse schnell heraus. Er und seine Komplizen waren es also, die in der letzten Zeit in der Nähe der Hohmannschen Wohnung aufgefallen sind. Die Zeugen werden sie später wiedererkennen.

In einer ersten Vernehmung bestreitet Siewert, etwas mit dem Mord zu tun zu haben. Die Kripo hat jedoch ihren letzten Trumpf noch nicht ausgespielt: Aus „zuverlässiger Quelle“ weiß sie, dass Siewert eine Parabellum-Pistole besitzt, eine solche, wie sie zur Tat benutzt worden ist. Bei einer Haussuchung finden die Beamten zwar keine Pistole, dafür aber das Lederfutteral einer Parabellum, sowie Munition, die mit der Kugel und der Hülse, die am Tatort sichergestellt worden sind, übereinstimmt. Otto Siewert wird festgenommen. Er leugnet die Tat aber weiterhin und verweigert jede Aussage.

Otto und Alfred Siewert

Erst nach und nach gibt Siewert seinen Widerstand auf und gesteht schließlich ein, im Besitz einer Waffe gewesen zu sein. Er habe sie einem Soldaten für 30 Mark abgekauft, sie ihm aber, weil sie defekt gewesen ist, für 25 Mark wieder zurückverkauft. Die Ermittler glauben ihm kein Wort; denn die Tatumstände sprechen gegen ihn: Wie aus dem Einschuss und dem Austritt der Kugel hervorgeht, muss der Täter außergewöhnlich klein gewesen sein, so klein wie Siewert. Zudem wird Siewert von einem Schutzmann, der in der Mordnacht in unmittelbarer Nähe des Tatortes Streife lief, als der Mann erkannt, der ihm begegnet ist, kurz nachdem die Schüsse gefallen sind.

Ungeklärt ist indes noch immer die Frage nach Siewerts Komplizen. Sind seine beiden Söhne oder vielleicht auch seine Ehefrau in das Verbrechen verwickelt? Otto Siewert schweigt.

Eine Gegenüberstellung ergibt: Frau Siewert ist nicht die Frau, die von Zeugen gesehen worden ist. Otto Siewerts Sohn Alfred hingegen hat für die Tatnacht kein Alibi und wird unter dem Verdacht der Mittäterschaft ebenfalls in Haft genommen. Erst als Siewert bewusst wird, in welchem Maße seine Familie in den Fall hineingezogen wird, legt er am 28. März 1918 ein Geständnis ab: Zwei Arbeitskollegen waren es, die er angeheuert hat, die Fräser Fritz Kurz und Paul Großklaus. Gegen 1 Uhr morgens haben sie Hohmann in der Brüsseler Straße abgefangen. Den tödlichen Schuss hat Kurz abgegeben, während Großklaus Schmiere gestanden hat. Siewert hat sich darauf beschränkt, den Wucherer noch ein letztes Mal zu beschimpfen.

Otto Siewert und sein Arbeitskollege, der Fräser Kurz, werden wegen Mordes angeklagt, Großklaus wegen Beihilfe zum Mord. Das Urteil geht aus den Akten nicht hervor.

Mord im Hotel Adlon

Seit seiner Kindheit träumt der 44-jährige Wilhelm Blume davon, ein großer Dramatiker zu werden. Theaterstücke möchte er schreiben, weltbewegende Dramen. Zunächst muss er aber von irgendetwas leben. So streift er ziellos durch Berlin und sinniert, wie man schnell an Geld kommen könnte. Als er zufällig mit einem Geldbriefträger zusammenstößt, kommt ihm eine Idee. Tagelang stellt Blume ihm nach, denn ein Überfall auf den Geldbriefträger lohnt sich natürlich nur, wenn dieser das von ihm auszutragende Geld noch vollständig bei sich hat. Blume findet heraus, dass der Geldbriefträger seinen Bestellgang in der Spandauer Straße 33 beginnt, und zufällig – welch ein Glücksfall – ist in dem Haus ein möbliertes Zimmer zu vermieten. Blume greift zu und gibt sich als Buttergroßhändler Stubenrauch aus. Um mit dem Geldbriefträger in Kontakt zu kommen, sendet er von verschiedenen Postämtern Geldanweisungen, immer geringe Beträge, an sich selbst.

Doch gleich die erste Begegnung verläuft unerwartet. Der Geldbriefträger Albert Weber, der selbst schwarze Geschäfte macht, fragt unverblümt, ob der „Buttergroßhändler" ihm nicht größere Mengen von der begehrten Mangelware zu günstigen Konditionen besorgen könne. Diese überraschende Entwicklung ist ganz im Sinne Blumes, und er verspricht, ihm für den kommenden Sonnabend, den 7. September 1918, zehn Pfund Butter zu einem „Freundschaftspreis" zu beschaffen. Er möge aber bitte schon gegen acht Uhr kommen.

Um bei der Tat ungestört zu sein, schickt er seine Wirtin am Tattag kurz vor acht in die Friedrichstraße, um für ihn eine Besorgung zu machen. Doch Weber verspätet sich. Blume sitzt wie auf Kohlen. Eine Stunde ist vergangen, als er endlich kommt. Blume bittet ihn, in seinem Zimmer Platz zu nehmen. Doch statt der Butter holt er einen Revolver und fordert die Herausgabe des Geldes. Weber leistet keinen Widerstand. Um aber zu verhindern, dass Weber ans Fenster läuft und um Hilfe ruft, noch bevor er selbst geflüchtet ist, fesselt Blume ihn an den Polstersessel.

Plötzlich wird die Wohnungstür aufgeschlossen, und Blumes Wirtin steht in der Tür. Beim Anblick des gefesselten Geldbriefträgers beginnt sie zu schreien und will aus der Wohnung rennen. Blume lässt von seinem Opfer ab, stürzt sich auf die Frau, zerrt sie zurück. Es kommt zu einem heftigen Kampf. Die Frau ist kräftiger, als Blume vermutet hat, und er droht ihr zu unterliegen. Er zieht ein Messer, sticht auf die Frau ein, und als sie immer noch schreit, schneidet er ihr die Kehle durch. Derweil hat der gefesselte Geldbriefträger versucht, sich zu befreien. Doch Blume ist schon zurück und schneidet Weber ebenfalls die Kehle durch. Die Beute ist enttäuschend gering. In der Bestelltasche Webers befinden sich nur knapp 1900 Mark.

Der Geldbriefträger wird zwar seit dem späten Nachmittag des 7. September 1918 vermisst, da er aber keine Bestellung für die Spandauer Straße 33 gehabt hat, findet niemand seine Spur. Erst am 11. September wird der Doppelmord entdeckt. Der Butterhändler Stubenrauch allerdings ist nicht auffindbar. Die Ermittlungen treten auf der Stelle.

Angesichts der Ereignisse verschwindet der grausame Doppelmord bald aus dem Bewusstsein. Am 9. November 1918 kommt es in Berlin wie in vielen anderen deutschen Städten zur Revolution. Bewaffnete Arbeiter und Soldaten stürmen die Gefängnisse in Tegel und Moabit, besetzen Rathaus, Telegrafenamt, mehrere Zeitungsredaktionen sowie die wichtigsten Bahnhöfe und das Reichstagsgebäude. Das Kaiserreich ist am Ende.

Inzwischen ist es Dezember geworden, und die Spannungen halten noch immer an. Wiederholt liefern sich bewaffnete Anhänger des linken Spartakusbundes und Soldaten Schießereien. Es gibt Tote und Verletzte.

Wilhelm Blume lässt sich von alledem nicht beirren. Er plant einen weiteren Überfall und tüftelt einen raffinierten Plan aus. Diesmal wählt er eine Gegend, in der ein Geldbriefträger garantiert größere Geldbeträge mit sich führt: Die Straße

Wilhelm Blume

Unter den Linden. Er kundschaftet aus, dass der Geldbriefträger seine Tour im Hotel Bristol, Unter den Linden 5/6, beginnt. In der Stadt herrscht Revolution, und er beschließt, diesen für ihn äußerst günstigen Umstand auszunutzen.

Wenige Tage vor Weihnachten 1918 teilt er unter dem Siegel der Verschwiegenheit den finanzkräftigsten Firmeninhabern im Zustellbezirk, zu dem auch das Bristol gehört, in anonymen Briefen mit, dass die Spartakisten beabsichtigen, am 4. Januar 1919 zu putschen und die Banken zu beschlagnahmen. Er empfiehlt ihnen, ihr Geld in Sicherheit zu bringen, es aber nicht in bar, sondern mittels Postanweisung an ihre eigene Adresse zustellen zu lassen.

Den Geschäftsleuten ist das ominöse Schreiben nicht ganz geheuer und sie informieren Polizei und Presse. So wird der dubiose Brief in der BZ am Mittag abgedruckt. Die gewieften Reporter wittern ein geplantes Verbrechen. Blumes Plan ist durchschaut. In die Kriminalakten werden die anonymen Schreiben als „Spartakusbriefe“ Einzug halten.

Blume muss umdisponieren. Mit leicht verändertem Äußeren mietet er sich als Rittergutsbesitzer Gustav von Gossen im Hotel Bristol ein. Doch es kommt zu einer unvorhergesehenen Panne. Um nicht mit leerem Gepäck anzureisen, hat er in aus Zeitungspapier gefaltete Tüten Sand gefüllt und damit seinen Koffer beschwert. Als der Page das Gepäck auf sein Zimmer bringt, springt das Schloss auf und Sandtüten fallen heraus. Geistesgegenwärtig erklärt Blume dem verdutzten Pagen, es handele sich um wertvolle Mineralien, die an der Universität zu Forschungszwecken gebraucht würden. Der Junge ist beeindruckt. Blume fürchtet jedoch, Verdacht erregt zu haben, und zieht aus dem Bristol wieder aus.

Noch am selben Tag, es ist der 23. Dezember, betritt Blume die Empfangshalle des Hotel Adlon Unter den Linden Nr. 1. In das Fremdenbuch schreibt er sich als Baron Hans von Winterfeldt aus Hamburg ein. Diesmal hat er, um mit dem Geldbriefträger Kontakt zu bekommen, Lotterielose per Nachnahme bestellt. Die Weihnachtstage verbringt Blume im Adlon. Doch es wird kein friedliches Fest: Die Konfrontation aufständischer Matrosen mit regierungstreuen Soldaten rund um das Hauptquartier der Volksmarinedivision im Berliner Schloss endet blutig. Zehn Matrosen und 56 Soldaten lassen in der „Blutweihnacht“ ihr Leben.

Als der 58-jährige Geldbriefträger Oskar Lange die erste Nachnahmesendung bringt, bittet Blume ihn ins Zimmer, bietet ihm Zigarren und Butterbrote an, ja schenkt ihm sogar noch welche für seine Familie. Lange kann sein Glück kaum fassen. Ein Butterbrot ist in dieser Zeit Gold wert. Doch Blume wird klar, dass er den Überfall in diesem Zimmer nicht ausführen kann. Geräusche könnten auf den Flur dringen. Er braucht ein Apartment. Am 27. Dezember „reist“ er ab und reserviert ab dem 1. Januar 1919 das Apartment in der ersten Etage.

Nachdem Blume einige Nächte in billigen Absteigen verbracht hat, begibt er sich am Neujahrstag wieder ins Adlon. Am 2. Januar toben auf den Straßen noch immer blutige Auseinandersetzungen. Ganze Stadtteile sind durch Barrikaden abgeriegelt. Im Adlon ist nur die Hälfte des Personals anwesend. Der Geldbriefträger Lange erscheint aber pünktlich.

Blume ist gut vorbereitet. Außer einem Revolver hat er sich ein Rasiermesser und einen als Schlinge präparierten Strick bereitgelegt. Winterfeldt alias Blume lässt Lange eintreten, fordert ihn auf, im Sessel Platz zu nehmen, und gibt

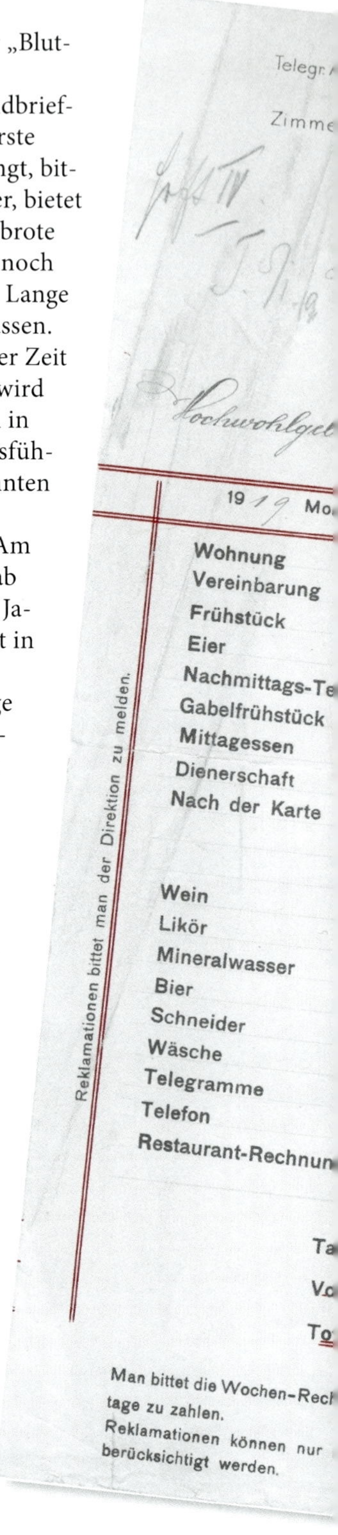
Telegr.
Zimme
Hochwohlgeb
1919 Mo
Reklamationen bittet man der Direktion zu melden.
Wohnung
Vereinbarung
Frühstück
Eier
Nachmittags-Te
Gabelfrühstück
Mittagessen
Dienerschaft
Nach der Karte
Wein
Likör
Mineralwasser
Bier
Schneider
Wäsche
Telegramme
Telefon
Restaurant-Rechnun
Ta
Vo
To
Man bittet die Wochen-Rech
tage zu zahlen.
Reklamationen können nur
berücksichtigt werden.

lin.
Telefon Amt Zentrum No 10341-10358
Personen: 40
85
Hotel Adlon
Berlin W. 8. Am Pariser Platz.
Nota
Herrn v. Winterfeldt,
1. 2. 3.
70 70
70
70
140
Mk: 140 –

ihm das Paket mit den heiß begehrten Broten. Während Lange die Stullen in die Tasche steckt, greift Blume nach der Waffe und fordert Langes Geldtasche. Doch der wackere Geldbriefträger will das Geld um keinen Preis herausrücken, springt auf und will flüchten. Blitzschnell wirft Blume ihm die Schlinge um den Hals und zieht zu. Um sicher zu sein, dass Lange keinen Laut mehr von sich geben kann, nimmt Blume ein Taschentuch und knebelt sein Opfer. Dann holt er ein Badetuch und legt es über den Toten. Er will sich den Anblick ersparen.

Die Beute: etwa 280 000 Mark Bargeld, Wertpapiere und diverse Schmucksachen. Blume steckt alles in seine Tasche. Umschläge und Begleitbriefe lässt er auf dem Tisch liegen. Die Brote, die der Geldbriefträger in seine Geldtasche gesteckt hat, nimmt er heraus und wirft sie in die mit Wasser gefüllte Badewanne. Sie sollen aufweichen und ablaufen. Niemand soll erfahren, dass Lange die Brote von ihm bekommen hat. Noch einmal schaut er sich um, ob er keine Spuren hinterlassen hat, nimmt seinen Spazierstock, schließt alle Türen ab, steckt die Schlüssel ein und verlässt, als wolle er nur ein wenig Luft schnappen, das Hotel.

Im nahe gelegenen Tiergarten wirft er die Zimmerschlüssel und seinen Spazierstock weg. Später wird er die Wertpapiere, die alle sofort gesperrt worden sind, verbrennen. Die Schmuckstücke, von denen die Tageszeitungen nach der Entdeckung des Mordes detaillierte Beschreibungen gebracht haben, wirft er in den Teltowkanal.

Als der Geldbriefträger Lange am Nachmittag noch immer nicht von seinem Bestellgang zurück ist, stellt das Postamt 8 zunächst selbst Nachforschungen an. Schnell ist ermittelt, dass er seinen ersten Bestellgang im Hotel Bristol hatte, ob er vorher oder danach im Adlon war, steht nicht fest. Die Kripo wird eingeschaltet. Sie durchsucht alle Zimmer und alle Nebenräume des Hotels Bristol, von der Besenkammer bis zum Keller.

Rechnung aus dem Adlon für „Hochwohlgeboren Herrn v. Winterfeldt“

Vertraulich!

Die Spartakusgruppe beabsichtigt, am 4.Januar 1919 die jetzige Regierung zu stürzen, und neben der Reichsbank auch die Grossbanken, sowie das Postscheckamt zu beschlagnahmen.

Wenn Sie Ihr Geld in Sicherheit bringen wollen, so lassen Sie sich Ihr Bankguthaben per Wertbrief und Ihr Postscheckguthaben per Zahlkarte an Ihre eigene Adresse anweisen.

Es liegt in Ihrem eigenen Interresse, diesen Mitteilung streng geheim zu halten.

Ein Geschäftsfreund,
der aus begreiflichen Gründen
unbekannt bleiben will.

C. 129.14

Mit solchen hektografierten Briefen versuchte Blume, seine Opfer zu finden.

Aufgeregt erscheint am Morgen des 3. Januar 1919 der Friseur des Adlon im Hotel Bristol. Er sei sich sicher, sagt er, dass der Geldbriefträger gegen 11 Uhr 30 im Apartment des Baron von Winterfeldt war. Er habe ihn aber nicht fortgehen sehen. Sofort begeben sich die Ermittler, unter ihnen auch der legendäre Kommissar Ernst Gennat, ins Hotel Adlon. Das Zimmermädchen bestätigt, dass die Zimmerflucht seit gestern Vormittag verschlossen ist und Winterfeldt offenbar die Schlüssel mitgenommen hat. Seither ist er nicht mehr gesehen worden. Das Apartment wird geöffnet. Im Schlafzimmer steht Blumes Gepäck, das Bett ist unbenutzt. Das Wohnzimmer ist dunkel, die Jalousien heruntergelassen. Gennat knipst das Licht an. Der Tisch ist übersät mit aufgerissenen Briefumschlägen und den wohl dazugehörigen Briefen. Über den Sessel ist ein weißes Badetuch geworfen. Vorsichtig zieht Gennat es weg: Der Geldbriefträger ist mit Händen und Füßen an den Sessel gefesselt. Der Strick, mit dem er erwürgt wurde, ist noch um seinen Hals geschlungen, zudem ist er geknebelt.

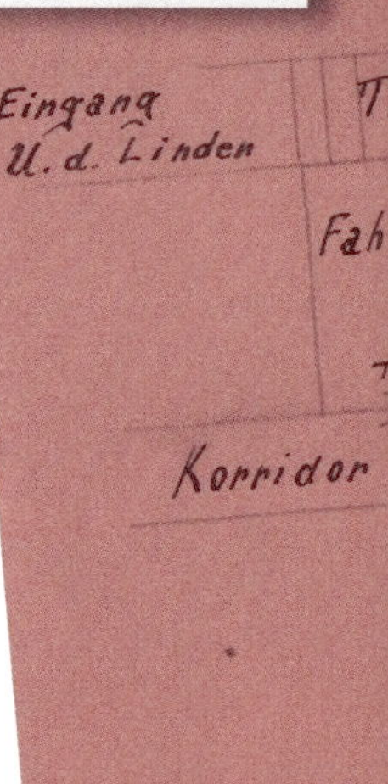

Im Bad bietet sich ein merkwürdiges Bild: In der bis zum Rand mit Wasser gefüllten Badewanne schwimmen sieben oder acht Klappstullen. Sie haben sich nicht aufgelöst, und das Wasser ist auch nicht abgelaufen, denn der Abfluss ist verstopft. Verwertbare Spuren gibt es keine, nicht einmal Fingerabdrücke. Der angebliche Baron von Winterfeldt bleibt verschwunden. Ohne die Rechnung zu bezahlen, hat er das Hotel unbemerkt verlassen. Für Hinweise, die zu seiner Ergreifung führen, wird eine hohe Belohnung ausgesetzt. Lorenz Adlon will jede Erinnerung an den Mord in seinem Haus auslöschen. Er lässt das Apartment umgehend renovieren und neue Möbel anschaffen.

Von dem Mörder der Geldbriefträger fehlt auch nach drei Jahren noch jede Spur. Niemand rechnet mehr damit, dass er jemals gefasst wird.

Am 2. August 1922 versucht Blume in Dresden nach bewährtem Muster erneut einen Überfall. Diesmal misslingt er allerdings, und Blume wird festgenommen. Der ermittelnde Kommissar sieht einen Zusammenhang zu den Geldbriefträgermorden in Berlin Anfang 1919 und informiert die Berliner Kollegen. Kommissar Gennat reist nach Dresden und vernimmt Blume. Dieser legt unerwartet ein umfassendes Geständnis ab. Doch zu einem Prozess kommt es nicht, denn der Täter verübt in der Untersuchungshaft Selbstmord.

Ein Theaterstück hat er aber doch noch geschrieben. Wilhelm Blumes Schauspiel „Simili“ ist 1922 in Dresden uraufgeführt worden und soll ein beachtlicher Erfolg gewesen sein. Es spielt in einem New Yorker Hotel, in dem ein Geldbriefträger ermordet wird.

Skizze der Zimmer 130 und 131 im Hotel Adlon, wo Lange ermordet wurde

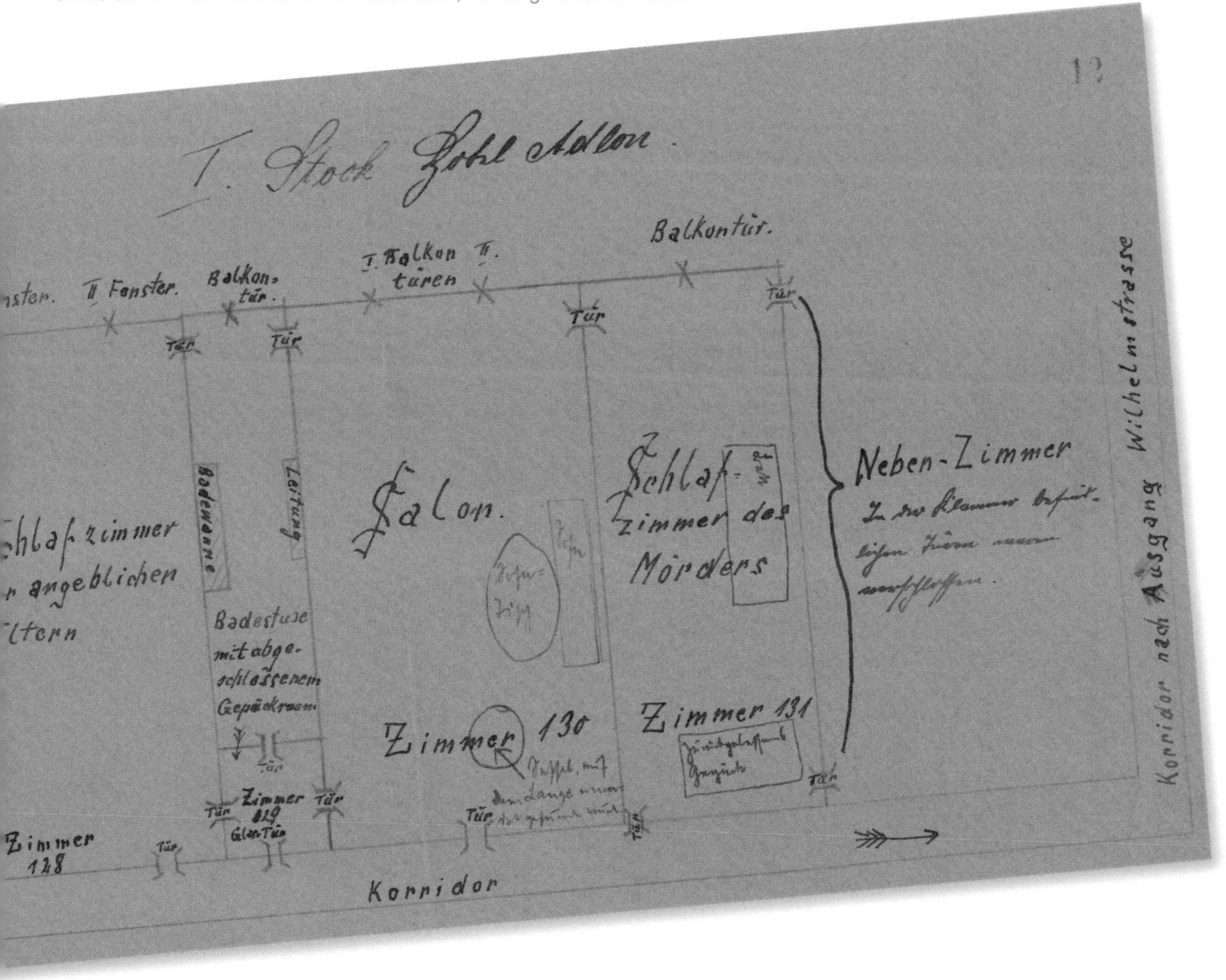

Die acht Opfer des

VERBRECHEN ZUR ZEIT DER WEIMARER REPUBLIK

Mord und Selbstmord

Nervenzusammenbruch des Polizeipräsid

Geständnisse

früheren Berliner Polizeipräsidenten.

...ders Angerstein.

...na Stoll, ...mädchen,

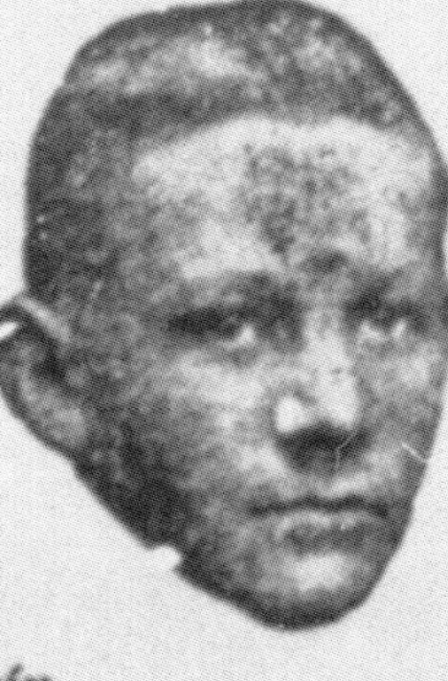

Alex Geis, Gärtnergehilfe,

Rudolf Darr, Gärtnergehilfe,

Heinrich Kiehl, Bureaugehilfe,

Der Förstermord in Schenkendorf.

9½ Jahre Gefängnis für Saß.

Der Totschlag in der Garage.

Das Ende einer Schwarzfahrt.

Barmat-U...

Das traurige Ende eines Ehedramas.

...es Schlächtermeisters Koschwitz.

...richt über den Justizmord!

Richter.

Eröffnung des Hauptverfahrens gegen Regierungsrat Bartels.

Collage aus Zeitungsschlagzeilen über Verbrechen, die 1924 an einem einzigen Tag in Berliner Zeitungen standen

D.W.B.

Durch Berlin zieht sich eine tiefe soziale Kluft. Der unaufhaltsame wirtschaftliche Abstieg nach Krieg, Revolution und Inflation hat zu einer Verelendung weiter Kreise der Bevölkerung geführt. Die Arbeiterviertel im Norden, Nordosten und Osten der Millionenstadt verfallen zusehends: heruntergekommene Mietskasernen mit feuchten Wänden und Hinterhöfen, in die kein Sonnenstrahl fällt, ärmlich gekleidete Hausfrauen, die vor Lebensmittelgeschäften Schlange stehen.

Doch im Westen, vornehmlich rund um den Kurfürstendamm, ist davon nichts zu spüren. Hier findet man alles, was das Herz begehrt, verschwenderisch dekorierte Schaufenster und Feinkosthandlungen, in denen es Hummer, Kaviar, Austern und Südfrüchte zu bestaunen und – wenn man es sich leisten kann – auch zu kaufen gibt. Vor den Türen der luxuriösen Vergnügungslokale, der Kinopaläste auf dem Kurfürstendamm ebenso wie auf dem Potsdamer Platz oder am „Alex“, aber macht das

Vor dem Obdachlosenasyl in der Fröbelstraße bildet sich eine lange Schlange. Foto um 1920

verarmte Berlin auf sich aufmerksam: Abgerissene Gestalten verkaufen Streichhölzer und Schnürsenkel oder strecken nur die leere Hand aus. Berlin ist zur „Bettlermetropole" geworden. Heimgekehrte Soldaten, die im Arbeitsleben nicht wieder Fuß fassen, Kriegsinvalide, die von ihrer kärglichen Unterstützung nicht existieren können, Arbeiter, durch eine schwere Erkrankung erwerbsunfähig geworden, sind überall in der Stadt zu finden. Im Januar 1926 erreicht das Obdachlosenasyl in der Fröbelstraße am Prenzlauer Berg mit 5300 Übernachtungen täglich seine Kapazitätsgrenze. Obdachlose übernachten in abgestellten Eisenbahnwaggons, Kellern, Schuppen, auf Dachböden, in Abrisshäusern oder Parkanlagen. Unter Eisenbahnbrücken entstehen regelrechte Zeltlager.

Ist der letzte Nachtzug abgefahren, dann kriecht das Elend der Großstadt in die Wartesäle. „Dann nehmen die Obdachlosen von den Räumen Besitz, um stehend, kauernd oder liegend den Morgen zu erwarten. Sie müssen jeden Augenblick gefasst sein, dass die Kriminalpolizei kommt und sie mitnimmt. Aber sie trotzen der Gefahr. Draußen weht ein eiskalter Wind, in den Wartesälen aber ist es warm, draußen wird der Regen durch die Nacht gepeitscht, in den Wartesälen aber ist es trocken, und die Greifer kommen doch nicht jede Nacht", schreibt Leo Heller in seinem Buch „Berliner Razzien".

Neben den wirklich Bedürftigen, die vom Hunger getrieben verschämt an einer Straßenecke den Hut hinhalten, steht das Heer bettelnder Kleinkrimineller, die in den besseren Wohnvierteln als „Hausbettler" ihr Unwesen treiben. In den „Teppichhäusern" – so genannt, weil die Treppen mit dicken Läufern ausgelegt sind – in Charlottenburg, Wilmersdorf oder Tiergarten erbetteln sie an der Tür Butterbrote oder abgelegte Kleider. Oft lassen mitfühlende Menschen den Bettler in die Wohnung, bewirten ihn mit einem Teller Suppe oder betrauen ihn für ein kleines Salär mit einer einfachen Arbeit. Unbewusst gewähren die Wohnungsinhaber somit Einblick in ihre Wohn- und Lebensverhältnisse. Oft nutzt ein Hausbettler die Gelegenheit, um seinen Wohltäter auszukundschaften. Will er den Einbruch oder Raubüberfall nicht selbst riskieren, verkauft er den „Tipp", in einschlägigen Kreisen „Annonce" genannt, in einer der berüchtigten Kaschemmen der Unterwelt für gutes Geld an professionelle Einbrecherbanden. Mancher Einbruch und manches Kapitalverbrechen, geht somit auf ihr Konto.

Der seinerzeit zu den populärsten Rechtsanwälten Berlins zählende Dr. Dr. Erich Frey, der als Strafverteidiger die Realität der bestehenden gesellschaftlichen Verhältnisse wie kaum ein anderer zu beurteilen vermag, schreibt über die Zeit nach dem

Ersten Weltkrieg: „Der Krieg hatte nicht nur Millionen von Menschen verschlungen oder zu Krüppeln gemacht, er hatte auch die Seelen verwundet, manche völlig entstellt und verheert. Die Zahl der Verbrechen stieg ins Ungeheure. Hunderttausende, die aus dem Kriege heimgekehrt waren, fanden nicht wieder zurück in ein geordnetes Leben. Hunderttausende fanden keine Arbeit und konnten sich nicht wieder an geregelte Arbeit gewöhnen. Riesig war die Zahl derer, die aus Haltlosigkeit oder auch aus Not das Gesetz brachen."

Das Verbrechen hat in den 1920er-Jahren Hochkonjunktur. Raubmord, Totschlag, Straßenraub, Bankraub, Einbruch, Kokainhandel, Mädchenhandel, Prostitution, sowohl die weibliche wie die männliche, sind an der Tagesordnung. Und es ist die Zeit der Massenmörder: Dieter Kürten in Düsseldorf, Karl Denke in Schlesien, Carl Großmann in Berlin oder Fritz Haarmann in Hannover, über den die Berliner zu einer Melodie von Walter Kollo singen:

Warte, warte nur ein Weilchen,
bald kommt Haarmann auch zu dir,
mit dem kleinen Hackebeilchen,
macht er Leberwurst aus dir.

Verbrechen, wie grausam sie auch immer sein mögen, faszinieren das Publikum. Die Berliner verschlingen die Polizeiberichte in den Tageszeitungen, die mit einer Morgen- und einer Abendausgabe erscheinen. Von Kriminalkommissaren in Zusammenarbeit mit Journalisten verfasste Milieuschilderungen, wie die Publikationen von Ernst Engelbrecht und Leo Heller, die mit Neugier weckenden Titeln wie „Berliner Razzien", „Bilder und Skizzen aus dem Verbrecherleben" oder „Kinder der Nacht" erscheinen, werden zu Bestsellern.

Kaum ein Reiseführer der 1920er-Jahre verzichtet darauf, den Mythos vom „dunklen Berlin" zu bedienen und eine mehr oder weniger sachkundige Schilderung der Berliner Unterwelt zu geben – oder dessen, was man dafür hält. Der Tourist wird in die sogenannte Berliner Verbrecherwelt geführt, in heruntergekommene Stadtviertel mit den einschlägigen Kaschemmen, in denen sich angeblich die Kleinkriminellen und gestandenen Berufsverbrecher treffen. Es sind meist die typischen Kneipen im Scheunenviertel, wie die berühmte „Mulackritze" in der Mulackstraße, in der auch Polizeipräsident Zörgiebel verkehrt haben soll, oder der „Hundegustav" in der Borsigstraße am Stettiner Bahnhof (heute Nordbahnhof).

Das sogenannte „dunkle Berlin" konzentriert sich in den östlichen und nördlichen Stadtteilen, angefangen am Schlesischen Bahnhof über den Alexanderplatz in Richtung Norden über das Scheunenviertel bzw. die Spandauer Vorstadt und den Stettiner Bahnhof bis nach Moabit und in den Wedding. Ein weiterer Brennpunkt der Kriminalität findet sich im Berliner Westen rund um den Bülowbogen, zieht sich bis zum Nollendorfplatz und von hier aus weiter zum Wittenbergplatz und Kurfürstendamm. Das Verbrechen im Berliner Westen hat allerdings ein anderes Gesicht. Die Zeitschrift „Kurfürstendamm" konstatiert am 20. Juli 1929 in einem Artikel über „Die Unterwelt von Berlin W": „Hunderte von Autos stehen vor den Häusern des Kurfürstendamms, aber fragt nicht, wie viele davon bezahlt sind. Fragt nicht, wie viele von den schönen Pelzen, [...] den Perlenketten bezahlt sind, die um diese Zeit spazieren getragen werden." Ladendiebstahl, Betrug, weibliche und männliche Prostitution sowie der Kokainhandel blühen auf dem Prachtboulevard.

Die Zeit der Weimarer Republik ist nicht nur die des Verbrechens, sie ist auch die große Zeit der Kriminalpolizei. Kriminalkommissare wie Ernst Gennat (1880–1939) werden zu Medienstars. Gennat, aufgrund seiner Körperfülle der „Buddha vom Alex", oder einfach nur „Der Dicke" genannt, ist nicht nur wegen seiner Vorliebe für Kuchen und schwarzen Kaffee legendär geworden. Er gilt als der große Reformer der Kriminalpolizei. Als Gennat 1904 zur Kripo kommt, gibt es noch kein spezielles Morddezernat und die Aufklärungsrate ist unbefriedigend. Um diesen Missstand zu beseitigen, organisiert Gennat eine „Zentrale Mordinspektion" für Berlin, die am 1. Januar 1926 offiziell ihre Arbeit aufnimmt. Als Chef seiner neuen Inspektion koordiniert er nicht nur die Mordkommissionen, sondern hat auch die Kontrolle über alle Morduntersuchungen inne – mit Erfolg. Auf Gennats Initiative wird auch das berühmte „Mordauto" angeschafft. Der Kastenwagen, ein schwarzer Maybach „Zeppelin", kann nicht nur eine größere Personenzahl befördern, sondern hat auch alle am Tatort benötigten technischen Apparaturen „an

Alltag im Scheunenviertel: Straßenszene in der Neuen Schönhauser Straße in den 1920er-Jahren

Bord“ und kann je nach Bedarf in ein behelfsmäßiges Büro umfunktioniert werden. Wo auch immer das „Mordauto“ in den nächsten Jahren in der Stadt auftaucht, zieht es unzählige Schaulustige an.

Die „Todesermittlungskartei“, die bald Berühmtheit erlangen soll, ist Gennats persönliche Schöpfung und sein ganzer Stolz. Todesfälle nicht nur aus Berlin, sondern aus ganz Deutschland und dem Ausland sind hier gesammelt und nach verschiedenen Stichworten katalogisiert – eine unschätzbare Hilfe bei der Ermittlungsarbeit.

Ernst Gennat

Darüber hinaus versteht es Gennat, das Interesse der Öffentlichkeit an spektakulären Verbrechen zu nutzen. Fahndungsaufrufe erscheinen nicht mehr ausschließlich auf den roten „Mordplakaten" und in der Tagespresse, sondern werden über den Rundfunk verbreitet. In der „Berliner Funkstunde" sprechen die ermittelnden Kommissare ausführlich über Mord- oder schwere Raubtaten. Auf seine Initiative wird 1938 erstmals ein Fahndungsaufruf im neuen Medium Fernsehen gesendet. Handelt es sich um ein besonders aufsehenerregendes Verbrechen, dann lässt die Mordkommission auch schon mal Flugblätter über der näheren Umgebung des Tatortes aus einem Flugzeug abwerfen. Selbst die modernen Reklamelaufbänder, Mitte der 1920er-Jahre noch eine Sensation, der jedermann Beachtung schenkt, nutzt die Polizei, um Fahndungsersuchen oder Steckbriefe an die Öffentlichkeit zu bringen. Zuweilen lässt die Kripo in Schaufenstern großer Geschäfte oder Warenhäuser sichergestelltes Beweismaterial öffentlich ausstellen. Scharen von Neugierigen pilgern dann herbei, um sich Tatwerkzeuge, die Kleider von Ermordeten oder Pakete, in denen Leichenteile verpackt waren, anzusehen.

Ernst Gennats Ruhm reicht weit über die Grenzen Berlins hinaus. Doch nicht nur hochrangige Kriminalisten aus England, Frankreich und den USA besuchen die Mordinspektion. Ende der 1920er-Jahre kommen sogar Charlie Chaplin und Edgar Wallace nach Berlin, um Gennat im Polizeipräsidium am Alexanderplatz Besuche abzustatten. Auch der Regisseur Fritz Lang recherchiert für seinen Film „M", der erst später den Zusatz „Eine Stadt sucht einen Mörder", bekommt, in Gennats Mordinspektion. Kommissar Lohmann im Film wird Ernst Gennat nachempfunden.

Auch den sogenannten Ringvereinen, mit deren Hilfe die Kripo in Langs Film den Kindesmörder findet, setzt Fritz Lang ein Denkmal. Die Fiktion kommt der Realität allerdings nur bedingt nah. Die ersten Ringvereine sind um 1890 mit der Gründung eines „Vereins ehemaliger Strafgefangener e. V."

entstanden und sollen ehemaligen Strafgefangenen die Rückkehr in ein normales Leben erleichtern, denn die gesellschaftliche Situation Haftentlassener ist seinerzeit denkbar schlecht: Von der Gesellschaft verstoßen, bleiben sie Ausgeschlossene. Eine Rückkehr in die Bürgerlichkeit ist kaum noch möglich. Nach der Jahrhundertwende entwickeln sich die Ringvereine in ihren Vierteln zu einer nicht zu unterschätzenden Größe. Verschiedene Vereine wie „Immertreu" kontrollieren ihren „Kiez". Sie erpressen Gastwirte, ehemalige Strafgefangene, ihre Schützlinge, als Kellner einzustellen, verlangen Schutzgeld, beherrschen das „Rotlichtmilieu". Kurzum, sie beherrschen die Unterwelt. Die Polizei duldet die Ringvereine. Viele Kommissare halten sogar engeren Kontakt zu den Ringbrüdern, so auch Ernst Gennat. Denn andererseits sorgen sie für „Ordnung". Sie halten die nicht organisierten Kriminellen, vor allem die immer aggressiver werdenden Jugendbanden, in Schach und unterstützen die Polizei, wenn es um Mord geht. Man arrangiert sich, so gut es geht.

Die von den Ringvereinen regelmäßig veranstalteten Bälle mit manchmal 3000 bis 4000 Gästen sind gesellschaftliche Ereignisse und bieten der Klatschpresse reichlich Stoff; denn hier versammelt sich die „feine Jesellschaft" von Berlin, und Ernst Gennat schwingt den Taktstock und dirigiert das Ganovenorchester.

In der Tat sind die Jahre der Weimarer Republik nichts weniger als friedliche Jahre: Fememorde, politische Auseinandersetzungen, Straßenschlachten zwischen Braunhemden und Rotfrontkämpfern gehören zum Alltag. Schusswaffen werden auf allen Seiten eingesetzt und fast täglich gibt es neue Todesopfer. Gegen die Gewalt von rechts wie von links bleibt die Polizei machtlos.

Otto Wernicke in der Rolle des Karl Lohmann (links) in Fritz Langs „M"

Der Mörder aus dem Café des Westens

Am Nachmittag des 22. Juli 1920 wird die Mordbereitschaft in das Hotel Münchener Hof nicht weit vom Anhalter Bahnhof gerufen. Das Stubenmädchen hat im Zimmer Nr. 10, das es gerade herrichten will, einen Toten gefunden. Der Mann ist geknebelt, an Händen und Füßen gefesselt, die Taschen seines Anzuges sind nach außen gekehrt. Beißende Ätherdämpfe erfüllen den Raum. Die Flasche mit dem Betäubungsmittel steht noch auf dem Tisch, daneben ein Scheckbuch auf den Namen Paul Wolfner und Kataloge verschiedener Lampenhersteller. Wolfner, Inhaber eines Lampengeschäfts in der Prinzenstraße in Kreuzberg, hat am Nachmittag nach dem Ehepaar Bartels gefragt. Der Portier hat ihm die Zimmernummer genannt und Wolfner ist nach oben gegangen. Das Ehepaar ist inzwischen unbemerkt „abgereist".

Die Nachricht vom Tod ihres Chefs ist für Wolfners Angestellte ein Schock. Allein die Geschäftsführerin bewahrt Haltung und bestätigt, dass Paul Wolfner mit den Bartels verabredet gewesen ist. Das Ehepaar hat sich am Vormittag im Geschäft Lampen angesehen und Wolfner gebeten, am Nachmittag ins Hotel zu kommen, um ihnen weitere Kataloge zu zeigen.

Eine verwertbare Beschreibung des Pärchens vermag sie aber nicht zu geben. Unter vier Augen steckt die Geschäftsführerin dem Kommissar noch zu, dass Wolfner mit seinem Compagnon Hans Schmidt in letzter Zeit oft Streit gehabt habe. Das Geschäft steckt nämlich in finanziellen Schwierigkeiten. Und im Vertrauen fügt sie hinzu: „Wolfners Weibergeschichten kosten eben viel Geld."

Hans Schmidt wird zum Verhör ins Polizeipräsidium zitiert, sein Alibi ist allerdings unanfechtbar: Er war zur Tatzeit in Potsdam. Doch kann er der Polizei einen wichtigen Hinweis geben. Er weiß mit Gewissheit, dass in Wolfners Brieftasche, die gestohlen worden ist, höchstens 200 Mark gewesen sein können. „Aber wo sind die wertvollen Ringe geblieben, die er immer bei sich hatte?", fragt er. Schmidt kann sie so genau beschreiben, dass ein Polizeizeichner sogleich Skizzen anfertigt.

Fahndungsplakate mit den Skizzen und genauen Beschreibungen der Ringe werden gedruckt. Da die Kripo davon ausgeht, dass die Mörder, denen nur wenig Bargeld in die Hände gefallen ist, versuchen werden, die Ringe so schnell wie möglich zu Geld zu machen, werden die roten Mordplakate diesmal deutschlandweit ausgehängt.

Die Suche nach der Herkunft der Ätherflasche – sie wird nur an Ärzte und Kliniken verkauft – bleibt erfolglos. Zwar können ein Arzneimittelvertrieb und die Charité als die Bezieher dieser Flaschen festgestellt werden, doch angesichts der ständigen Diebstähle narkotischer Mittel ist es unmöglich, den Dieb ausgerechnet dieser Flasche zu ermitteln.

Am Tag nach dem Mord erscheint im Büro der Mordkommission eine Angestellte aus Wolfners Laden. Vor den Kolleginnen wollte sie nicht sprechen. „Ich hatte ein kurzes Verhältnis mit meinem Chef", beginnt sie zögernd. „Ich war aber nicht die Einzige und hab' dann Schluss gemacht. Der Paul hatte aber eine Schwäche, von der im Geschäft niemand etwas weiß. Er hatte engen Kontakt zu Künstlern. Zu Dichtern, Malern und Schauspielern. Im Café des Westens am Kurfürstendamm suchte er die Bekanntschaft dieser Leute. Fast jede freie Minute hat er da verbracht. Einige dieser Künstler hat er auch mit Geld unterstützt."

000 Mk. Gesamt-Belohnung!

mann Paul Wolfner in Berliner Hotel. — Angebliches
mann Bartels als Täter. — 3 Brillantringe geraubt.

Juli, nachm. zwischen 6 und 7 Uhr, ist der Kaufmann **Paul Wolfner**, 14. 9. 87 Marienbad (Böhmen) geb.,
im Hotel Königgrätzer Straße 34 ermordet worden.
angeblicher **Hermann Bartels**, 11. 6. 94 geb., angeblich Oderberg wohnhaft, nebst Ehefrau in Frage. Beide
angebliche Kunden genähert, ihn ins Hotel gelockt und unter Anwendung von Aether, Originalflasche, 100 g Inhalt, für
nach vorheriger Fesselung durch einen tief in den Hals gestoßenen Knebel erdrosselt.

Geraubt sind:

3 Brillantringe und zwar 2 Herren- und ein Damenring. Der eine — goldene — Herrenring hat auffallend großen Brillanten von nahezu 3 Karat. Der zweite — Platin — in der Mitte Brillant — rechts und links je einen Saphir. Der Damenring zeigt Marquisform aus Rosen gebildet.

Herrenremontoiruhr Omega; 14 karätiges Gold, Doppelkapsel, Kavalierpanzerkette.

Saffianbrieftasche. Inhalt: Paß auf Paul Wolfner und ca. 200 bis 300 Mark Papiergeld.

ter:
ann **Bartels** — ca. 1,78 m, schlank, 25—30 Jahre, blond, kleiner gestutzter Schnurrbart, etwas eingefallene Wangen,
nde Backenknochen, Cutaway, dunkle (gestreifte?) Hose, dunkler, weicher Hut, Stehkragen.
rin des Bartels — ca. 1,70—1,75 m, Mitte zwanzig, schlank, Haarfarbe unbekannt, dunkler Rock und Jacke, schwarzer
mit breitem Rand, schwarzer Schleier, Kette aus kleinen schwarzen, stumpfen Perlen (Kunstmasse), halbe schwarze Schnür-
warze Strümpfe, schwarzlederne Damenhandtasche. — Gepäck beider: Vermutlich braunlederne Reisehandtasche.

obten Gesamtbelohnung entfallen 10000 Mark auf die Ermittelung der Täter. 10000 Mark auf die Herbeischaffung der
an ist das Polizeipräsidium mit einem Anteil von 5000 Mark für die Ermittelung der Täter beteiligt. Die übrigen 15000
Firma des Ermordeten ausgesetzt. Bei nur teilweiser Herbeischaffung der geraubten Werte wird ein entsprechender Anteil gezahlt.
mmt jedes Polizeirevier, sowie der Mordbereitschaftsdienst Wolfner — Kriminalkommissare Gennat — Bünger (Zimmer 61,
gegen.
3. Juli 1920.

Der Polizeipräsident.
J. V.: gez. Dr. Hagemann.

Die Ermittlungen im berühmten Café des Westens, im Volksmund „Café Größenwahn", übernimmt der 40-jährige Kommissar Ernst Gennat. Er denkt an die Jahre vor dem Krieg zurück, als sich hier noch die Crème de la Crème des intellektuellen Berlin traf, um bei einer Tasse Kaffee für 25 Pfennige Theaterprojekte reifen zu lassen, Romane zu schreiben oder revolutionäre Zeitschriften zu gründen. Doch die Zeiten, als Else Lasker-Schüler, Erich Mühsam, Alfred Kerr, Frank Wedekind und all die berühmten Maler, Dichter und Schauspieler hier an den bekritzelten Marmortischen saßen, sind längst vorbei. Nie haben die prominenten Besucher dem Besitzer die Renovierung des Cafés verziehen und sind einige Hundert Meter weiter, in das Romanische Café in dem klobigen pseudoromanischen Bau an der Gedächtniskirche, abgewandert. Was sich jetzt im Café des Westens versammelt, ist allenfalls eine Pseudo-Boheme. Ein Kellner führt den damals schon schwergewichtigen Kommissar an Wolfners „Stammtisch", um den sich erfolglose Schriftsteller, Schauspieler ohne Engagement und verkrachte Künstler jedweder Provenienz versammelt haben. In der letzten Zeit, erzählen sie, ist er meist in Begleitung eines jungen Mannes gekommen, dessen Namen jedoch niemand kennt, und erst jetzt fällt allen auf, dass er seit dem Mordtag nicht mehr im Café gewesen ist. Sie wissen von ihm nur, dass er unbedingt Schauspieler werden will und sich von dem wohlhabenden Wolfner Unterstützung erhofft hat. Wolfner hat auch gerne mit seinem Reichtum geprahlt. Einmal hat er seinen am Hungertuch nagenden Künstlerfreunden die Ringe sogar gezeigt, von denen allein einer 50 000 Mark wert gewesen sein soll.

Die drei Täter Wilhelm Bock, Gertrud Nägler und Ernst Nägler

„Sie müssen die Ilse fragen. Der angehende Schauspieler hat ihr einmal seine Visitenkarte gegeben", wirft eine junge Dichterin ein. „Ich kenne nur ihren Vornamen. Hier finden Sie sie aber nicht. Sie verkehrt in den Bars rund um den Kurfürstendamm. Wenn Sie wollen, helfe ich Ihnen, sie zu suchen."

In den nächsten Nächten durchstreifen zwei Kriminalassistenten zusammen mit der Dichterin die Nachtbars rund um den Nobelboulevard. Doch weder in der eleganten Queen-Bar an der Gedächtniskirche, noch in der vor wenigen Wochen erst eröffneten Kakadu-Bar an der Joachimsthaler Straße taucht das Mädchen auf. Nach mehreren Besuchen in der Kakadu-Bar haben sie endlich Erfolg. Sie hat

Das Café des Westens hatte in den 1920er-Jahren seine beste Zeit hinter sich.

Gertrud Nägler. 22. 4. 99 Blankenburg i. H.

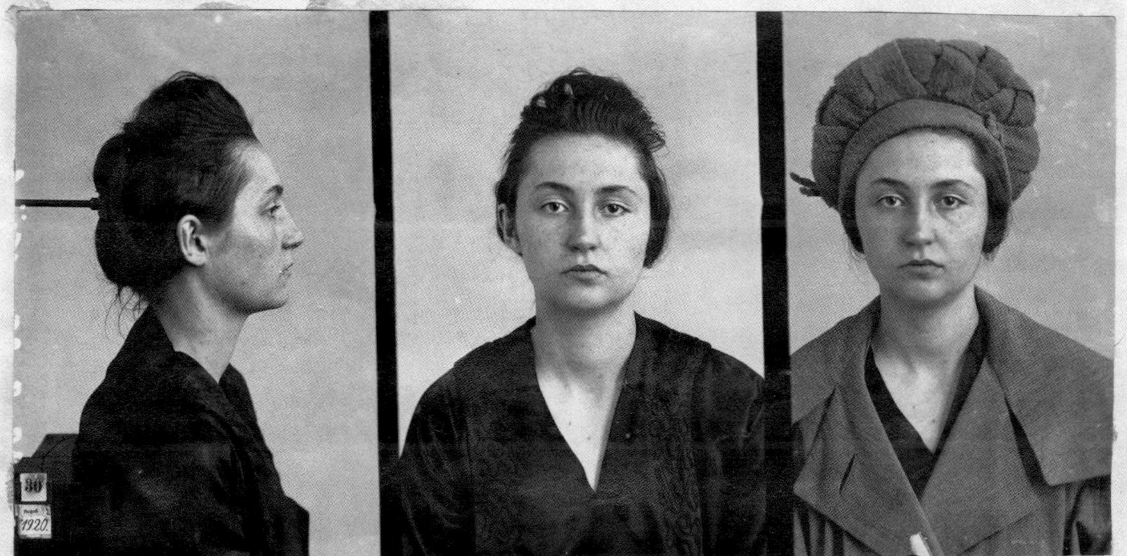

Student, Kaufmann Ernst Nägler. 27. V. 94 Dernburg

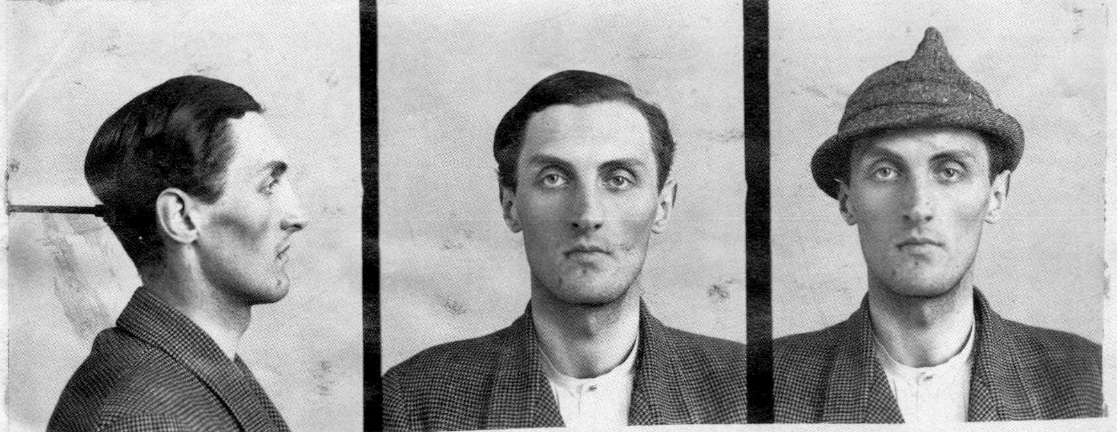

sogar noch die Visitenkarte und händigt sie den Beamten aus: „Ernst Nägler, Uhlandstraße 54/55, bei Gloger."

Zusammen mit seiner Schwester hat Nägler hier zur Untermiete gewohnt. Doch seit dem 22. Juli sind die Vögel ausgeflogen: auf unbestimmte Zeit verreist. Im März hat Gertrud Nägler zwei möblierte Zimmer bezogen. Die monatliche Miete von 250 Mark zahlt ihr in Braunschweig lebender Vater. Ihr Bruder Ernst wohnt erst seit Juli bei ihr. Besuch haben die beiden so gut wie nie bekommen. Nur ein Cousin kam ziemlich oft, ein angeblicher Apotheker namens Wilhelm Bock, weiß die Vermieterin zu berichten.

Ist das Geschwisterpaar Nägler identisch mit dem Ehepaar Bartels? Beide stehen jetzt jedenfalls unter dringendem Mordverdacht. Auch der Cousin Bock wird überprüft, doch es ergeben sich keinerlei Anhaltspunkte, dass er mit der Tat in irgendeiner Verbindung steht.

Bald überschlagen sich die Ereignisse. Anfang August meldet sich in Leipzig ein Juwelier bei der Polizei. Er hat die Fahndungsplakate gelesen und ist sich sicher, die beschriebenen Ringe von einem jungen Mann gekauft zu haben. 8000 Mark hat er ihm gezahlt. Im Buch, in das sich jeder Verkäufer eintragen muss, steht sein Name: Ernst Nägler. Seltsamerweise sei der junge Mann am nächsten Tag wiedergekommen, um die Ringe zurückzukaufen. Sie sind jedoch inzwischen weiterverkauft worden.

Am 5. August wird der 26-jährige Ernst Nägler in der Wohnung seines Vaters in Braunschweig festgenommen und nach Berlin gebracht. Nägler gesteht, an dem Überfall beteiligt gewesen zu sein, leugnet aber, Wolfner getötet zu haben. Seine Schwester, die sich gerade im Harz aufhalte, und sein Cousin Wilhelm Bock aus Berlin hätten den Mord zu verantworten. Eine Haussuchung bei Wilhelm Bock fördert dann auch die goldene Uhr und die Brieftasche des Ermordeten zutage. Nach langem Leugnen legt schließlich auch Wilhelm Bock ein Geständnis ab, beteuert aber, er habe Wolfner nicht töten, sondern nur betäuben wollen. Einen Tag später wird auch die 21-jährige Gertrud Nägler in Hohegeiß im Harz festgenommen.

Endlich erfährt Kommissar Gennat Vorgeschichte und Hergang des Verbrechens: Ernst und Gertrud Nägler, die verwöhnten Kinder eines wohlhabenden Braunschweiger Kaufmanns, haben schon vor geraumer Zeit jeden Bezug zur Realität verloren. Nur für kurze Zeit besucht Gertrud eine höhere Töchterschule und erhält dann, ihrer labilen Gesundheit wegen, Privatunterricht. Nach dem Tod der Mutter stellt der Vater eine „Haushälterin" ein, die wohl schon seit Langem seine Geliebte ist. Gertrud hasst diese Frau und zieht, gegen den Willen des Vaters, nach Berlin. Was sie in Berlin will, weiß sie nicht so recht. Vielleicht Fremdsprachen studieren? Doch sie macht keine Anstalten, eine Sprachenschule zu besuchen.

Ernst Nägler ist seinerseits nicht geneigt, in die gut gehende Weinhandlung seines Vaters einzutreten. Er will um jeden Preis zum Film und geht ebenfalls nach Berlin. Um Eingang in Künstler- und Schauspielerkreise zu finden, verbringt er seine Zeit im Café des Westens. Vater Nägler allerdings verweigert seinem Sohn jegliche Unterstützung. So lebt Ernst von dem Geld, das seine Schwester vom Vater bekommt. Doch die 200 Mark in der Woche reichen hinten und vorne nicht.

Oft sitzen sie mit ihrem Cousin Wilhelm Bock zusammen. Der 25-jährige gelernte Drogist arbeitet als Vertreter für eine pharmazeutische Fabrik, bestreitet seinen Lebensunterhalt aber hauptsächlich vom Schwarzhandel mit Arzneimitteln. Immer wieder beratschlagen sie, wie man möglichst ohne viel Anstrengung an das Geld anderer Leute kommt. So entsteht der Plan, Wolfner auszurauben.

Da Gertrud und Wilhelm noch nie im Café des Westens gewesen sind, können nur die beiden den Überfall auf Wolfner verüben. Sie mimen wohlhabende Kunden und locken ihn in das Hotel. Nach der Tat flüchten alle drei nach Leipzig. Am Morgen danach verkauft Nägler die Ringe. Als er aber vom Tod Wolfners liest, gerät er in Panik, versucht die Ringe zurückzukaufen und seinen Namen im Buch des Juweliers unkenntlich zu machen. Weder das eine noch das andere gelingt. Die sensible Gertrud reagiert auf die Nachricht von Wolfners Tod hysterisch und droht, sich das Leben zu nehmen. Ernst schickt sie erst einmal in den Harz zur Erholung, er selbst fährt nach Hause nach Braunschweig.

Gertrud Nägler – Gennat beschreibt sie in seinem Bericht als eine sympathische, wohlerzogene junge Frau von nettem Äußeren und mit angenehmen Umgangsformen – hat bereits eine beachtliche kriminelle Karriere hinter sich, auch wenn sie sich bis dahin nicht hat erwischen lassen. Während ihrer Zeit auf einer Handelsschule in Altenburg 1918 verübt sie zusammen mit einem Freund zahlreiche Wohnungseinbrüche, bei denen sie mit professionellem Geschick vorgeht, und mit ihrem Bruder ist sie als „Hotelratte" unterwegs. Im Sommer 1919 lernen sie in einem Hotel in Braunlage zwei wohlhabende Damen kennen, die ihren reichen Brillantschmuck allzu sorglos zur Schau tragen. Zusammen verbringen sie einen feuchtfröhlichen Abend, und die Damen amüsieren sich köstlich. Gertrud trinkt fast nichts. Sie schützt ihre angeschlagene Gesundheit vor und verabschiedet sich frühzeitig von der vergnügten Gesellschaft, um sich schlafen zu legen. Statt zu Bett zu gehen, zieht sie ein schwarzes Trikot an, schleicht in der Dunkelheit zum Hotel der Damen, klettert durch das offene Fenster in deren Zimmer, versteckt sich unter dem Bett und wartet, bis die Damen zurück sind. Als sie sicher ist, dass beide schlafen, robbt sie sich aus ihrem Versteck hervor, stiehlt den Brillantschmuck und macht sich auf demselben Weg davon, auf dem sie gekommen ist.

Vor einem Schwurgericht beginnt am 23. Juni 1921 der Prozess gegen Wilhelm Bock und die Geschwister Nägler. Bock wird wegen schweren Raubes mit Todesfolge zu lebenslänglichem Zuchthaus verurteilt, Gertrud Nägler zu 15 Jahren Zuchthaus wegen schweren Raubes. Ernst Nägler muss wegen Anstiftung zu schwerem Raub mit Todesfolge ebenfalls ins Zuchthaus. Der Anwalt der Geschwister, der in Berlin berühmte Strafverteidiger Max Alsberg, bezweifelt die Zurechnungsfähigkeit der Näglers und geht in Revision. Im Mai 1922 beginnt der Revisionsprozess: Gertrud Nägler ist in der zweijährigen Haft schwer erkrankt und wird für verhandlungs- und haftunfähig erklärt. Der Haftbefehl gegen sie wird im September 1922 aufgehoben. Der Revisionsprozess gegen Ernst Nägler wird vertagt. Ob das Urteil gegen ihn revidiert worden ist, geht aus den Akten nicht hervor.

Mit diesem Zettel melden sich die angeblichen „Bartels" im Hotel Münchener Hof an.

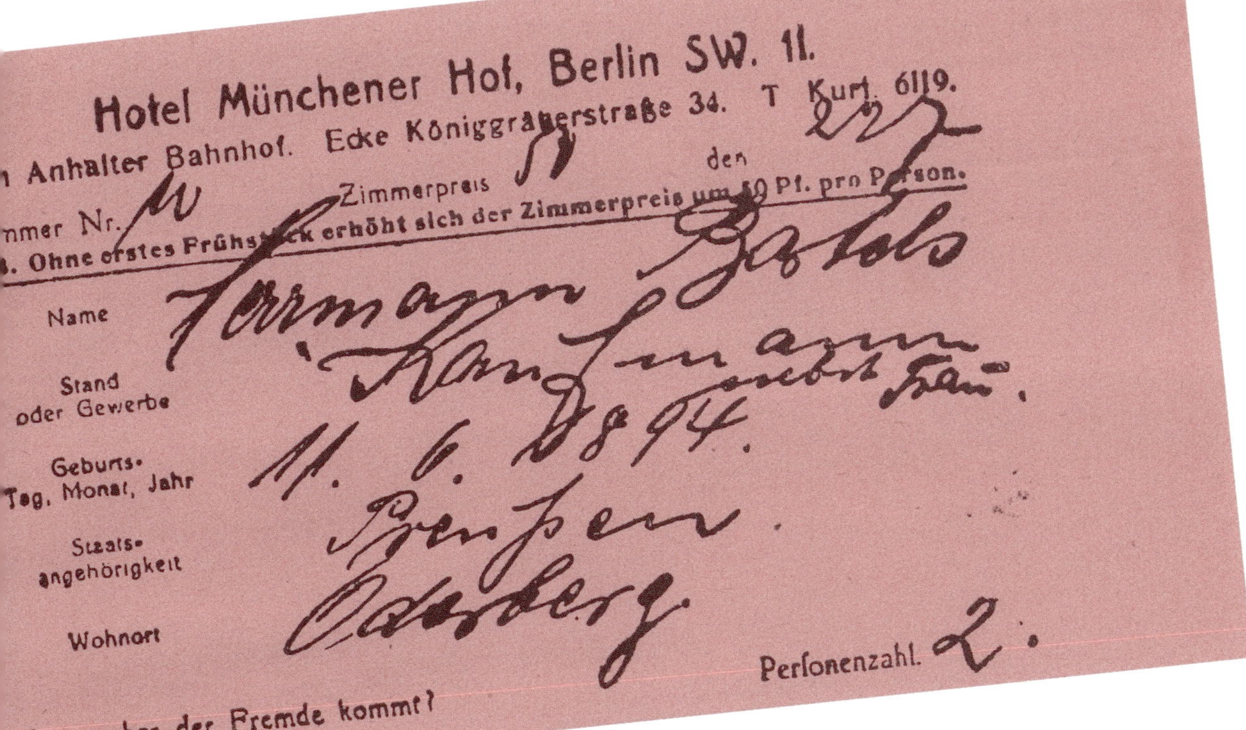

Hotel Münchener Hof, Berlin SW. 11.
1 Anhalter Bahnhof. Ecke Königgrätzerstraße 34. T Kurf. 6119.
den 22/7
Zimmerpreis
...mmer Nr. 10
... Ohne erstes Frühstück erhöht sich der Zimmerpreis um 50 Pf. pro Person.

Name: Hermann Bartels
Stand oder Gewerbe: Kaufmann nebst Frau.
Geburts-Tag, Monat, Jahr: 11. 6. 1894.
Staatsangehörigkeit: Preußen.
Wohnort: Oderberg
Personenzahl. 2.
Ort, woher der Fremde kommt?

Der Schlächter vom Schlesischen Bahnhof

Kurzatmig vor Aufregung erscheint am 21. August 1921 gegen 22 Uhr der Arbeiter Iglitzki auf dem Polizeirevier 50 in der Andreasstraße in Berlin-Friedrichshain. Die Polizei möge schnell in die Lange Straße 88, Hinterhaus, dritter Stock, kommen. Aus der Wohnung des Hausierers Carl Großmann, seines Nachbarn, dringen erstickte Hilferufe und Schreie. Es sei ganz fürchterlich. Die Polizisten gehen mit. Großmann ist ihnen kein Unbekannter. Vor Kurzem erst ist er wieder auf dem Revier gewesen, um seine Wirtschafterin anzuzeigen, die ihn bestohlen hat und nun über alle Berge ist. Niemand zählt mehr, wie viele solcher Anzeigen er schon aufgegeben hat. Er hat eben Pech mit seinen Wirtschafterinnen.

Der Oberwachtmeister klopft an Großmanns Wohnungstür. Niemand öffnet. Erst auf energisches Pochen hören sie eine Stimme aus der Wohnung. „Ick schlafe schon. Kommt jefälligst morjen wieder!“ Die Beamten wissen: Eingriffe in die bürgerliche Wohnung sind nur erlaubt, wenn Gefahr im Verzug ist. Hier ist Gefahr im Verzug, entscheiden sie und brechen die Tür auf. Im Licht einer Gaslampe erkennen sie einen älteren Mann mit eingekerbten Gesichtszügen: den 57-jährigen Carl Großmann. Er ist völlig nackt, sein Körper mit Blut besudelt. In der blutigen Hand hält er eine Kaffeetasse, will sie gerade zum Mund führen. Geistesgegenwärtig, von einer Vorahnung getrieben, stürzt sich einer der Beamten auf Großmann und schlägt sie ihm aus der Hand. – Sie enthält ein Kaffee-Zyankali-Gemisch, wie die kriminaltechnische Untersuchung ergeben wird. Erst jetzt sehen sie die nackte Frau auf dem Feldbett. Ein grauenvoller Anblick, den selbst die hartgesottensten Polizisten kaum ertragen: Ihr Kopf ist blutüberströmt, sie ist gefesselt und geknebelt, der Körper ebenfalls mit Blut besudelt. Sie ist bestialisch zugerichtet, gibt aber noch Lebenszeichen von sich. Der herbeigeholte Arzt kann jedoch nur noch ihren Tod feststellen. Schwerste Verletzungen im Genitalbereich, so der Gerichtsarzt, lassen auf einen Lustmord schließen. Sie sei mit dem Geschlechtsverkehr einverstanden gewesen und habe sich freiwillig fesseln lassen, sagt der Hausierer Großmann und behauptet: „Ick hab’ bloß Rache jenommen. Det Aas hat mir beklaut.“ In ihrem Strumpf sind tatsächlich die 300 Mark, die sie angeblich gestohlen hat. Allerdings ist das Geld, im Gegensatz zum Strumpf, blutbefleckt. Großmann hat es wohl schnell hineingesteckt, als die Polizei vor der Tür gestanden hat.

Das Opfer wird als die 35-jährige Köchin Maria Nitsche aus Dresden identifiziert. Großmann hat sie am Nachmittag auf dem Schlesischen Bahnhof aufgelesen. Gerade erst aus dem Frauengefängnis entlassen, hat sie weder Geld noch eine Bleibe. Sie kennt keine Menschenseele in Berlin. Großmann ist nett zu der weinenden Frau. „’Ne Schmalzstulle und ’ne Tasse Kaffe hab’ ick immer übrig“, sagt er, bietet ihr auch gleich eine Anstellung als seine Wirtschafterin an. Sie geht mit in seine Wohnung.

Bei der Durchsuchung von Großmanns Wohnküche werden Frauenkleider und ein blutiger Sack gefunden. Auf einer Holzbank, die tiefe Einkerbungen ausweist, haften Menschenblut sowie Haut- und Muskelfasern, an mehreren Messern ebenfalls. In der Asche des Küchenherdes findet der Gerichtsmediziner noch die Überreste menschlicher Gliedmaßen und diverser Frauenkleider.

Den Ermittlern geht ein Licht auf. Seit 1918 beunruhigen Funde von Leichenteilen im Luisenstädtischen Kanal, zwischen der Schillingbrücke und dem Engelbecken Bevölkerung und Polizei gleichermaßen. Nur ein Katzensprung trennt die Lange Straße von der Schillingbrücke!

Einige der in Großmanns Wohnung gefundenen Kleidungsstücke können eindeutig der 24-jährigen Johanna Sosnowski zugeordnet werden. – Die am 19. August 1921 aus dem Luisenstädtischen Kanal gefischten Leichenteile sind mit großer Wahrscheinlichkeit die Überreste der Vermissten.

Die Wohnküche von Carl Großmann bietet ein Bild des Grauens.

Großmann gesteht zwar den Mord an Maria Nitsche, leugnet aber, weitere Morde begangen zu haben. Erst als Kommissar Ludwig Werneburg ihm verspricht, seinen Zeisig Hänschen, das einzige Lebewesen, zu dem Großmann eine emotionale Beziehung hat, aus der Wohnung zu holen und persönlich für ihn zu sorgen, gesteht er den Mord an Johanna Sosnowski. Aus Eifersucht will er sie erschlagen und dann zerstückelt haben. Einen Sexualmord weist er weit von sich. Ein paar Tage später gesteht er schließlich noch einen dritten Mord an einem Mädchen namens Martha. Auf einer Fotografie erkennt er die 30-jährige Prostituierte Elisabeth Barthel als „Martha" wieder. Im Prozess widerruft er dieses Geständnis jedoch.

Obwohl die noch nicht zugeordneten Leichenteile aus dem Luisenstädtischen Kanal offenkundig Großmanns Handschrift tragen, leugnet er strikt weitere Morde. Die Leiche der Johanna Sosnowski hat er, laut Gerichtsmedizin, so sachkundig zerlegt, dass sich daraus eine präzise „Arbeitsweise" ablesen lässt. Demzufolge vermutet die Polizei, dass Großmann in den letzten neun Monaten vor seiner Festnahme mindestens sechs bis acht Frauen ermordet hat. Vieles weist auf Großmann als mutmaßlichen Täter hin. Nachzuweisen sind ihm die Taten allerdings nicht. Zehn Monate arbeitet die Mordkommission verbissen an der Aufklärung der restlichen Fälle. Aber die Staatsanwaltschaft drängt auf den Abschluss der Ermittlungen: Sie hat es eilig mit dem Prozess. Drei Morde reichen, um gegen Großmann die Todesstrafe zu beantragen. Die Kripo protestiert. Sie will erst die Verdachts-

Aktenzeichen:

Personalbeschreibung. 1

(Die zutreffenden Angaben sind zu unterstreichen.)

Familienname: Großmann

Vornamen (Rufname unterstreichen): Carl Friedrich Wilh

Vor- und Zuname des **Vaters:** Carl G.

Vor- und Zuname der **Mutter:** Sophie geb Brüssel

Geburts-Tag, -Monat und **-Jahr:** 13. 12. 63.

Geburts-Ort: Neuruppin

Verwaltungsbezirk: do

Staat: Pr.

Familienstand, ob ledig, verheiratet, verwitwet, geschieden mit (Vor- und Zunamen der Ehegattin)

Letzter Wohnort, Gemeinde: Frankfurterstr. 21 Langestr. 88/89

Für Reichsausländer Heimatsstaat:

Religionsbekenntnis: ev.

Stand (Beruf, Gewerbe): Schlächter

Militärverhältnis: –

Vorbestrafungen: angebl. keine

Jetzt verhaftet wegen: schw. Körperverletzung

Bemerkungen: Am 23. 8. 21 hier wegen Mordes.

1. **Grösse:** 1 m 71 cm (sehr klein, klein, mittel, gross, sehr gross).
2. **Gestalt:** (schwächlich, schlank, untersetzt, kräftig, stark).
3. **Schulterneigung:** (schräg, wagerecht).
4. **Haar:** b (Farbe, Fülle). Glatze
5. **Bart:** dbl (Sch) (Farbe, Form, Fülle).
6. **Gesicht:** (Farbe, Form, Fülle).
7. **Stirn:** (hoch, geneigt, niedrig).
8. **Auge:** (blau, grau, gelb, gelbrot, hell-dunkelbraun, schwarz).
9. **Augenbrauen:** b (Farbe, Form: bogenförmig od. zusammengewachsen).
10. **Nase:** (klein, mittel, gross, dick, schmal, breit, eingedrückt, geradlinig, wellig, Stumpf-Adlernase).
11. **Ohren:** (klein, mittel, gross, abstehend, anliegend, durchlocht).
12. **Mund:** (klein, mittel, gross, dünne Lippen, aufgeworfene Lippen).
13. **Zähne:** (vollständig, lückenhaft, auffallend gross oder klein, schräg gestellt, falsches Gebiss oben oder unten).
14. **Kinn:** (spitz, breit, Doppelkinn, Grübchen).
15. **Hände und Füsse:** (wenn besonders gross oder klein).
16. **Gang und Haltung:** (wenn besonders auffallend).
17. **Sprache:** Berlinerisch (Mundart, fremde Sprache, stotternd, lispelnd, auffallend tiefe oder helle Stimme).
18. **Besondere Kennzeichen:** (ins Auge fallende Eigenheiten: Narben Leberflecke, Muttermale, X- oder O-Beine, Verkrüppelungen, Tätowierungen u. s. w.)

II tät. bei: „Erinnerung an Berlin K. G.", mit Lorbeerkranz eingerahmt

Eigenhändige Unterschrift der Person:

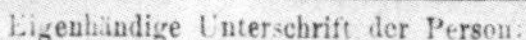

Carl Großmann

Carl Großmann

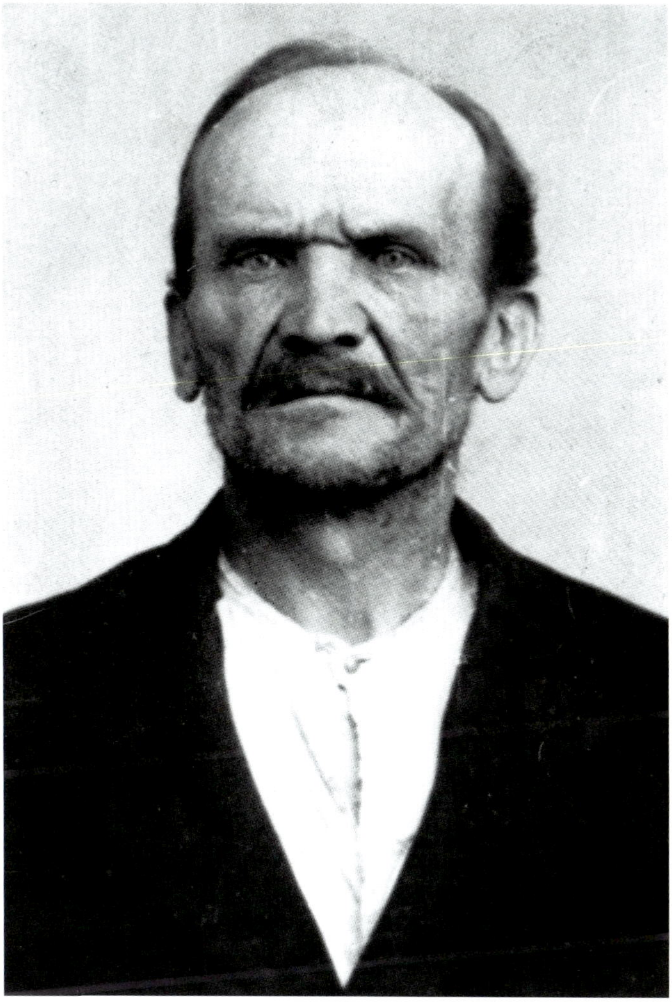

fälle geklärt wissen. Es kommt, so der Rechtsanwalt Dr. Dr. Erich Frey in seinen Erinnerungen, zu einem Kampf zwischen Alexanderplatz (dem Polizeipräsidium) und Moabit (dem Sitz der Staatsanwaltschaft), den Moabit schließlich gewinnt. 23 Morde bleiben ungeklärt.

Am 1. Juli 1922 beginnt – unter Ausschluss der Öffentlichkeit – der Prozess gegen Carl Großmann vor dem Schwurgericht des Landgerichts I. Sein Pflichtverteidiger ist Erich Frey, in den 1920er-Jahren einer der prominentesten und erfolgreichsten Anwälte Berlins. 51 Zeugen sind geladen – in der Mehrzahl Frauen, die das Glück gehabt haben, nicht im Luisenstädtischen Kanal zu enden. Großmann hat sich stets Prostituierte, Obdachlose oder Mädchen aus der Provinz ausgesucht. Ohne Geld, ohne Arbeit, ohne Bleibe. Mit einer warmen Mahlzeit oder einer Schmalzstulle und der Aussicht auf eine Stelle als „Wirtschafterin“ lockt er sie in seine Wohnung. Die Zeuginnen berichten von sadistischen sexuellen Praktiken. Einige brechen in Weinkrämpfen zusammen, als sie von ihren Erlebnissen in der Langen Straße berichten. Ist Großmann also doch ein perverser Lustmörder, obwohl er es leugnet?

Auf mildernde Umstände kann er nicht rechnen. Die Sachverständigen bescheinigen ihm volle Zurechnungsfähigkeit. Damit scheint Großmanns Todesurteil sicher. Doch dazu kommt es nicht mehr. Trotz aller Vorsichtsmaßnahmen erhängt er sich vor dem nächsten Verhandlungstag in seiner Zelle.

Der 1863 in Neuruppin geborene, wegen Diebstahls, Erpressung, Bedrohung, Sachbeschädigung und Körperverletzung vielfach vorbestrafte Carl Friedrich Wilhelm Großmann kommt mit 24 Jahren, nachdem er sich an einem vierjährigen Kind vergangen hat, erstmals ins Zuchthaus. Nach seiner Entlassung geht er nach Süddeutschland, wo er wieder wegen zahlreicher Sexualdelikte verurteilt wird. Wieder auf freiem Fuß, vergewaltigt er eine Zwölfjährige. Eine weitere Zuchthausstrafe folgt. Kaum ist er in Freiheit, vergeht er sich abermals an einem Kind und wieder landet er hinter Zuchthausmauern. Noch am Tag seiner Entlassung vergeht er sich wieder an zwei Kindern, von denen eines stirbt. Diesmal muss er für 15 Jahre ins Zuchthaus. Hier greift er Justizbeamte an und misshandelt Mitgefangene so schwer, dass er in Ketten gelegt wird. Nach seiner Entlassung geht er zurück nach Berlin. Von seinen Straftaten erfährt in Berlin niemand etwas. Kriminalkommissar Ernst Gennat schreibt einige Jahre später: „Einen derartigen Umgang mit solch gefährlichen Triebtätern nenne ich behördliche Beihilfe zum Mord.“

Personalbogen aus der Polizeiakte

... und immer wieder nasse Fische

Obwohl die Berliner Mordinspektion unter Ernst Gennat in den 1920er-Jahren mehr als 95 % aller Mordtaten aufgeklärt haben soll, gibt es doch immer wieder „nasse Fische". So nennt die Kripo ungelöste Fälle. Das heißt aber nicht, dass diese auf Nimmerwiedersehen in die Aktenschränke versenkt werden. Gibt es Spuren, Fingerabdrücke, oder spezifische Tatmerkmale, dann nehmen sich die Ermittler den jeweiligen Fall immer wieder vor. Die Ermittlungen zu Sexualmorden beispielsweise lassen die Beamten besonders häufig an ihre Grenzen stoßen, denn in vielen Fällen handelt es sich um „Zufallsmorde", bei denen es keinerlei Verbindung zwischen Opfer und Täter gibt. Fehlt es auch noch an Zeugen, die Hinweise geben können, oder an Indizien, die die Überführung des Täters erleichtern, dann haben die Mordermittler schlechte Karten und ihre Arbeit ist mit der sprichwörtlichen Suche nach der Nadel im Heuhaufen zu vergleichen.

Die 27-jährige Margarete Keding ist aus Rostock nach Berlin gekommen. Sie hat eine Anstellung als Hausmädchen bei der Familie Gerlach in der Kissingenstraße 45 in Pankow, wo sie sich auch um Oskar kümmert, den zweijährigen Sohn der Familie. Adelheid Gerlach schätzt besonders Margaretes Zuverlässigkeit. Sie geht zwar gerne tanzen und treibt sich, wie Frau Gerlach meint, in ihrer Freizeit viel herum, aber Nachlässigkeiten gibt es bei ihr nicht. Egal wie lange sie aus war: Schon am frühen Morgen, noch bevor sie sich angezogen hat, macht sie die Milch für Oskar warm und pünktlich um 7 Uhr das Frühstück. Nach Margarete kann man die Uhr stellen.

Am Sonnabend, dem 12. Februar 1927, hat Margarete frei. Sie möchte sich bei Wertheim Passbilder machen lassen und am Abend zu einem Tanzvergnügen gehen. Nach dem Besuch beim Fotografen bummelt sie noch durch das Kaufhaus und kauft in der Spielwarenabteilung einen kleinen Teddy für Oskar.

Am Morgen des 13. Februar 1927 wird die Mordkommission in die Stubnitzstraße gerufen, die nur wenige Schritte von der Kissingenstraße entfernt ist. Auf den Stufen vor der Eingangstür einer Fleischerei kauert in einer Blutlache eine junge Frau mit durchgeschnittener Kehle. Ihre dunkelbraune, kofferähnliche Handtasche liegt neben ihr.

Der Polizeipräsident.
(Alexanderplatz.)

Laufzettel.

Abteilung I

Bestimmt für Vergnügungsstätten, auch Schankwirtschaften aller Art.

Berlin, den 18. Februar 1927.

1000 M. Belohnun

Zum Pankower Mädchenmor

Margarete Keding,

Stütze, 27 Jahre alt, aus Rostock, Pankow, Kissingenstraße 45, tätig und wohnhaft gewesen, wurde am

Sonntag, 13. Februar, gegen 3 Uhr früh, in Pankow vor dem Hause Stubnitz

ermordet aufgefunden. Sie saß mit durchschnittenem Halse auf der Stufe der Ladentür der
legenen Schlächterei. Trotz der kalten Witterung hatte sie sich — offenbar freiwillig — mi
Begleiter dort hingesetzt. Ein Wächter hat das Pärchen noch kurz vor der Tat sitzen sehen.

Fräulein **Keding** hat die Wohnung ihres Dienstgebers am Sonnabend, 12. Februar
mittags gegen 6 Uhr verlassen. Sie hat sich dann im Warenhaus Wertheim (Leipziger Straße)
graphieren lassen; dort kaufte sie auch einen — offenbar für den kleinen Sohn ihres Dien
bestimmten — Teddybären. Zwischen ½7 und 7 Uhr nachmittags dürfte sie das Warenhaus v
haben. Ihr weiterer Verbleib konnte bisher nicht mit Sicherheit festgestellt werden.

Sie enthält Schlüssel, ein Portemonnaie mit etwas Kleingeld, einen Abholschein des Fotografen bei Wertheim am Leipziger Platz, einen kleinen Teddy und die Papiere der Frau. Es ist Margarete Keding. Ein Raubmord? Ein Eifersuchtsdrama? Ein Sexualverbrechen liegt nicht vor, wie der Gerichtsmediziner bestätigt.

Ein Wachmann hat die junge Frau eine Stunde zuvor auf seiner Tour noch gesehen. Sie saß mit einem jungen Mann auf den Stufen. Eine Personenbeschreibung kann er aber nicht geben, es war zu dunkel. Die Ermittlungen in unmittelbarer Nähe des Tatortes bleiben ergebnislos. Außer dem Wachmann gibt es keine Zeugen. Nicht einmal die Tatwaffe wird gefunden. Aufgrund der Berichte in den Zeitungen melden sich zwar Zeugen, die Margarete irgendwo gesehen haben wollen, ein konkreter Hinweis ist jedoch nicht dabei. Der Mord an Margarete Keding bleibt unaufgeklärt.

Ein anderer unaufgeklärter Fall ist der von Frieda Thomas.

Den Frauenüberschuss nach dem Ersten Weltkrieg wissen besonders Heiratsschwindler auszunutzen. Im Gegensatz zu den mondänen Damen der besseren Gesellschaft, die alle Freiheiten genießen, haben alleinstehende Frauen aus den unteren Bevölkerungsschichten kaum Möglichkeiten, am gesellschaftlichen Leben teilzunehmen. Oft sind ihre finanziellen Mittel so beschränkt, dass es gerade für den Lebensunterhalt reicht.

So antwortet auch die 37-jährige Hausangestellte Frieda Thomas auf eine Heiratsannonce. Es ist ihr zwar peinlich, aber wie soll sie sonst jemanden kennenlernen? Nach einer Woche bekommt sie Antwort von einem gewissen Paul Anton Gerritzen, Inspektor bei der Bahnpost am Potsdamer Bahnhof. Beim ersten Treffen im Café Trumpf am Kurfürstendamm ist Frieda zwar enttäuscht, denn ein Adonis ist Gerritzen beim besten Willen nicht, doch er erweist sich als charmanter, unterhaltsamer Gesprächspartner.

Sie treffen sich regelmäßig, gehen ins Kino, in den Lunapark oder in den Tiergarten. Ihrer Freundin Henriette gegenüber schwärmt Frieda von dem Kavalier. Paul Anton Gerritzen ist für sie der Mann fürs Leben. Und als Postbeamter hat er später auch mal eine schöne Pension.

So ist sie überglücklich, als er ihr einen Heiratsantrag macht. Leider habe die Sache einen Haken, sagt er. Er muss seiner steinreichen Erbtante in Wien seine Braut vorstellen, andernfalls würde er enterbt. Frieda ist entzückt. Von einer Reise nach Wien träumt sie schon lange. Zehn Tage will er mit ihr in der Donaumetropole bleiben und verspricht, alle Kosten zu übernehmen.

Frau Kaiser, Friedas Dienstherrin, gibt ihr gerne frei. Sie freut sich mit ihr und schenkt ihr 20 Mark für die Reise. Henriette, sie ist Köchin bei Kaisers, ist skeptisch. „Du kennst den Mann doch gar nicht richtig", warnt sie. Aber Frieda winkt ab.

Am Morgen des 23. Juni 1929 verabschiedet sich Frieda und verspricht, gleich eine Ansichtskarte

o hat sich Fräulein Keding von Sonnabend, 12. Februar, nachmittags b bis zu ihrer Auffindung aufgehalten?

mutlich hat sie ein Schanklokal oder irgendeine Vergnügungsstätte (Tanzlokal?) aufgesucht.

ſchreibung: mittelgroß, rundliche Formen, etwas starker Leib, langes dunkelblondes Haar, te gescheitelt (kein Bubikopf), rundes volles Gesicht.

idung: schwarzer topfförmiger Filzhut (siehe Abbildung), braunes Kostüm mit bläulichen en, rotbrauner netzartiger Seidenjumper, schwarzer Kaninpelzkragen, graue kunstseidene schwarze Stoffschuhe mit hohen Hacken und Spangenverschluß, dunkelbraune Lederhandschuhe.

onders markant: der netzartige Jumper war derart weitmaschig, daß die weiße Unterchschien (auch) auf den Bildern klar erkennbar).

eiterhin: der Teddybär (etwa 15 cm hoch), brauner Seidenplüsch (mit Stimme).

ließlich: die Mitführung einer ziemlich großen kofferförmigen Handtasche (siehe Abbildung).

o ist Fräulein Keding persönlich bekannt? In welchen Lokalen hat sie ot verkehrt?

teilungen, die auf Wunsch vertraulich behandelt werden, werden an die Kriminalkommissare Müller und Dr. Braschwitz, Polizeipräsidium, Zimmer 195, Hausanruf 699, oder an polizeiliche Dienststelle erbeten.

Druck von A. W. Hayn's Erben, Berlin SW 68.

Auch dieser zweiseitige Laufzettel führt nicht zur Ergreifung des Mörders von Margarete Keding.

Frieda Thomas

zu schreiben. Doch es kommt keine Ansichtskarte, und Frieda kehrt weder nach zehn Tagen noch nach drei Wochen zurück. Frau Kaiser gibt eine Vermisstenanzeige auf. Dass Frieda mit Gerritzen durchgebrannt ist, hält sie für ausgeschlossen, denn sie hat alle persönlichen Sachen, sogar ihre Ersparnisse zurückgelassen.

Die Ermittlungen lassen Böses ahnen: Bei der Bahnpost gibt es keinen Paul Anton Gerritzen. Die Kriminalpolizei vermutet zwar, dass Frieda Thomas einem Verbrechen zum Opfer gefallen ist, aber ohne Leiche kann es keine Morderмittlung geben. Der Fall Frieda Thomas bleibt folglich beim Vermisstendezernat.

Am frühen Morgen des 13. August 1930 machen Pilzsucher in der Bornimer Heide bei Eberswalde eine grausige Entdeckung: Unter einer Fichte finden sie ein Skelett in halb verwitterten Frauenkleidern. An einem Ast hängt eine Schlinge, daran festgehalten von den Haaren, der Schädel. Ein Selbstmord? Der Gerichtsmediziner schüttelt den Kopf. Tod durch Erhängen kann er ausschließen, denn der Frau ist der Schädel eingeschlagen worden. Zudem ist der Selbstmord höchst dilettantisch vorgetäuscht. An dem dünnen Ast hätte sich niemand erhängen können. Die Schlinge ist ihr nachträglich um den Hals gelegt und die Leine nur provisorisch am Ast befestigt worden. Der Todeszeitpunkt: vor einem Jahr etwa, vermutet der Experte. Es kann aber auch länger her sein. Die Reste der Kleidung werden mit äußerster Sorgfalt behandelt. Sie sollen bei der Identifizierung der Toten helfen. Wochen vergehen, bis das Vermisstendezernat auf den Fall Frieda Thomas stößt. Die Überreste der Kleider werden der damaligen Dienstherrin der Frieda Thomas und der Köchin Henriette gezeigt. Beide Frauen sind sich sicher: Das sind Friedas Kleider.

Der angebliche Paul Anton Gerritzen steht nun unter dem dringenden Verdacht, Frieda Thomas verschleppt und ermordet zu haben. In großer Aufmachung berichtet die Presse von dem grausigen Fund in der Bornimer Heide. Für Hinweise, die zur Ergreifung des Täters führen, ist eine Belohnung von 1000 Mark ausgesetzt.

Der Verdächtige bleibt dennoch verschwunden. Hat er vielleicht noch mehr Frauen auf dem Gewissen? Gibt es weitere Frauen, die auf seine Annonce geschrieben haben? Fragen, auf die die Kripo schneller als vermutet eine Antwort bekommt: Vor einem Jahr etwa hat die Hausangestellte Martha Dorn den angeblichen Gerritzen über eine Heiratsannonce kennengelernt, zur gleichen Zeit also wie Frieda Thomas. Doch Martha Dorn ist weitaus skeptischer, zudem hat sie ein ziemlich loses Mundwerk. Sie traut Gerritzen nicht und weigert sich, mit ihm in einsamen Gegenden spazieren zu gehen. Die Reise nach Wien zu einer angeblichen Erbtante lehnt sie strikt ab und sagt ihm gehörig die Meinung. Als er mit ihr am Abend einen Ausflug ins Brandenburgische machen will, geht sie gar nicht erst zum Treffpunkt, sondern schreibt ihm, dass sie gerne noch ein Weilchen leben würde. Das ist am 23. Juni 1929 gewesen, an dem Tag, an dem Gerritzen mit Frieda Thomas angeblich nach Wien gefahren ist. Trotz internationaler Fahndung wird Paul Anton Gerritzen nie gefunden.

…00 RM. Belohnung!

Frauenmord bei Eberswalde!

…usangestellte Frieda **Thomas**, 2. Februar 1892 Pleschen geboren, zuletzt in Berlin, Regentenstraße 24 tätig und wohnhaft gewesen, hatte die
…s Dienstgebers unter Zurücklassung ihrer Sachen am 23. Juni 1929 verlassen. Am 13. August 1930 wurde in der Barnimer Heide bei
Eberswalde) ein menschliches Skelett gefunden. Erst nach geraumer Zeit konnte festgestellt werden, daß es sich hierbei um die Leiche der
…delte. Sie war in halb sitzender Stellung aufgehängt, und zwar unter Benutzung einer etwa 15 m langen, dünnen Waschleine, die an einer
befestigt war. In der Nähe lag eine leere Weinflasche (farbloses Glas) und ein dolchartiges Messer (Griff etwa 11 cm, Klinge etwa 20 cm
Messer steckte in einer mit Tragschlaufe versehenen Lederscheide. Frl. **Thomas** ist augenscheinlich einem Verbrechen zum Opfer gefallen
…äter dürfte ein angeblicher **Anton Gerritzen** in Frage kommen, mit dem sie auf Grund einer Heiratsannonce in Verbindung getreten war.
…de — am 12. Mai 1929 in einer Berliner Tageszeitung erschienene — Inserat lautete: „Postbeamter, Selbstinserent, sucht einfache, sparsame
…40“.

…ton Gerritzen“, der sich als Postinspektor ausgab, wird beschrieben: Etwa 39 Jahre alt — 1,75 m groß — sehr kräftige, etwas gebeugte
Knie beim Gehen nach vorn durchgedrückt — blondes Haar (manchmal wie rasiert getragen) — bartlos — große blau-graue, etwas hervorstehende
…nter sogenannte „Tränensäcke“ — lückenhafte und ungepflegte Zähne — dicke Unterlippe — große abstehende Ohren — dicke Nase — auffallend
— große, starke, aber gut gepflegte Hände. Unreiner, narbenhafter Teint. Kleidung gut und sauber. G. trug ständig weiße Strümpfe. Er besaß
…e Taschenuhr mit Sprungdeckel.

… die Aufklärung des Falles hat der Herr Regierungspräsident in Potsdam eine Belohnung von 1000.— RM. ausgesetzt. Diese Belohnung
… Personen aus dem Publikum bestimmt. Ihre Verteilung behält sich der Herr Regierungspräsident unter Ausschluß des Rechtsweges vor.

Wer kennt den oben näher beschriebenen „Anton Gerritzen“?
Ist er auch noch mit anderen weiblichen Personen — auf dem Wege des Inserats oder auf andere Weise — in Verbindung getreten?
Wer kann sonstige sachdienliche Angaben machen?

…itteilungen, die auf Wunsch vertraulich behandelt werden, werden an die Kriminalpolizei Berlin — **Kriminalkommissar Busdorf**, Polizei-
…, Alexanderstraße 3-6, Zimmer 27, Hausanschluß Berolina E 1 0023, Apparat 568, an die nächste polizeiliche Dienststelle oder auch hierher zu Nr. 3
…1 erbeten.

Prenzlau, den 11. Juli 1931.

Der Oberstaatsanwalt.
In Vertretung: **Dr. Münzberg.**

…ruck, Berlin SW 19, Grünstr. 17/20

Die Steglitzer Schülertragödie

Als die Reserve-Mordkommission am 28. Juni 1927 in die Steglitzer Albrechtstraße 72c gerufen wird, ahnt sie nicht, dass sie gleich an den Ort des spektakulärsten Kriminalfalles der Weimarer Republik kommen wird. In der im Hochparterre gelegenen Wohnung des Kaufmanns Otto Scheller, der sich zurzeit mit seiner Frau und seiner jüngsten Tochter auf einer Auslandsreise befindet, erwartet sie der Hausarzt der Familie. Die 16-jährige Hilde Scheller hat ihn angerufen. „Sie müssen schnell kommen, ich glaube, mein Bruder stirbt", hat sie gesagt. Dr. Freund führt die Beamten in das elterliche Schlafzimmer: Der 18-jährige Günther Scheller liegt mit einer schweren Schussverletzung in der Schläfe am Boden, in einer Nische zwischen Schrank und Wand, ebenfalls mit einer Schussverletzung, finden sie den 19-jährigen Hans Stephan. Für ihn kommt jede Hilfe zu spät. Der schwer verletzte Günther stirbt auf dem Weg ins Krankenhaus.

Zum Zeitpunkt der Tat halten sich drei weitere Personen in der Wohnung auf: die 16-jährige Hilde Scheller, ihr Exgeliebter, der 19-jährige Paul Krantz, und die ebenfalls 16-jährige Ellinor Ratti, eine Klassenkameradin Hildes. Als die Schüsse fallen, sind Hilde und Ellinor im Bad. Sofort eilen sie ins Schlafzimmer und finden Paul neben Günther kniend, die Waffe in der Hand. „Mörder", schreit Hilde. Doch Paul erklärt, dass Günther erst Hans und dann sich selbst erschossen hat. Mord und Selbstmord? Oder doch ein Doppelmord?

Über Wochen berichtet die Tagespresse in aller Ausführlichkeit und prägt den Begriff von der „Steglitzer Schülertragödie". Der Fall entfesselt eine Debatte über den „sittlichen Verfall" und die Zügellosigkeit der Jugend, die Ratlosigkeit der Eltern und den Mangel an Erziehung. Der Journalist und Soziologe Siegfried Kracauer bringt es 1931 auf den Punkt: Die Jugend, schreibt er, „wird in einer Umwelt groß, die ihr kaum eine bündige Richtschnur für den Alltag gewährt. Wichtige Traditionen sind abgefallen, ohne dass sich neue gebildet hätten; die Maßstäbe, an denen die Folge der kleinen Handlungen zu messen wäre, sind in Verwirrung geraten; die Lebenshaltung der mittleren und führenden Schichten ist nicht dazu geeignet, ein Vorbild zu sein."

Nicht nur die Presse fragt: Wie ist es zu dieser Tat gekommen?

Der Oberprimaner Paul Krantz ist, obwohl er bummelt und schwänzt, ein überdurchschnittlicher Schüler. Intellektuell ist der schmächtige blonde Junge seinen Altersgenossen weit überlegen. Er schreibt Gedichte – moderne, reimlose Verse voller Weltschmerz und Melancholie. Aber als das Kind armer Leute ist er ein Außenseiter. Seine Mutter geht putzen, sein Stiefvater ist Musiker und spielt in einer Tanzkapelle Trompete. Doch der introvertierte Paul hat Glück gehabt. In der Grundschule werden die Lehrer auf seine Begabung aufmerksam und sorgen dafür, dass er auf der höheren Schule eine Freistelle bekommt, das heißt, er ist vom Schulgeld befreit.

Sein Freund Günther Scheller, der Sohn eines wohlhabenden Kaufmanns aus Steglitz, ist in der Schule keine Leuchte. Ohne Paul, der ihm Nachhilfe gibt, wäre er längst sitzen geblieben.

Am 25. Juni 1927, es ist ein Sonnabend, schlägt Günther seinem Schulkameraden vor, bei ihm zu Hause zu Mittag zu essen. Er habe seinen Eltern, sie reisen noch am Nachmittag mit seiner kleinen Schwester nach Schweden, von seinen Gedichten erzählt und Männe, so nennt er seine Schwester Hilde, könne es kaum erwarten, ihn kennenzulernen.

Am Mittagstisch sieht Paul Hilde zum ersten Mal. Er kann kaum die Augen von ihr lassen. Paul redet

Ein Bild aus besseren Tagen: Günther mit seiner Schwester Hilde (links), seiner Mutter (2. v. links) und seiner jüngsten Schwester.

über Literatur, und Hilde hört interessiert zu. Am frühen Nachmittag verabschieden sich die Eltern und erlauben den Geschwistern, das Wochenende zusammen mit Paul in ihrem Landhaus in Mahlow zu verbringen.

Gegen Abend fahren die drei Schüler mit dem Zug in den Berliner Vorort. Paul ist hingerissen von der hübschen, verführerischen Hilde. In Mahlow sitzen sie auf der Terrasse, und Günther holt einige Flaschen von Vaters Obstwein aus dem Keller. Der Wein ist süß und schwer, und sie trinken ihn reichlich, während Paul seine Gedichte vorliest:

Auf dem Boden liegt die Leiche / Meines Freundes Robert Krause, / Aus der Wunde sickert langsam / Rotes Blut zur Erde. / Neben ihm sitzt stieren Blickes / Er, der ihn gemordet hat, / Es verglimmt die Zigarette / Zitternd in der Mörderhand.

Hilde ist tief beeindruckt. Sie kann gar nicht genug bekommen. Sie trinken viel süßen Wein und rauchen eine Zigarette nach der anderen. Paul liest alle seine

Paul Krantz vor Gericht, rechts neben ihm sein Verteidiger Dr. Dr. Erich Frey

Gedichte vor. Er ist unsterblich verliebt. Noch lange sitzen Hilde und Paul zusammen, halten Händchen, knutschen. Für Paul ein Liebesbeweis. Sind seine Gedichte auch modern, in Sachen Liebe denkt er eher altmodisch. Er glaubt an das Ideal von ewiger Treue. Hilde hingegen ist ein Kind ihrer Zeit. Sie hat schon den einen oder anderen Freund gehabt und weiß um ihre Reize. Naiv und raffiniert zugleich, ist sie der Idealtyp der in den 1920er-Jahren so begehrten „erotisch-flirrenden“ Kindfrau, die die Männer verwirrt. Verkörpert in Elisabeth Bergner und Grete Mosheim, beherrscht dieser Frauentyp die zeitgenössischen Bühnen.

Paul hat viel getrunken und schläft am Sonntag bis in den Nachmittag hinein. Als er aufwacht, vermisst er Hilde. „Die ist in die Stadt gefahren zum Tanzen“, sagt Günther. „In die Europa-Diele am Anhalter Bahnhof.“ Paul springt auf und will ihr mit dem nächsten Zug nachfahren. „Kannst du denn tanzen?“, fragt Günther. Paul verneint. „Dann lass das mal schön bleiben. Wenn du Männe auf den Füßen rumtrampelst, bist du bei ihr für alle Zeiten unten durch.“ Paul gibt klein bei, will aber Hilde unbedingt vom Bahnhof in Mahlow abholen. Vier Stunden wartet er, bis Hilde kurz vor Mitternacht aus dem letzten Zug steigt. Händchenhaltend gehen sie nach Hause.

Günther aber, der mit Paul im selben Zimmer schläft, ist bereits zu Bett gegangen und hat sich eingeschlossen. So muss Paul auf einer Pritsche in der Dachkammer übernachten. Hilde ist schon im Nachthemd, als ihr einfällt, dass Paul nichts zum Zudecken hat. Sie bringt ihm eine Decke und kriecht auch gleich mit drunter. Es ist Pauls erste Liebesnacht.

Am Montagmorgen beschließen die drei, die Schule zu schwänzen und noch in Mahlow zu bleiben. Doch am Nachmittag fährt Hilde wieder nach Berlin. Sie will am Abend mit einem Bekannten ins Theater.

Paul und Günther bleiben zurück und ertränken ihren Weltschmerz in Johannisbeerwein. Wirre Gedanken gehen ihnen durch den Kopf. Von einem „Selbstmörderklub“ ist die Rede. Günther schmiedet Rachepläne gegen seinen ehemaligen Klassenkameraden Hans Stephan. Hans, er ist vorzeitig von der Schule abgegangen und jetzt Kochlehrling im Hotel Esplanade, habe ihn verraten, erzählt Günther. Als sein intimster Freund hat Hans auch von Günthers homosexuellen Vorlieben gewusst, auch davon, dass er sich gerne schminkt und Frauenkleider anzieht

Hans Stephan

und sogar schon mit einem homosexuellen Freund verreist ist. Vor seinem Vater hat Günther stets versucht, seine Neigung zu verbergen. Von Hans hat Günthers Vater dann alles erfahren. Außerdem ist Hans Hildes Geliebter gewesen. Hildes Vater hat ihn allerdings hinausgeworfen, weil es zwischen den beiden zu „weitgehenden Intimitäten“ gekommen sei. Seither hat Hans Hausverbot.

Spontan schlägt Günther vor, nach Steglitz zurückzufahren. Er will ein paar Mädels holen und feiern. Hilde wird dumm gucken, wenn sie aus dem Theater kommt und das Nest ist leer.

Aber Hilde ist ebenfalls in die Albrechtstraße gefahren. Sie ist wütend, denn ihr Theaterfreund hat abgesagt. Nun ruft sie Hans an. Wegen des Hausverbots zögert er, zu kommen, aber Hilde versichert, dass niemand zu Hause ist. Hans will sich gleich auf den Weg machen.

Hilde steht am Fenster und wartet auf Hans, als sie Günther und Paul über die Straße kommen sieht. Schnell will sie aus der Wohnung verschwinden, läuft den beiden aber direkt in die Arme. Als sie von der Party hört, behauptet sie, auf das Theater zu verzichten und lieber mitzufeiern. Sie wolle nur schnell ihre Klassenkameradin Ellinor Ratti holen. Vom Fenster aus blickt der verliebte Paul Hilde nach. Und was sieht er? Hilde geht mit Hans Stephan fort, der gerade gekommen ist.

Hilde bringt nicht nur Ellinor mit in die Wohnung, sondern auch Hans. Da sie weiß, wie sehr ihr Bruder ihn hasst, schleust sie ihn ins Schlafzimmer ihrer Eltern und schließt sich mit ihm ein. Ellinor bleibt bei den Jungs und erklärt, Hilde habe mit jemandem etwas Wichtiges zu besprechen. Günther ahnt, mit wem sie im Schlafzimmer ist. Paul ebenfalls, spricht es aber nicht aus. Aus Enttäuschung flirtet er mit Ellinor.

Gegen Mitternacht muss Ellinor nach Hause. Günther und Paul bleiben allein zurück, trinken Obstwein und rauchen. Günthers Wut auf Hans steigert sich, ebenso Pauls maßlose Enttäuschung. Ihre Hass- und Eifersuchtsfantasien gipfeln in kruden Selbstmordplänen. Paul hat eine Waffe bei sich und legt sie auf den Tisch. Als Angehöriger des „Jungdeutschen Ordens", einer nationalliberalen Jugendorganisation, deren Mitglieder häufig von politischen Gegnern überfallen werden, hat er, wie viele seiner Kameraden, einen Revolver.

Ein Selbstmordpakt wird geschmiedet. Günther will nicht nur den Verräter, sondern auch Hilde mit in den Tod nehmen. Sie schreiben Abschiedsbriefe. Paul an einen Freund, Günther an das ganze Universum, an das „Weltall":

Liebes Weltall! Ein einziges Stück des Organismus vergeht. Sei nicht böse darüber. Du wirst den Verlust einer Zelle kaum als Verlust empfinden. Die Zeit rollt weiter. Was bedeutet so ein bisschen Leben? Ein kurzer aufleuchtender Schein in der Welt, dann Staub und Asche.

Ein Zusatz von Paul ist mit Günthers Unterschrift gezeichnet:

Wir werden die letzten Konsequenzen ziehen. In diesem Moment werden Hans Stephan und Männe durch unsere Hand sterben. Wir beide, Günther und ich, werden lächelnd aus dem Leben scheiden.

Um 7 Uhr morgens klingelt Ellinor. Sie will Hilde zur Schule abholen. Hilde kommt aus dem Schlafzimmer. Sie lässt die Tür offen und geht ins Bad, Ellinor folgt ihr. Inzwischen ist Günther ins Schlafzimmer gegangen, sieht im Spiegel einen Schatten hinter dem

Paul Krantz mit seinen Eltern nach dem Freispruch

Laken, das eine Nische zwischen Schrank und Wand verbirgt. Er hat Pauls Waffe an sich genommen und schießt zweimal. Als Hans zu Boden sinkt, richtet er sich selbst mit einem Schuss in die Schläfe. Paul rennt ins Schlafzimmer, kniet sich neben den sterbenden Günther.

Die Staatsanwaltschaft zweifelt an Pauls Darstellung. Sie geht von einem anderen Szenario aus: Danach hat Paul den Kochlehrling aus Eifersucht erschossen. Günther, der dazugekommen ist, hat er getötet, um ihn als Zeugen zu beseitigen. Paul Krantz kommt in Untersuchungshaft.

Am 14. Februar 1928 beginnt vor dem Schwurgericht am Landgericht II in Berlin-Moabit der Prozess gegen den Schüler. Die Anklage lautet auf zweifachen Mord, Verabredung zum Mord und unerlaubten Waffenbesitz. Paul droht die Todesstrafe. Hilde Scheller ist die Hauptzeugin. Allein von ihrer Aussage hängt es ab, ob Paul hingerichtet wird. Der bekannte Strafverteidiger Dr. Dr. Erich Frey verteidigt den Schüler und setzt alles daran, seinen Mandanten vor der Todesstrafe zu retten. Hilde Scheller wird nicht geschont. Sie muss über intime Details aussagen, und die Presse berichtet täglich auf ihren Titelseiten über den sensationellen Prozess, gibt Zeugenaussagen wortwörtlich wieder. Frey hat Erfolg: Unter dem Jubel der Zuschauer wird Paul Krantz am 20. Februar 1928 freigesprochen.

Der Fall beflügelt die Fantasien von Schriftstellern und Drehbuchautoren. Romane und Filme erzählen von der Steglitzer Schülertragödie. Noch 2004 dreht Achim von Borris einen Film über den Fall: „Was nützt die Liebe in Gedanken".

Hilde Scheller verlässt Berlin, macht im Westen Deutschlands Abitur und wird Bibliothekarin. Ellinor Ratti soll Protokollführerin an einem Berliner Gericht geworden sein. Paul Krantz verlässt Berlin ebenfalls, legt an der Odenwaldschule in Heppenheim bei Darmstadt das Abitur ab, studiert Literaturwissenschaft und wird Schriftsteller. Um der unliebsamen Bekanntheit durch den Fall zu entgehen, nimmt er 1931 den Namen Ernst Erich Noth an. 1933 emigriert er nach Frankreich, 1941 in die USA und wird dort Professor für Germanistik. 1970 kehrt er nach Deutschland zurück und veröffentlicht unter dem Titel „Erinnerungen eines Deutschen" seine Lebenserinnerungen. Er stirbt am 15. Januar 1983.

Die Gangsterschlacht

Schuld an allem ist eine schwarze Samtjacke. Nicht irgendeine, sondern die schwarze Samtjacke mit den weißen Knöpfen einer Zimmermannskluft. Eine solche ist einem der fleißigen Handwerker aus Hamburg gestohlen worden. Nun ist sie wieder da, und das muss gefeiert werden, und zwar im Klosterkeller unweit des Schlesischen Bahnhofs. Die Hamburger Zimmerleute sind nicht sonderlich beliebt bei den Stammgästen. Für ihren Geschmack sind die Neuen eine Spur zu selbstsicher und zu großspurig. Kurzum, sie stören die Gemütlichkeit, wo die Kneipe für die meisten hier doch das zweite Wohnzimmer ist. Zudem ist der Klosterkeller heute nicht die erste Station der Zimmerleute, und sie sind schon recht lustig. Um es berlinisch zu sagen: Sie sind ziemlich knille. Der 18-jährige Hubert Schulnies stößt Biergläser um und krakeelt. Das kann der Wirt nun mal, um im Norddeutschen zu bleiben, absolut nicht ab und fordert den Störenfried auf, das Lokal zu verlassen. Schulnies widersetzt sich, doch die Stammgäste helfen, das Lokalverbot durchzusetzen.

Der Zimmermann denkt aber nicht daran nachzugeben, zieht ein Messer und fuchtelt wild um sich. Der Menge gelingt es dennoch, den Grobian samt Kameraden vor die Tür zu setzen. Erst als sie die Zimmerleute in die Flucht geschlagen haben, sehen sie einen Verletzten am Boden liegen. Er hat mehrere Stichwunden an der Schläfe und am Arm. Es ist Peter Malchin, ein Stammgast. Ein Rettungswagen bringt ihn ins Krankenhaus.

Die fröhlichen Zimmerleute ahnen nicht, mit wem sie sich angelegt haben. Peter Malchin ist nämlich aktives Mitglied des Männer-Gesang-Vereins Norden. Die Bezeichnung „Unterweltvereinigung" hört man im Verein nicht so gerne. „Norden" gehört zu jenem Verbund von Vereinen, die sich in einem Ring, daher „Ringvereine", zusammengeschlossen haben. Besonders eng ist die Beziehung zwischen „Norden" und dem ehrenwerten Geselligkeitsverein „Immertreu".

Am nächsten Abend, es ist der 29. Dezember 1928, versammelt sich eine Trauergemeinde im Klosterkeller, alle in Frack und Zylinder und mit Lackschuhen. Es sind die Ringbrüder von „Immertreu" mit ihrem Chef Adolf Leib, alias Muskel-Adolf. Sie haben einen Bruder zu Grabe getragen und wollen nun noch ein wenig feiern. Vom Klosterkeller-Wirt erfährt Leib von den Ereignissen des gestrigen Abends. Die Zimmerleute aus Hamburg sind den Ringbrüdern ohnehin ein Dorn im Auge. In ihrer Zunftkleidung, mit den schwarzen, wagenradgroßen Hüten, den schwarzen Samthosen und -jacken, haben sie sich in der Gegend um den Schlesischen Bahnhof und im Scheunenviertel breitgemacht und geben an wie zehn Pfund Sülze. Das Problem liegt allerdings tiefer, aber darüber spricht Muskel-Adolf nicht gerne. Die Zimmerleute sind Gift fürs Geschäft. Die Ringvereine knöpfen den Gastwirten, auch wenn offiziell niemand darüber redet, Schutzgelder ab. Die Gastwirte zahlen teilweise sogar freiwillig, denn so sind sie auch vor Überfällen und Randale der sogenannten Rattenjungs und „wilden Cliquen" geschützt. Die Polizei wird mit ihnen nicht fertig. Allein den Ringvereinen ist es bisher gelungen, die Rabauken in ihre Schranken zu weisen. Seit die Hamburger einige Kneipen zu ihren Zunftlokalen erklärt haben, haben die Wirte die „Schutzverträge" mit „Immertreu" gekündigt, so auch Naubur, der Inhaber der gleichnamigen Kaschemme. Das wurmt Muskel-Adolf freilich, aber er gibt sich großzügig. Irgendwann ist die U-Bahn fertig und die Jungs von der Waterkant sind wieder da, wo sie hingehören. Nun aber haben die Hamburger den Bogen überspannt. Versuchter Totschlag eines Ringbruders: Das verlangt nach Rache. Muskel-Adolf ist außer sich. Wenn er nicht sofort etwas unternimmt, geht seine Autorität flöten!

Das ist die Vorgeschichte der größten Massenschlägerei in der Geschichte der Berliner Unterwelt. Der Klosterkeller-Wirt steckt Muskel-Adolf, dass sich der schuldige Zimmermann gerade in seinem Zunftlokal aufhält, also bei Naubur in der Breslauer Straße 1 (heute: Am Ostbahnhof).

Das Lokal Naubur in der Breslauer Straße wird völlig demoliert.

Muskel-Adolf lässt zwei Kraftdroschken kommen. Wenig später fahren sie, begleitet vom Klosterkeller-Wirt, bei Naubur vor. Vier Mann postieren sich vor dem Eingang, die anderen gehen hinein, bestellen erst einmal Bier und peilen die Lage. Noch wissen die Ringbrüder nicht, dass mehr als 30 Zimmerleute im Hinterzimmer sitzen. Der Klosterkeller-Wirt erkennt den Schuldigen und weist auf ihn. Muskel-Adolf bezahlt. Dann geht er zu Schulnies und fordert ihn auf, mit hinauszukommen. Schulnies denkt, der Mann sei von der Kripo und wegen des gestrigen Abends da. Er geht mit. Die anderen folgen. Schulnies wird's mulmig. Als er vor der Tür die drei anderen sieht, ahnt er die Falle und will zurück ins Lokal. Doch er kommt nicht weit. Ein harter Schlag und er verliert das Bewusstsein. Die anderen Zimmerleute haben inzwischen mitbekommen, was passiert ist, eilen dem Kameraden zu Hilfe und werfen sich auf

Schaulustige vor dem Lokal

die Immertreuen. Diese merken erst jetzt, dass die Zimmerleute in der Überzahl sind, und bewaffnen sich. Billardqueues und Stuhlbeine müssen mangels adäquaterer Waffen herhalten. Die Zimmerleute ihrerseits entdecken die ungeahnten Möglichkeiten ihrer Werkzeuge: Hammer, Hobel, Winkel und Beil erweisen sich als Waffen mit beachtlichem Abschreckungspotenzial. Gardinenstangen müssen dran glauben und auch Nauburs verzweifelte Rufe: „Nich den Boom, nich den Boom“ verhallen ungehört. Der Weihnachtsbaum wird zu Kleinholz. Trotz des Erfindungsreichtums der Immertreuen, sich zu bewaffnen, gewinnen die Zimmerleute die Oberhand. Muskel-Adolf ist klug genug, um die ungleiche Partie abzupfeifen. Sie sammeln ihre Verletzten ein und ziehen ab. Inzwischen ist auch die Polizei eingetroffen. Doch von einer Keilerei ist, bis auf ein paar verletzte Zimmerleute, nichts mehr zu sehen. Von dem Lokal ist allerdings kaum mehr als jede Menge Kleinholz geblieben. Gesehen hat niemand etwas. Wer an der Schlägerei beteiligt gewesen ist, vermag keiner zu sagen. Die Leute hat man hier noch nie gesehen. Sind auch alle wieder weg. Die Polizei zieht wieder ab.

Doch das war sie noch nicht, die berühmte „Schlacht vom Schlesischen Bahnhof“. Beim Abzug hat Muskel-Adolf gedroht, in zehn Minuten mit mindestens 100 Mann wiederzukommen. Und er hält Wort. Über eine verabredete Telefonkette trommelt er seine Leute zusammen. Aber auch die Zimmerleute trauen dem Frieden nicht und holen Verstärkung. Die finden sie unter den Maurern. Sechs versprechen zu kommen, aber vier werden von den Ringbrüdern abgefangen und zusammengeschlagen. Die Ringbrüder kommen in 15 Kraftdroschken, die sie in der Nähe halten lassen. Als die beiden übrig gebliebenen Maurer eintreffen und an die Tür des Lokals der Zimmerleute klopfen, stürzen sich die Ringbrüder auf die beiden und nehmen sie als Geiseln. Dass die Zimmerleute herauskommen, um die Kameraden zu befreien, ist vorauszusehen. An der nun folgenden Schlägerei sind mindestens 200 Personen beteiligt.

Etwa 20 Minuten dauert die Schlacht. 60 Schüsse fallen, aber es können auch 100 gewesen sein. Zwei Tote und vier Schwerverletzte bleiben zurück. Alle sind Zimmerleute. Als die Polizei anrückt, nehmen beide Gruppen ihre Verwundeten unter die kräftigen Arme und suchen das Weite.

Die Presse spricht anderntags von der „Ganovenschlacht am Schlesischen Bahnhof" und sieht Berlin im Unterweltsumpf versinken. Unter dem Druck der Öffentlichkeit sieht sich der Polizeipräsident Karl Zörgiebel gezwungen, die Ringvereine zu verbieten.

Wenig später werden Adolf Leib und einige andere Ringbrüder verhaftet. Leibs Braut ist klug genug, als Verteidiger den renommierten Dr. Dr. Erich Frey zu engagieren. Der hält den Fall aber für so brisant, dass er seinen Kollegen und Konkurrenten Dr. Max Alsberg hinzuzieht. Der Prozess, er beginnt am 4. Februar 1929, wird zur Farce. Muskel-Adolf beteuert, er habe nur versucht, die Schlägerei abzubrechen, um noch mehr Blutvergießen zu verhindern. Die Zeugen können sich plötzlich an nichts mehr erinnern. Adolf Leib wird wegen Landfriedensbruchs zu zehn Monaten auf Bewährung verurteilt, ein weiterer Ringbruder muss für fünf Monate ins Gefängnis, die anderen Angeklagten werden aus Mangel an Beweisen freigesprochen.

Erich Frey (rechts) mit den Angeklagten vor Gericht

Das Phantom vom Mercedes-Palast

Auch wenn sie mit den Kinopalästen im Berliner Westen nicht vergleichbar sind, so mangelt es dem Arbeiterbezirk Neukölln nicht an großen Lichtspielhäusern. Der 1927 in der Hermannstraße eröffnete Mercedes-Palast gilt mit seinen 2300 Plätzen sogar als das größte Kino Europas. Am 20. Januar 1931 ist der Zuschauerraum gut gefüllt. Die letzte Nummer der dem Film vorangehenden varietéähnlichen Bühnenschau bestreitet ein argentinisches Tangoensemble. Es spielt: „A media luz", zu dessen Rhythmus die Berliner singen: „Wer schmeißt denn da mit Lehm, der sollte sich wat schäm." Danach läuft der Film „Zwei Menschen".

Der Kinoorganist Leo Kallipke, er bewundert die „Zwölf Argentinos", steht hinter den Kulissen und hört zu. Die beiden Kassiererinnen, sie haben gerade mit dem Direktor die Abendkasse abgerechnet, und der Bühnenmeister Priemke gesellen sich zu ihm. Plötzlich sieht Kallipke eine Gestalt in einem hellen, wehenden Mantel hinter den Kulissen vorbeihuschen. „He, Charly!", ruft er. Ohne zu reagieren läuft die Gestalt weiter. Priemke hat nur einen Schatten gesehen, aber Charly ist das nicht gewesen. Wie dem auch sei, Kallipke macht sich langsam auf den Weg zu seiner Orgel und grüßt die Programmverkäuferin Anni, die zum Chef will, um abzurechnen.

Einen Augenblick später stürzt Anni zurück auf die Bühne: „Der Schmoller ist tot!", stammelt sie. Die beiden Frauen, Priemke und Kallipke eilen ihr nach. Die fünf Personen haben kaum Platz in dem kleinen Büro. Der 49-jährige Ernst Schmoller liegt zwischen Schreibtisch und Wand auf dem Boden. Der herbeigerufene Theaterarzt lässt den Toten auf den Schreibtisch legen, um ihn zu untersuchen. „Herzschlag", konstatiert er. Priemke entsinnt sich einer Dienstanweisung und verständigt das Polizeirevier. Der Polizist schaut sich den Toten etwas genauer an und bemerkt im Hemd ein Loch und einen kleinen Fleck. Er öffnet das Hemd und entdeckt eine Schusswunde. Die Mordkommission am Alexanderplatz wird alarmiert.

Das Bild, das sich den Beamten bietet, ist der Albtraum eines jeden Kriminalisten: ein „zerstörter" Tatort. Die Leiche ist auf den Schreibtisch gelegt worden, die Zahlbretter mit den Tageseinnahmen hat jemand auf die Fensterbank gestellt. Niemand kann sagen, wer was in der Aufregung noch alles angefasst oder verstellt hat. Schließlich sind alle von einem natürlichen Tod ausgegangen. Hinter dem Schreibtisch entdeckt die Spurensicherung eine Patronenhülse Kaliber 6,35, in der Nähe der Tür eine zweite. Offenbar handelt es sich um einen Raubmord: Aus dem Tresor, der offen steht, fehlen 600 Reichsmark, die Abendeinnahmen, rund 300 Mark, ebenfalls.

Wann Anni die Leiche gefunden habe, will der Kommissar wissen. „20 Minuten vor Schluss der Schau", sagt sie. Der Kommissar notiert: „20 Minuten vor Schluss der Vorstellung, also um 22 Uhr 40."

Zwei Patronenhülsen, die in den USA hergestellt wurden, lenken den Verdacht auf Charly.

Mit fast 4000 Quadratmetern war der Mercedespalast das größte Kino Europas.

Der erste Verdacht fällt auf einen arbeitslosen Schauspieler, der hin und wieder als Bühnenarbeiter ausgeholfen hat. Er soll sich am Nachmittag mit Schmoller heftig gestritten und ihn sogar bedroht haben. Nach dem Mann wird gefahndet, doch er hat ein unumstößliches Alibi.

Aber was ist mit Karl „Charly" Urban, den Kallipke gesehen haben will? Der kommt als Verdächtiger nicht infrage. Der ehemalige Bühnenmeister des Mercedes-Palastes ist früher einmal Turner im Neuköllner Arbeitersportverein gewesen. Inzwischen hat er bei den Trapezartisten „Die acht Nelsons" als Fänger Karriere gemacht und ist mit ihnen auf USA-Tournee.

Doch wie der Zufall es will, liest der ermittelnde Kommissar in der Zeitung, dass die „Nelsons" in

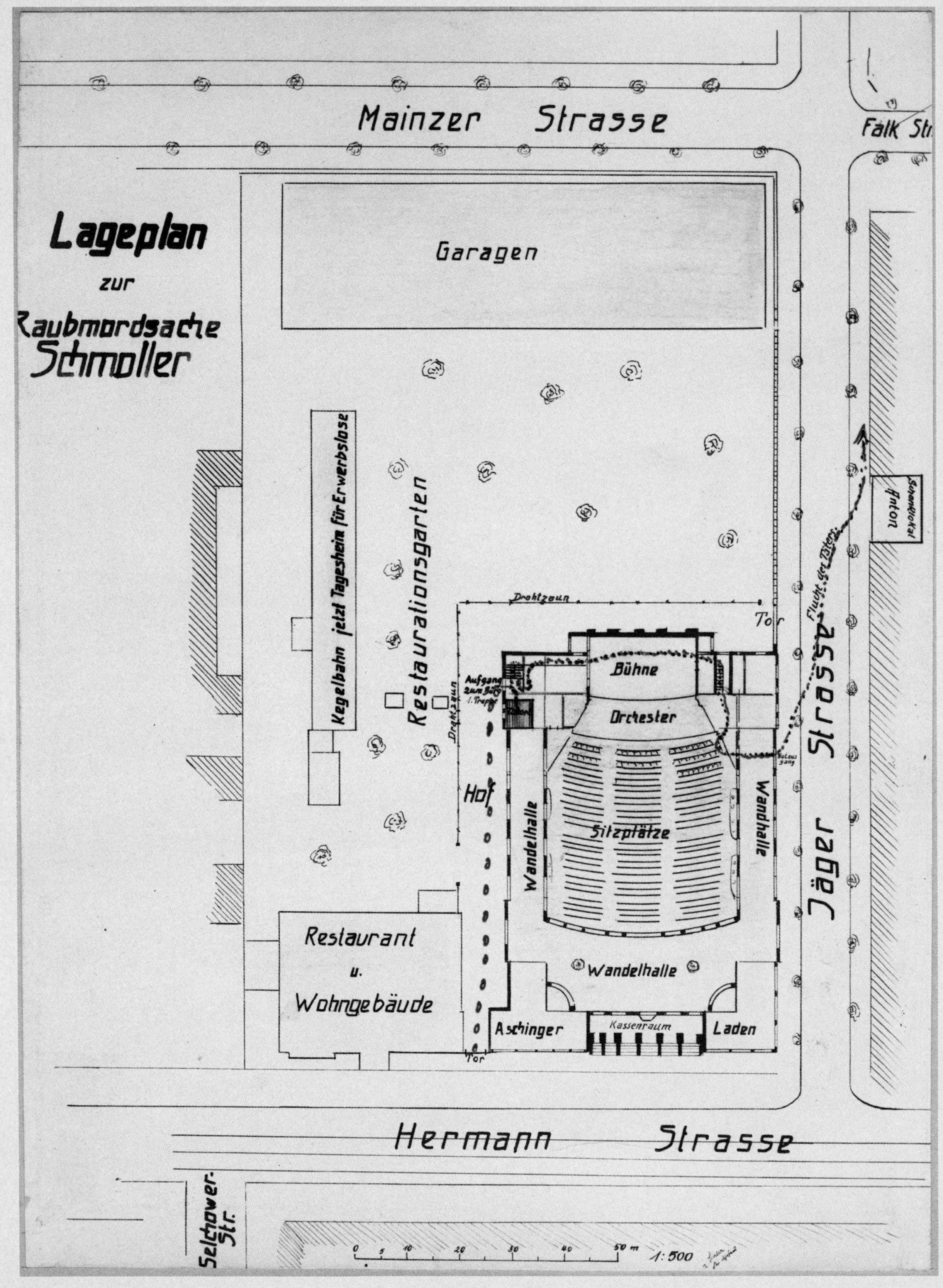
Lageplan
zur
Raubmordsache
Schmoller
Mainzer Strasse
Falk Str.
Garagen
Kegelbahn jetzt Tagesheim für Erwerbslose
Restaurationsgarten
Drahtzaun
Drahtzaun
Tor
Aufgang
zum Büro
1. Treppe
Bühne
Orchester
Hof
Wandelhalle
Sitzplätze
Wandelhalle
Notausgang
Flucht des Täters
Schanklokal
Anton
Jäger Strasse
Restaurant
u.
Wohngebäude
Wandelhalle
Aschinger
Kassenraum
Laden
Tor
Hermann Strasse
Selchower-
Str.
0 5 10 20 30 40 50 m
1:500

Berlin sind und im Zirkus Busch auftreten werden. War es also doch Charly? In der Kantine des Zirkus Busch trifft Kommissar Müller Charly Urban, der einen hellen Kamelhaarmantel trägt. Müllers Misstrauen wächst, aber Charly hat ein Alibi. Er ist den ganzen Abend in seinem Hotel Darmstädter Hof in der oberen Friedrichstraße an der Johannisstraße gewesen und hat mit Kollegen gefeiert. In dieser Zeit hat er mehrfach Telefonate nach Dresden angemeldet und mit seiner Verlobten telefoniert. Bettina Schenck, der Spross einer bekannten Artistenfamilie, ist derzeit noch als Grotesktänzerin auf Tournee, sie werden am 7. Februar heiraten.

Charly scheidet somit als Verdächtiger aus. Zudem kennt Charly das Opfer Ernst Schmoller nicht. Als er noch im „Mercedes" gearbeitet hat, ist der alte Silbermann noch Direktor gewesen.

Auch Schmollers Privatleben wird unter die Lupe genommen. Er ist zwar verheiratet gewesen, hat aber zahlreiche Affären gehabt, die ihn teuer zu stehen gekommen sind. Die Ermittlungen laufen jedoch ins Leere.

Fest steht nur, dass Schmoller mit einer österreichischen Steyr-Pistole erschossen worden ist, die sichergestellten Patronenhülsen sind indes aus den USA und in Europa nicht zu haben. Tatsächlich hat Urban, so sagen Mitglieder seiner Truppe, in Amerika eine österreichische Waffe gekauft. Nach der Pistole befragt, behauptet Urban, diese schon vor einiger Zeit im Hotel in den Müll geworfen zu haben. Ist Charly doch das Phantom aus dem Mercedes-Palast? Zudem ist Urban wegen Raubes vorbestraft. Das Motiv damals: Er hat Geld für seine Hochzeit mit seiner früheren Frau gebraucht. Der Kommissar schüttelt den Kopf: „Welcher Idiot verübt denn einen Raubüberfall, nur um seine Hochzeit bezahlen zu können?"

Die Kripo ist in einem Dilemma: Charly ist ihr Hauptverdächtiger, aber er hat ein Alibi. Er hätte den Weg vom Mercedes-Palast zum Darmstädter Hof in 25 Minuten bewältigen müssen. Müller fährt die Strecke mit dem Auto ab, braucht aber weitaus länger. Diese Frage hat sich auch der Polizeireporter der BZ am Mittag, Walther Kiaulehn, gestellt. Er ist einen Tag nach dem Mord im „Mercedes" gewesen und hat festgestellt: Der Mord muss schon um 21 Uhr 40 geschehen sein. Die Zeugin Anni hat vom Ende der Bühnenschau gesprochen, nicht vom Ende des Films. Außerdem schafft man die Strecke mit der U-Bahn in 19 Minuten. Damit ist Urbans Alibi geplatzt.

Minutiös zeichnet die Polizei den Weg des Täters durch den Mercedes-Palast auf.

Am 2. Februar 1931 wird er festgenommen. Urban leugnet zunächst, bei einem Lokaltermin wendet sich jedoch das Blatt. Mit 18 Studenten muss er an den Mitarbeitern im Kamelhaarmantel vorbeihuschen. Die Aktion wird in immer wieder anderer Reihenfolge wiederholt. Kallipke deutet jedes Mal auf Urban: Das sei der Mann, den er gesehen habe. Am 7. Februar, dem Tag, an dem Urban heiraten wollte, gesteht der die Tat. Er sei in Schulden geraten und habe das Geld für die Hochzeitsfeier nicht aufbringen können. Dabei wollte er seine Braut doch nicht enttäuschen. So sei er auf die Idee zu dem Überfall gekommen. Er habe nicht Schmoller, sondern dessen Vorgänger, den alten Silbermann, berauben wollen. Der schmächtige Mann wäre schon von einer Ohrfeige umgefallen. Als er stattdessen aber einen Unbekannten erblickt habe, sei er in Panik geraten. Irgendwie hätten sich die Schüsse gelöst. Wie es dazu gekommen sei, könne er nicht sagen. Vor Schreck sei er aus dem Büro gerannt. Geld habe er keines gestohlen, beteuert er immer wieder. Auch habe er niemanden töten wollen. Mit der Waffe habe er nur eventuelle Verfolger abschütteln wollen. Anschließend habe er verschiedene Verkehrsmittel und ein Taxi benutzt und die Waffe an der Weidendammer Brücke in die Spree geworfen.

Der Prozess gegen Karl Urban beginnt am 4. Mai 1931. Der Publikumsandrang im Saal ist kaum zu bewältigen, denn Urban, der Mann, der aus Liebe ein Verbrechen begangen hat, genießt die Sympathie des Publikums.

Die Staatsanwaltschaft fordert wegen Raubmordes die Todesstrafe. Urbans Anwalt Dr. Dr. Erich Frey plädiert auf Totschlag. Während des Prozesses stellt sich heraus: Charly hat das Geld tatsächlich nicht gestohlen, denn Priemke beschwört vor Gericht, dass die 900 Mark noch auf dem Schreibtisch lagen, als sie den Toten fanden. Das Gericht folgt Freys Antrag. Charly muss für acht Jahre ins Zuchthaus. Seine Zirkusprinzessin hat er nicht geheiratet, denn das Leben mit einem Zuchthäusler wollte er ihr nicht zumuten.

Frey, er ist 1933 nach Chile emigriert, schreibt in seinen Erinnerungen, er habe in den 1950er-Jahren erfahren, dass Urban in Ost-Berlin lebe und glücklich verheiratet sei.

Der BVG-Lohnraub

Zu Beginn der 1930er-Jahre befindet sich die Weimarer Republik in einer tiefen Krise. Die Zahl der Arbeitslosen steigt in atemberaubendem Tempo. 1932 sind mehr als 630 000 Berliner arbeitslos. Jeder Dritte im erwerbsfähigen Alter ist somit auf Arbeitslosenunterstützung angewiesen, die aber nur ein halbes Jahr gezahlt wird. Danach muss ein Antrag auf Wohlfahrtsunterstützung gestellt werden. „Das ist ein schlimmer Zustand für junge Menschen, denen die Übung des Lebens fehlt", schreibt der Publizist Siegfried Kracauer Anfang 1931, „und man sollte sich eigentlich darüber wundern, dass er nicht noch mehr Verbrechen erzeugt. Materielle Not, erzwungener Müßiggang, Sinnleere und Unabsehbarkeit eines Wandels sind gefährliche Brutstätten für wilde Aktionen."

Auch der Gastwirt Gustav Tiepelmann spürt die Krise. In seinem Lokal in der Großbeerenstraße 64 in Marienfelde ist am Abend des 14. Mai 1932 nichts los. Nur drei Stammgäste haben sich eingefunden. Es ist ein lauer Frühlingsabend, und in der Hoffnung, noch ein paar Gäste anzuziehen, stellt er zwei Tische nach draußen.

Gegen 22 Uhr fährt ein Taxi vor und parkt einige Meter vom Eingang entfernt. Vier junge Männer zwischen 20 und 25 Jahren steigen aus, setzen sich an einen der Tische vor dem Lokal, bestellen Bier und beginnen Skat zu spielen. Gegen Mitternacht kommen drei der fremden Gäste in das Lokal, setzen sich an die Theke und bestellen noch Bier. Dann geht alles ganz schnell: „Hände hoch! Überfall!", brüllt plötzlich einer von ihnen. Alle drei sind bewaffnet und richten ihre Pistolen auf Tiepelmann. Zwei der Unbekannten hieven

Die Gaststätte Tiepelmann in Marienfelde

blitzschnell die beiden Registrierkassen vom Schanktisch und schleppen sie in das Taxi. Der dritte schießt wahllos um sich.

Die drei Männer am Stammtisch stürzen den Flüchtenden hinterher. Mit aufheulendem Motor fährt das Taxi an. Einer der Männer steht auf dem Trittbrett und feuert auf die Verfolger, die dem Wagen hinterherrennen. Der Kaufmann Bruno Sauer wird tödlich getroffen.

Die Beute ist nicht üppig, denn in den Registrierkassen befinden sich nur rund 140 Reichsmark. Bis auf eine blaue Schirmmütze, die einer der Täter auf der Flucht verloren hat, findet die Polizei kaum Verwertbares. Fest steht aber, dass aus zwei verschiedenen Waffen gefeuert worden ist, denn es werden Geschosse vom Kaliber 6 und 8 mm gefunden. Eine verlässliche Personenbeschreibung vermag zwar niemand zu geben, aber wenigstens kann sich einer der Augenzeugen an das Kennzeichen des Taxis erinnern, und so ist schnell ermittelt, dass das Fahrzeug erst am Nachmittag in Schöneberg gestohlen worden ist. Durch Zufall wird es wenige Stunden später in der Reichenberger Straße entdeckt, und am nächsten Morgen meldet sich der Taxichauffeur, dem sein Wagen „buchstäblich unter'm Hintern weggeklaut worden ist“. Am Sonnabendnachmittag hat er zwei junge Männer in die General-Pape-Straße gefahren. Gegenüber der Laubenkolonie haben sie ihn anhalten lassen, sind aus dem Auto gesprungen, haben die Fahrertür aufgerissen und ihn mit vorgehaltener Waffe aus dem Wagen gezerrt. Eine Täterbeschreibung vermag auch er nicht zu geben. Nur an eine blaue Schirmmütze mit goldgesticktem Eichenkranz kann er sich erinnern.

Das gestohlene Taxi wird in de Reichenberger/Ecke Forster Straße in Kreuzberg aufgefunden.

Die Ermittler stehen unter Druck. Die Serie bewaffneter Raubüberfälle, die immer nach dem gleichen Muster verübt werden, beunruhigt die Bevölkerung: Ein Taxifahrer wird in einer wenig belebten Gegend mit Waffengewalt zur Herausgabe seines Wagens gezwungen, der dann bei einem Überfall als Fluchtfahrzeug benutzt und schließlich irgendwo abgestellt wird. Doch gibt es noch eine Besonderheit: Die Tatorte konzentrieren sich auf den Berliner Westen. Auf Schöneberg, Wilmersdorf und Charlottenburg.

Über die Tagespresse und den Rundfunk bittet die Mordkommission die Bevölkerung um Mitarbeit. Sie bedient sich dabei eines weiteren ungewöhnlichen Mittels: In dem Schöneberger Herrenkonfektionshaus Joseph in der Grunewaldstraße lässt sie ihr Fahndungsmaterial ausstellen: ein Foto des Tatortes, die gefundene Mütze sowie zwei Registrierkassen vom Typ der gestohlenen. Täglich drücken sich Hunderte von Menschen an dem Schaufenster die Nasen platt. Doch die Hinweise, die bei der Mordkommission eingehen, sind dürftig.

Der Morgen des 15. September 1932 beginnt für die Geldboten der Berliner Verkehrs-Gesellschaft (BVG) wie jeder andere. Kurz nach 8 Uhr fährt ein Omnibus vor dem Rathaus Charlottenburg vor. Mehrere Beamte steigen aus und schleppen eine Kiste in die im rechten Flügel des Hauses residierende Filiale 101 der Stadtbank. Ihr Inhalt: die Einnahmen der BVG aus dem Fahrscheinverkauf, vornehmlich Münzen, die hier entweder eingezahlt oder in Papiergeld gewechselt werden. Das Papiergeld wird dann in einer ebensolchen Kiste in den wartenden Bus gebracht. Es sind die

Lohngelder für die Mitarbeiter all der Linien, die vom Betriebshof Helmholtzstraße ausgehen, rund 34 000 Mark in 50-, 20- und 10-Mark-Scheinen.

Nach etwa 20 Minuten tragen zwei Mitarbeiter der Bank, begleitet von zwei BVG-Beamten, die Kiste zurück zu dem Bus. Die vier merken nicht, dass ihnen zwei Männer folgen, die in der Nähe der Bank gewartet haben. Plötzlich laufen zwei andere Männer vom Mittelstreifen der Berliner Straße (heute Otto-Suhr-Allee) auf sie zu und ziehen Waffen: „Hände hoch, die Kiste her!“ Die beiden BVG-Beamten laufen, Deckung suchend, in verschiedene Richtungen. Einer der Bankmitarbeiter lässt die Kiste los und rennt zurück in Richtung Bank. Einer der Gangster holt ihn ein und versetzt ihm einen Tritt. Er stürzt zu Boden. Der andere versucht, die Kiste allein in die Bank zurückzuziehen. In diesem Moment fällt ein Schuss. Ein BVG-Beamter, der 57-jährige Otto Meyer, hat ihn abgegeben. Die Gangster schießen sofort wahllos um sich. Meyer wird tödlich getroffen, ein zweiter Beamter schwer verletzt.

Inzwischen hat einer der Täter die Kiste gepackt und schleppt sie in eine mit laufendem Motor bereitstehende Mercedes-Limousine, die sogleich in Richtung Knie (heute Ernst-Reuter-Platz) davonfährt. Ein Streifenfahrzeug, dessen Besatzung den Überfall zufällig beobachtet hat, nimmt die Verfolgung auf. Die Gangster fahren rechts in die Leibnizstraße, kreuzen den Kurfürstendamm und rasen auf den Fehrbelliner Platz zu. Der Streifenwagen kann gerade noch mithalten. Doch kurz vor

dem Platz versperrt ein Möbeltransport die Straße. Der Fahrer des schweren Gangsterfahrzeugs setzt alles auf eine Karte und rast weiter. Er zwängt sich durch die schmale Lücke, die der Möbelwagen und die parkenden Fahrzeuge ihm lassen. Das Streifenfahrzeug muss die Verfolgung aufgeben.

Die Mordkommission steht vor einem Rätsel. Hat sie es hier mit der Bande zu tun, auf deren Konto die Raubüberfälle der letzten Zeit gehen? Stammt sie vielleicht aus Schöneberg, wo die meisten Verbrechen geschehen sind? Es wird sogar spekuliert, ob die Täter dem kommunistischen Umfeld zuzuordnen sind.

Die Ermittler hören sich in den einschlägigen Kaschemmen rund um die Yorckstraße und den Bülowbogen um und erfahren, dass es eine Clique gibt, die sich „Eierschlamm" nennt und für solche Verbrechen infrage kommen könnte. Dabei soll es sich um junge Männer handeln, die dem kommunistischen Jugendverband angehört haben, wegen „unaktiven Arbeitens" aber hinausgeworfen worden sind.

Am 10. Januar 1933 werden die ersten Verdächtigen festgenommen. Für einen von ihnen interessiert sich die Polizei besonders: Es ist der 21-jährige Erwin Hildebrand. Er bestreitet jedoch, an dem Überfall auf den BVG-Lohngeldtransport beteiligt gewesen zu sein. Die Polizei ist aber von seiner Mittäterschaft überzeugt und setzt ihn unter Druck, indem sie seine Eltern wegen angeblicher „Hehlerei zum Raub" festnimmt. Felix und Else Hildebrand haben Ende 1932 für 900 Mark eine Laube in Britz gekauft. Da sowohl Erwin als auch seine Eltern seit dem Frühjahr 1932 arbeitslos sind, vermutet die Kripo, dass die Laube mit dem Geld aus dem Überfall bezahlt worden ist. Im Laufe des Verhörs werden Felix Hildebrand Fragen gestellt, die mit der Tat in keinerlei Zusammenhang stehen, etwa ob sich sein Sohn politisch betätigt. Vater Hildebrand antwortet arglos: „Ja, kommunistisch. Er liest die Welt am Abend und verkehrt mit Leuten, die der KPD nahestehen." Zu diesem Zeitpunkt ahnt zwar noch niemand, dass in wenigen Tagen die SA mit Fackeln durch das Brandenburger Tor marschieren wird, es passt aber durchaus in das Stimmungsbild der Zeit, Verbrechen jeder Art einem mit den Kommunisten sympathisierenden Personenkreis zuzuschreiben. Zudem ist es, bei aller Loyalität eines großen Teils der Kriminalbeamten gegenüber der Republik, eine unbestreitbare Tatsache, dass sich eine nicht zu unterschätzende Zahl bereits zu Beginn der 1930er-Jahre und auch schon früher zu den Nazis hingezogen fühlt.

Das Kalkül der Beamten geht auf: Erwin gibt nach, denn er will nicht länger mit ansehen, wie seine Eltern unter

Alfons Hoheisel, Erich Achtenhagen, Erich Hildebrand, Hans Krebs und Fritz Wienke (v. l. n. r.)

Vor dem Modegeschäft Joseph drängen sich die Schaulustigen.

Druck gesetzt werden. Er legt ein Geständnis ab und nennt seine Komplizen: den Klempnergesellen Alfons Hoheisel, den Arbeiter Erich Achtenhagen, den Kraftfahrer Willi Krebs und den Friseurgesellen Fritz Wienke, sämtlich ohne Arbeit.

Hildebrand hat seine späteren Komplizen im Laufe des Jahres 1931 in einer Kneipe in der Yorckstraße kennengelernt. Anfang 1932 unterbreitet Alfons Hoheisel seinen Kumpanen einen Plan: Wenn er mit dem Fahrrad nach Charlottenburg fährt, um seine Unterstützung abzuholen, beobachtet er, dass Geldboten der BVG am Rathaus am 1. und am 15. jedes Monats die Lohngelder abholen. 70 000 bis 80 000 Mark vermutet er in der Kiste.

Die Jungs sind Feuer und Flamme. Unzählige Male fahren sie zum Rathaus Charlottenburg, um den Ablauf des Transports genau zu studieren. Doch so lange, bis der Plan ausgereift ist, können sie nicht warten. Sie brauchen dringend Geld und beschließen, sich welches bei denen zu holen, die ihrer Meinung nach genügend haben. Jetzt erfährt die Kriminalpolizei, dass auch der Überfall auf die Gaststätte Tiepelmann auf das Konto der Bande geht, ebenso eine ganze Reihe bewaffneter Raubüberfälle in der Zeit von Dezember 1931 bis September 1932.

Ihr Hauptziel aber bleibt der Überfall auf den BVG-Lohngeldtransport. Drei Versuche scheitern. Beim ersten Mal, im April 1932, unterhält sich der Busfahrer, während er auf die Geldkiste wartet, mit einem Streifenpolizisten. Den zweiten geplanten Überfall müssen sie verschieben, weil es ihnen nicht gelingt, ein Auto zu stehlen. Ein Fluchtfahrzeug ist aber unverzichtbar. Auch der für den 1. September geplante Überfall ist nicht durchführbar: Vor der Bank ist am Vortag ein Wasserrohr geplatzt, der Bürgersteig ist aufgerissen und abgesperrt, Arbeiter reparieren gerade die Straße. Unter diesen Umständen ist ein Überfall ausgeschlossen. Am 15. September schließlich gelingt der Raub. Die Beute, ungefähr 34 000 Mark, teilen sie und trennen sich.

Die ausführlichen Berichte in der Tagespresse über die Festnahme und das Geständnis Hildebrands veranlassen Willi Krebs, sich zu stellen. Wenige Stunden später wird auch sein Bruder Hans festgenommen, der bei den Überfällen jedoch nur eine untergeordnete Rolle gespielt hat. Fritz Wienke stellt sich ebenfalls. Wenig später werden auch Alfons Hoheisel und Erich Achtenhagen gefasst.

Anfang Juli 1933 beginnt der Prozess gegen die fünf jugendlichen Täter. „Häufige Erwerbslosigkeit, ein gleicher Hang nach Geld, Abenteuern und zuchtlosem Leben, unterstützt von der kommunistischen Auffassung, Eigentum und Leben ihrer Mitmenschen gering zu achten, führten sie zu ihren Straftaten zusammen", heißt es in der Anklageschrift – schon ganz im Tonfall der NS-Rechtsprechung.

Am 6. Juli 1933 werden der 21-jährige Erwin Hildebrand, der 30-jährige Erich Achtenhagen, der 23-jährige Alfons Hoheisel und der gleichaltrige Willi Krebs vom Schwurgericht des Landgerichts II in Moabit wegen gemeinschaftlichen Mordes bzw. gemeinschaftlichen Raubes mit Todesfolge zum Tode verurteilt. Das Urteil wird am 17. April 1934 im Hof des Strafgefängnisses Plötzensee vollstreckt. Der 21-jährige Fritz Wienke bekommt eine lebenslängliche Zuchthausstrafe, der 24-jährige Hans Krebs muss für zehn Jahre ins Zuchthaus.

Die Zeitung Der Westen meldet die Hinrichtung der „kommunistischen Untermenschen".

Die vier BVG.-Räuber in Plötzensee hingerichtet

Das Ende der Schreckensbande aus Charlottenburg und Schöneberg

Heute früh zwischen 6 und 6.25 Uhr wurden die sogenannten BVG.-Räuber, der 22 Jahre alte Erwin Hildebrandt, der 24jährige Alfons Hoheisel, der gleichaltrige Willi Krebs und der 31 Jahre alte Erich Achtenhagen, im Hofe des Strafgefängnisses Plötzensee von dem Magdeburger Scharfrichter durch das Beil hingerichtet.

Die vier Verbrecher waren durch das Urteil des Schwurgerichts bei dem früheren Landgericht II in Berlin vom 6. Juli 1933 wegen gemeinschaftlichen Mordes und wegen gemeinschaftlichen schweren Raubes mit Todeserfolg zum Tode verurteilt worden. Die von ihnen gegen dieses Urteil eingelegte Revision wurde im Dezember v. J. vom Reichsgericht als unbegründet verworfen.

Der Preußische Ministerpräsident hat von dem Begnadigungsrecht keinen Gebrauch gemacht, weil die Verurteilten monatelang Raubüberfälle verübt, sich als berufsmäßige Verbrecher erwiesen und eine jedem geordneten menschlichen Zusammenleben feindliche Gesinnung gezeigt haben. Sie waren als Schädlinge zu betrachten, die für die Volksgemeinschaft endgültig verloren waren.

Die Taten dieser kommunistischen Untermenschen haben monatelang die Berliner Bevölkerung in Aufregung und Schrecken versetzt. So hatte die Staatsanwaltschaft seiner Zeit 13 im Berliner Westen auf Passanten, Tankstellen und Ladengeschäfte verübte Raubüberfälle zur Anklage gebracht. Die Verbrechen fanden mit der Erschießung des Architekten Sauer am Abend des 13. Mai in einer Gastwirtschaft in Mariendorf und mit der Ermordung des BVG.-Oberinspektors Meyer am 15. September 1932 vor dem Rathaus Charlottenburg, bei der der Bande 33 000 M. Bargeld in die Hände fielen, ihren Höhepunkt. Die Verurteilten, die größtenteils der sogenannten „Clique Eierschlamm" angehörten, haben mit einer beispiellosen Kaltblütigkeit und Roheit die unglaublichsten Banditenstreiche ausgeführt und scheuten sich dabei keineswegs, rücksichtslos über Leichen hinwegzugehen. Ihr Plan ging sogar dahin, von dem durch die zahlreichen Ueberfälle erlangten Geld einen eigenen Kraftwagen zu erwerben, der ausschließlich für ihre Raubüberfälle benutzt werden sollte.

Auf dem Transport vom Polizeipräsidium zum Untersuchungsgefängnis und durch später ausgetauschte Kassiber haben sie selbst weitere von ihnen begangene Straftaten an den Tag gebracht. So wurden von der gleichen Verbrecherbande in der Nacht zum 1. Juli 1932 Feuerüberfälle auf die beiden nationalsozialistischen Verkehrslokale „Zum alten Zieten" und „Die Ameise" in Schöneberg gemacht und dabei insgesamt neun Nationalsozialisten zum Teil schwer verwundet. Bei allen Taten verwandten sie vorher an die Bandenmitglieder verteilte Pistolen. Bei ihrer Verhaftung wurde neben anderen Beweisstücken auch eine Maschinenpistole beschlagnahmt.

Wer die tödlichen Schüsse tatsächlich abgegeben hat, kann in beiden Fällen nicht zweifelsfrei festgestellt werden.

Die Brüder Sass

Von der Kriminalpolizei werden sie gejagt, aber das Publikum verehrt sie wie Filmstars. Sie sind die prominentesten und beliebtesten Diebe von Berlin und die Meister ihres Fachs. Die zeitgenössische Presse nennt die Brüder Franz und Erich Sass „Meisterdiebe" und „Gentlemanganoven". Jahrelang liefern sie sich mit dem jungen Kriminalkommissar Max Fabich ein Räuber-und-Gendarm-Spiel, das der Kripomann stets verliert.
Dabei ist der Werdegang der legendären Geldschrankknacker von Pleiten, Pech und Pannen gepflastert. Sie müssen Lehrgeld zahlen – im wahrsten Sinne des Wortes.

Als sie 1928 in eine Filiale der Dresdner Bank in der Budapester Straße 10 einsteigen, es ist das Haus an der Kaiser-Wilhelm-Gedächtnis-Kirche mit dem berühmten Romanischen Café, entkommen sie der Polizei nur um Haaresbreite. Heimkehrende Hausbewohner bemerken gegen Mitternacht im Hausflur Brandgeruch, der aus der Bank kommt. Der Kassenbote, der im Haus wohnt, wird herausgeklingelt. Er hat einen Schlüssel und sie sehen gemeinsam nach dem Rechten. Im Schalterraum ist alles in Ordnung. Der Geruch kommt aus dem Tresorraum. Sie gehen in den Keller. Noch bevor sie Licht machen, springt ihnen eine schwarze Gestalt entgegen und huscht vorbei, dann eine zweite. Die sofort herbeigerufene Polizei umstellt den Block, sucht in jedem Haus, in den Dachgeschossen, auf den Dächern. Von den Ganoven keine Spur.

Als sie Licht gemacht haben, sehen sie die Bescherung: Die ungebetenen Besucher haben mit dem Schneidbrenner vom Keller des Nachbarhauses aus ein Loch durch die 60 Zentimeter dicke Wand getrieben. Ihr Handwerkszeug haben sie in der Eile zurückgelassen. Die Ursache des Brandgeruchs: Die Flamme des Schneidbrenners hat im Keller gelagerte Akten angesengt.

Die nächtelange Arbeit ist vergebens gewesen. Die Kripo glaubt allerdings, die glücklosen Einbrecher zu kennen. Derart modernes Gerät gebrauchen nur die Brüder Sass. Die Kripo untersucht ähnliche ungeklärte Einbrüche oder Einbruchsversuche der letzten Monate und kommt zu dem Schluss, dass sie alle auf das Konto der ausgebufften Brüder gehen müssen.

Schon im Dezember 1927 beispielsweise hatten Einbrecher versucht, den Tresor einer Filiale der Dresdner Bank am Savignyplatz aufzuschweißen. Offenbar gab es technische Probleme und sie mussten ihr Vorhaben aufgeben. Das Schweißgerät haben sie am Tatort lassen müssen.

Die Brüder werden verhört, doch sie leugnen. Auch mit dem versuchten Einbruch in den Tresorraum der Reichsbahnkasse am Schöneberger Ufer, der die gleiche Handschrift trägt, hätten sie nichts zu tun, sagen sie. Nachweisen kann die Kripo ihnen nichts.

Zwei Monate nach dem missglückten Coup in der Budapester Straße starten die Brüder einen neuen Versuch. Diesmal ist ihr Ziel das Landesfinanzamt in Alt-Moabit 145. Die 40 Zentimeter dicke Tresortür ist zu bewältigen, bestehend aus Stahlplatten und einer Betonfüllung. Sie sind kurz vor dem Ziel, da ist noch eine Alarmanlage zu überwinden. Vorsichtig knipst Erich den Draht durch. Sie horchen. Kein Alarm ist zu hören.

Doch der Nachtwächter hat ein kurzes Aufflackern der Alarmlampe bemerkt und überlegt, was zu tun ist. Der ängstliche Mann will sich nicht in Gefahr begeben, und Scherereien mit der Polizei will er auch nicht haben. Werner Malzacher schildert in seinen „Berliner Gaunergeschichten" die Szene folgendermaßen: „So begibt sich der wackere Wächter auf den Hof, legt die Hände an den Mund, ruft: ‚Einbrecher raus!' und sieht zufrieden, wie zwei junge Männer Reißaus nehmen." Dann hat er doch noch die Polizei geholt. Wieder haben die Sass-Brüder Pech gehabt. In dem Tresor sollen Millionenbeträge gelegen haben!

Die Entdeckung des Einbruchs in den Tresorraum einer Filiale der Berliner Disconto-Gesellschaft am Wittenbergplatz ist legendär geworden. Am Montag, dem 28. Januar 1929, bekommt ein Angestellter der Bank die Stahltür zum großen Tresorraum nicht mehr auf. Er holt einen Kollegen. Doch die 40 Zentner schwere Tür bewegt sich

Franz Sass

Erich Sass

Als sie durch das Loch leuchten, bestätigen sich die allerschlimmsten Befürchtungen: Der Tresorraum bietet ein Bild der Zerstörung. Die meisten der 200 Safes sind aufgebrochen und ausgeplündert! Ein einziges Drunter und Drüber. Die Polizei konstatiert: Einen Bankraub dieses Umfangs hat es in Deutschland noch nicht gegeben. Wie viel Geld und Wertgegenstände die Räuber erbeutet haben, bleibt unklar. Vermutlich sind es 150 000 Reichsmark in bar, darüber hinaus Devisen in unbestimmter Höhe sowie Schmuck und Goldmünzen im Wert von mehr als zwei Millionen Mark. Nun ist auch klar, warum sich die Tür nicht öffnen ließ. Die Einbrecher haben sie von innen blockiert.

Der Einbruch ist ein Meisterstück. Die Diebe haben sich aus dem Keller eines Nachbarhauses einen Gang unter dem Pflaster gebuddelt, parallel zur Kellerwand der Disconto-Bank. Den Aushub haben sie unbemerkt abtransportiert. Auch an einen Luftschacht haben sie gedacht. Das Projekt muss ungefähr 30 000 Mark gekostet haben. Wer hat das finanziert? Spekulationen schießen ins Kraut. Wie auch immer, die wochenlange Arbeit hat sich gelohnt. Auch waren die Ganoven clever genug, alle Spuren zu beseitigen. Nur eine leere Weinflasche ist am Tatort zurückgeblieben, vermutlich sogar mit Absicht. Fingerabdrücke? – Fehlanzeige. Für die Ergreifung der Täter wird eine Belohnung von 70 000 Reichsmark ausgesetzt.

Der ermittelnde Kommissar Max Fabich denkt schnell an die Brüder Sass. Sie müssen doch zu kriegen sein! Offiziell bestreiten die Brüder ihren Lebensunterhalt aus ihrer Autowerkstatt, zu der auch ein Verleih gehört. Ihre Einkünfte lassen sich

keinen Zentimeter. Da sie nicht den geringsten Schaden aufweist, kann nur der U-Bahn-Bau schuld sein. Vielleicht hat sich das Fundament abgesenkt. Peinlich für die Bank, denn die ersten Kunden wollen an ihre Schließfächer. Sie werden vertröstet. Drei Tage rätseln die Banker und suchen nach Lösungen. Es nützt alles nichts, sie müssen handeln und holen eine Maurerfirma, die die 50 Zentimeter dicke Seitenwand des Tresorraums durchbrechen soll. Einen Tag brauchen die Handwerker dafür.

Die Disconto-Gesellschaft wurde Schauplatz eines der spektakulärsten Einbrüche der 1920er-Jahre.

somit nur schwer überprüfen. Anscheinend ist die Werkstatt eine Goldgrube, denn die Brüder führen ein aufwendiges Leben. Sie tragen teure Kleidung, besuchen exklusive Restaurants und unternehmen kostspielige Reisen in die Seebäder an der Nord- und Ostsee, sie waren schon in Paris und London.

Die Brüder haben früh angefangen. Franz war elf Jahre, Erich neun Jahre alt, als sie die ersten Einbrüche in Lauben verübten. Die Fürsorge nahm sich der Jungs an und verschaffte Franz, der etwas Richtiges lernen sollte, eine Lehre – ausgerechnet als Schlosser. Schon bald übte er seinen Beruf erfolgreich aus: Er knackte Tresor um Tresor. Sowohl die Vorbereitung als auch die Planung des Bruchs waren stets perfekt. Es wird erzählt, dass die Brüder immer wieder Umschläge mit Geldscheinen, anonym versteht sich, in die Briefkästen bedürftiger Nachbarn gesteckt haben sollen.

Drei Wochen nach dem Einbruch in die Disconto-Bank erscheint die Kripo dann doch noch bei den Brüdern Sass in der Birkenstraße 17 zu einer Haussuchung. Die Brüder werden festgenommen, beweisen kann man ihnen jedoch wieder nichts. Bei ihrer Entlassung aus der Untersuchungshaft werden sie von Reportern, Fotografen und von Schaulustigen umringt und bejubelt: Sie sind die Helden der kleinen Leute.

1933 verlassen sie Deutschland und gehen nach Kopenhagen. Auch hier arbeiten sie weiter in ihrem eigentlichen Gewerbe. Als bei einem Zigarrenfabrikanten zwei Geldschränke aufgebrochen werden, nimmt die Kopenhagener Polizei die Brüder wenig später fest. Diesmal findet man Beweise, und die beiden müssen für vier Jahre ins Gefängnis. Nach Verbüßung der Haft liefern die

Dänen die Brüder Sass an die Deutschen aus. Hier wird ihnen noch einmal ein Prozess gemacht, denn zwischenzeitlich hat Fabich auch in ihrer alten Wohnung in Berlin belastendes Material gefunden. Franz muss für 13 Jahre, Erich für elf Jahre ins Zuchthaus. Nach zwei Jahren Haft in Plötzensee werden sie ins KZ Sachsenhausen gebracht und dort am 27. März 1940 „auf Befehl des Führers" erschossen.

Der Tresorraum der Disconto-Gesellschaft nach dem Einbruch

Die Beute aus dem Disconto-Bank-Einbruch bleibt unauffindbar. Später erzählt Kommissar Fabich, er habe Erich Sass im Grunewald mit einer Schaufel gesehen. Er war überzeugt, die Brüder hätten die Beute im Grunewald vergraben. Noch immer gibt es Schatzsucher, die hoffen, die Sass-Millionen zu finden.

Horst Wessel – Kult und Wahrheit

Kochend vor Wut reißt die 29-jährige Witwe Elisabeth Salm die Tür des Lokals Baer in der Dragonerstraße (heute Max-Beer-Straße) auf. Es ist das „Sturmlokal" der 2. Bereitschaft des Rotfrontkämpferbundes Mitte, des paramilitärischen Kampfverbandes der KPD. Der Bund ist zwar seit 1929 verboten, aber unter diversen Namen immer noch aktiv. Elisabeths verstorbener Mann war Mitglied, und nun will sie sich bei seinen Kameraden Beistand holen. Unterstützt von ihrer Schwiegermutter Anna macht sie ihrem Ärger Luft. Ihr Untermieter hat in ihrer Abwesenheit, sie war für ein paar Wochen bei Verwandten im Rheinland, seine Braut in seine Mansarde einziehen lassen. Die Miete ist aber nur für eine Person gedacht. Er denkt aber gar nicht daran, für das Mädchen zu zahlen. Das geht aber nicht, zumal sogar die Küchenbenutzung inbegriffen ist. Die Erna, das Aas, seine Braut, kommt ihr laufend in der Küche in die Quere und benutzt ihre Töpfe und ihr Geschirr, als sei das ganz selbstverständlich. Als sie ihn zur Rede gestellt hat, ist er ausfallend geworden. Elisabeth ist schon auf dem Polizeirevier gewesen und hat die Erna kurzerhand abgemeldet. Gebracht hat das aber gar nichts. Jetzt ist ihr der Kragen geplatzt. Entweder er zahlt oder die beiden fliegen achtkantig raus. Dazu braucht sie aber männliche Unterstützung.

Die Männer von der 2. Bereitschaft hören kaum zu, sie haben andere Sorgen. Am Nachmittag dieses 14. Januar 1930 ist schon wieder ein Genosse von einem SA-Mann niedergeschossen worden. „Wie heißt denn der Untermieter", will einer wissen. Als der Name Horst Wessel fällt, sind plötzlich alle ganz Ohr. Den Wessel haben die Genossen schon lange auf dem Kieker.

Elisabeth Salm warnt. Der Wessel hat immer eine Waffe in der Hosentasche und eine im Schrank, sie hat auch gesehen, dass er Dokumente über die Aktivitäten des Rotfrontkämpferbundes und Namenslisten von Mitgliedern hat.

Die Männer schauen sich skeptisch an. Von ihnen hier hat keiner eine Waffe. Verstärkung wird gebraucht. Nur ein paar Minuten von hier, in der Gormann-, Ecke Mulackstraße, ist die Kneipe Galsk, wo die 3. Bereitschaft tagt, angeführt von dem mehrfach vorbestraften Erwin Rückert und seinem Stellvertreter, dem im Kiez bekannten Zuhälter und ebenfalls mehrfach vorbestraften Albrecht „Ali" Höhler. Rückert hat immer eine Waffe dabei. Höhler geht schnell nach Hause, in die Mulackstraße 13, und holt seine. Schließlich wollen sie kein Risiko eingehen, wenn sie dem Wessel einheizen.

Elisabeth Salms Untermieter, der 22-jährige Pfarrerssohn Horst Wessel, der aus Bielefeld stammt, ist mit 18 Jahren der NSDAP und der SA beigetreten. Inzwischen führt der abgebrochene Jurastudent den gefürchteten Sturm 5, der dank Wessels Überzeugungskraft in kürzester Zeit auf 250 Mann angewachsen ist. Sein Motto: „Wo andere greifen vergeblich an, da zieht man den fünften Sturm heran!"

Seine Verlobte Erna Jaenichen ist, bevor sie zu ihm zog, auf den Strich gegangen. Vor dem Lokal Mexiko, einer übel beleumdeten Kneipe unweit des Alexanderplatzes, hat er sie unter widrigen Umständen kennengelernt: Er ist gerade um die Ecke gekommen, als ihr Zuhälter sie verprügelte. Wessel greift ein und befreit sie aus den Fängen des Mannes. Seit sie mit Wessel zusammen ist, geht sie nicht mehr anschaffen. Dass Wessel ihr neuer Zuhälter ist, hält sich zwar als hartnäckiges Gerücht, entspricht aber nicht den Tatsachen. Er verdient sein Geld als ungelernter Arbeiter beim U-Bahn-Bau.

Beim Reichsparteitag in Nürnberg im August 1929 marschiert Horst Wessel an der Spitze des von ihm geführten SA-Sturms 5.

Hilde Benjamin (in der Mitte mit Bubikopf) beim Prozess um die Ermordung Wessels

Vor seiner Verlobung ist Wessel einer der hoffnungsvollsten Jungaktivisten der NSDAP gewesen. Doch seit er mit Erna turtelt, lässt er die Parteiarbeit schleifen. Dennoch: Die Auseinandersetzungen zwischen den Nazis und den Roten werden immer erbitterter. Die KPD hat in Friedrichshain ein Flugblatt in Umlauf gebracht, auf dem Wessel steckbrieflich gesucht wird. Es zeigt ein gezeichnetes Porträt Wessels mit dem Text: „Wie lange noch? Roter Arbeiter, merk dir das Gesicht! Horst Wessel. Sturmführer – Arbeitermörder. Kleine Frankfurter Str. 62." Bei der Adresse haben sich die Genossen jedoch geirrt, Wessel wohnt nicht in der Kleinen, sondern in der Großen Frankfurter Straße, der heutigen Karl-Marx-Allee.

Eine Gruppe von Rotfrontkämpfern, es mögen gut ein Dutzend sein, begleitet Elisabeth und Anna in die Frankfurter Straße. Ob sie ihn zum Zahlen der Miete bringen oder vor die Tür setzen sollen, wissen sie selbst nicht. Jedenfalls wollen sie ihm eine „proletarische Abreibung" verpassen, das heißt, ihn krankenhausreif prügeln.

Vier der Männer gehen mit Elisabeth und Anna in die Wohnung in der Großen Frankfurter Straße 62. Ali Höhler klopft an Wessels Tür. Wessel erwartet Besuch und öffnet. Als er den Unbekannten sieht, greift er sofort in seine Tasche. Höhler ist schneller und es fällt ein Schuss. Wessel ist von unten in den Hals getroffen. Höhlers Version, dass sich der Schuss gelöst hat, ohne dass er ihn abgeben wollte, ist durchaus glaubwürdig. Der Einschusskanal spricht für diese Version.

Die Männer fliehen in Panik. Aber Erna, die den Zuhälter Höhler aus dem Kiez kennt, hat ihn erkannt. Wessel ist schwer verwundet, soll es angeblich aber abgelehnt haben, sich von einem jüdischen Arzt behandeln zu lassen. Er wird ins Krankenhaus Friedrichshain eingeliefert, wo er am 23. Februar 1930 an „allgemeiner Blutvergiftung" stirbt.

Das Mansardenzimmer Wessels wird zur Kultstätte.

Die Tat wird von beiden Seiten ausgeschlachtet. Die Kommunisten stellen den Tathergang als Eifersuchtsdrama unter Zuhältern dar. Wessel aber ist, wie Elisabeth Salm im Prozess bestätigt, nie ein Zuhälter gewesen. Für die Nationalsozialisten ist es ein „geplanter politischer Mord". Offenbar sieht die Polizei es ähnlich, denn der Fall wird von der Abteilung 1A bearbeitet, der politischen Polizei.

Am 23. September 1930 beginnt vor dem Schwurgericht Moabit der Prozess gegen Ali Höhler und 17 Mitangeklagte. Unter den fünf von der KPD gestellten Verteidigern ist auch Hilde Benjamin, die spätere Justizministerin der DDR und Richterin in einer Reihe von Schauprozessen der 1950er-Jahre. Höhler und Rückert werden wegen Totschlags und unerlaubten Waffenbesitzes zu jeweils sechs Jahren und einem Monat Zuchthaus verurteilt. Die weiteren Angeklagten bekommen hohe Gefängnisstrafen, auch Elisabeth Salm.

Joseph Goebbels sorgt indes dafür, dass Horst Wessel zum Märtyrer für die nationalsozialistische Sache hochstilisiert wird. Bei Wessels Begräbnis auf dem Friedhof der St.-Nikolai-Gemeinde sind Goebbels, Goering und die SA-Führer anwesend, und Goebbels hält die Trauerrede für den „unvergänglichen Märtyrer der Bewegung". Die Zeremonie endet mit einer Straßenschlacht zwischen Nazis und Kommunisten.

Drei Jahre später weiht Hitler den Grabstein ein. Das Mansardenzimmer wird zu einer Gedenkstätte umgestaltet, zu der Braunhemden pilgern. 1933 erhält der Bezirk Friedrichshain den Namen „Horst-Wessel-Stadt", bzw. „Bezirk Horst Wessel". Auch das Krankenhaus, in dem er starb, wird nach ihm benannt, der Bülowplatz (heute Rosa-Luxemburg-Platz) wird in „Horst-Wessel-Platz" umbenannt.

Ein Gedicht von 16 Zeilen, das Wessel fünf Monate vor seinem Tod geschrieben haben soll, wird bei seiner Beerdigung zur Melodie eines alten Volksliedes gesungen und zur Hymne der Partei erklärt. „Die Fahne hoch! Die Reihen fest geschlossen! SA marschiert mit ruhig festem Schritt!", singt man als „Horst-Wessel-Lied" ab 1933 nach der Nationalhymne.

Die Tatbeteiligten bekommen die Rache des NS-Staates in ganzer Härte zu spüren: Albrecht „Ali" Höhler wird aus einer schlesischen Haftanstalt ins Gestapo-Gefängnis nach Berlin überführt und in den Wäldern bei Freienwalde von SA-Männern erschossen.

In einem erneuten Prozess werden Sally Epstein und Hans Ziegler, die Wessels Wohnung nicht betreten, sondern auf der Straße gewartet haben, am 15. Juni 1934 vom Schwurgericht beim Landgericht Berlin wegen gemeinschaftlichen Mordes zum Tode verurteilt. Die bereits 1930 Verurteilten kommen in Konzentrationslager, wo vier von ihnen umkommen, Elisabeth Salm 1945 in Bergen-Belsen.

Politische Morde im Berlin der Weimarer Republik

Die Weimarer Republik hatte keinen guten Start. Umsturzversuche, Straßenkämpfe und der Terror der Freikorps forderten Hunderte Opfer. Die junge Republik lavierte am Rande des Bürgerkrieges. Bis zum Ende der Weimarer Zeit kam die Republik nicht zur Ruhe. In erbitterten Straßenschlachten suchten Nationalsozialisten und Kommunisten die Konfrontation und lieferten sich Schießereien. Extremistische Organisationen auf beiden Seiten schreckten vor der Ermordung des politischen Gegners nicht zurück. In den seltensten Fällen wurden die Mörder zur Rechenschaft gezogen.

Über die Motive für den Doppelmord an Karl Liebknecht und Rosa Luxemburg braucht nicht spekuliert zu werden: Beide galten als die führenden Köpfe der gefürchteten kommunistischen Revolution. Sie hatten sich von der SPD losgesagt und die Spartakusgruppe gegründet, die Ausgangsbasis für die Gründung der Kommunistischen Partei Deutschlands (KPD). Gemeinsam gaben sie die Parteizeitung Rote Fahne heraus.

Lieber heute als morgen hätten sich die Ultrarechten der „Staatsfeinde" entledigt. Mordaufrufe kursierten, Plakate an den Litfaßsäulen riefen zum Kampf gegen die Spartakusgruppe auf: „Schlagt die Führer tot! Tötet Liebknecht und Luxemburg!", lautete die Parole. Die Drohungen wurden so massiv, dass beide immer wieder ihre Wohnungen wechseln mussten.

Am Abend des 15. Januar 1919 wurden die Kommunistenführer in ihrem Quartier in der Mannheimer Straße 43 in Wilmersdorf, wo sich auch die provisorische Redaktion der Roten Fahne befand, von bewaffneten Männern der Wilmersdorfer Einwohnerwehr „festgenommen" und ins Eden-Hotel an der Budapester Straße (damals noch ein Teil des Kurfürstendammes) verschleppt, wo die Garde-Kavallerie-Schützen-Division ihr Stabsquartier eingerichtet hatte. Hauptmann Waldemar Pabst überzeugte sich von der Identität der beiden.

Mit diesem politischen Aufruf versuchte die Reichsregierung, die Bevölkerung zur Solidarität mit der Republik zu motivieren.

Soldaten der Garde-Kavallerie-Schützen-Division 1919. Otto Wilhelm Runge sitzt am Tisch in der Mitte.

Aufruf!

Der Mord an dem Reichsminister Dr. Rathenau

hat die **schweren Gefahren enthüllt**, denen Deutschland durch innerpolitische Gärungen ausgesetzt ist. Die Mahnungen, den Zwist der Parteien und den Streit um Vergangenes ruhen zu lassen und alle Kräfte der Nation dem Aufbau und der Rettung des Vaterlandes zu weihen, **sind ungehört verhallt.** Eine ruhelose und **nichtswürdige Verhetzung**, welche sich gegen die Staatsreform richtet und ihre Diener für vogelfrei erklärt, treibt immer wieder unklare, politisch verblendete oder verwilderte Köpfe zu Mordversuch und Mord. **Ein Netz von Verschwörungen droht den inneren Frieden**, die Grundlage einer deutschen Erneuerung, zu zerstören. Der Mord an Rathenau ist nur ein Glied in einer Kette

wohl vorbereiteter Anschläge auf die Republik.

Zuerst sollen die Führer der Republik, dann soll **die Republik selbst fallen.** In der Verteidigung gegen den verbrecherischen Anschlag muß Durchgreifendes geschehen. Dem wachsenden Terror, dem Nihilismus, der sich vielfach unter dem Deckmantel nationaler Gesinnung verbirgt, darf nicht mehr mit Nachsicht begegnet werden. Der Ruf:

„Die Republik ist in Gefahr"

muß alle freiheitlichen, für den Aufbau eines demokratischen Staatswesens arbeitenden Schichten der Bevolkerung zusammenschließen und einigen. Das Reichskabinett, eines seiner fahigsten und besten Mitarbeiter durch Meuchelmord beraubt, erkennt in der Stunde tiefster Trauer die politische Forderung dieser Stunde.

Da Gefahr im Verzug ist, muss schnell gehandelt werden.

Die Reichsregierung hat daher dem Reichspräsidenten empfohlen, von seiner verfassungsmaßigen Befugnis Gebrauch zu machen und durch Verordnung den Schutz des Staates und das Leben seiner **durch politische Mordorganisationen** bedrohten Vertreter zu sichern. Sie **wird für strengste Durchführung dieser Verordnung Sorge tragen** und sofort die Vorbereitungen treffen, um durch gesetzliche Vorschriften der moralischen und politischen Zersetzung entgegenzuwirken, **die den Staat in seinen Grundlagen auf das schwerste bedroht.**

Die Reichsregierung versteht die tiefe Erregung des Volkes. Sie bedauert die wirtschaftlichen Rückschläge eines solchen politischen Wahnsinns, **welche die arbeitenden Klassen am meisten treffen.** Die Reichsregierung hofft, daß das deutsche Volk in seiner verständlichen Erregung **sich nicht zu Schritten verleiten läßt, welche die wirtschaftlichen und politischen Schäden und Wirren noch vermehren würden.**

Sie erwartet vielmehr, daß das deutsche Volk sich hinter die Bemühungen der Regierung stellen wird und richtet daher an die Beamtenschaft, an die Arbeiter aller Parteien und an das ganze freiheitliche Bürgertum **die ernste und dringliche Mahnung zum Schutze des Staates in Not und Gefahr zusammenzustehen.**

Es lebe die Republik!

Die Reichsregierung
Dr. Wirth.

Der Reichspostminister
Giesberts.

Polizeihauptmann Lenk

Sie wurden „verhört" und misshandelt. Der ehemalige Reichskanzler Bülow, der seinerzeit in dem Hotel wohnte, weil der sich zu Hause nicht mehr sicher fühlte, beteuerte in seinen Erinnerungen, im Hotel habe man von alledem nichts bemerkt. Auch das Hotelpersonal war vorübergehend weggeschickt worden und bekam von dem unwürdigen Geschehen nichts mit.

Nach dem „Verhör" wurde als Erster Karl Liebknecht aus dem Hotel geführt. Vor dem Eingang versetzte der Jäger Otto Wilhelm Runge Liebknecht mit seinem Gewehrkolben einen kräftigen Schlag auf den Kopf. Blutüberströmt wurde er in ein bereitstehendes Auto gezerrt und in den nächtlichen Tiergarten gefahren. Liebknecht musste aussteigen. Nur die Scheinwerfer durchbrachen die Dunkelheit. Dann fielen Schüsse. Es gab keine Zeugen. Als aufgefundenen „unbekannten" Toten lieferten die Mörder ihr Opfer in einer Polizeistation ab.

Dann wurde auch Rosa Luxemburg aus dem Haus gebracht. Runge schlug auf sie ebenfalls mit dem Gewehrkolben ein. Bewusstlos wurde sie in ein Auto gebracht und ebenfalls aus nächster Nähe erschossen. Das Mordkommando warf ihren Leichnam an der Lichtensteinbrücke in den Landwehrkanal. Die Öffentlichkeit erfuhr im sozialdemokratischen Vorwärts nur in einer kurzen Meldung von dem politischen Mord. Erst die Mittagsblätter brachten die Meldung: „Liebknecht auf der Flucht erschossen! Luxemburg von der Menge getötet!" Luxemburgs Leiche, bereits im Zustand fortgeschrittener Verwesung, wurde erst am 31. Mai 1919 aus dem Kanal geborgen.

Der Prozess vor dem Militärgericht der Garde-Kavallerie-Schützen-Division war eine Farce: Hier saßen die Kameraden der Täter über die Angeklagten zu Gericht! Die Mörder wurden nie zur Rechenschaft gezogen. Nach der Verjährung der Tat rühmte sich Waldemar Pabst in den 1960er-Jahren noch in aller Öffentlichkeit der „Beseitigung" von Luxemburg und Liebknecht.

Am 25. Januar 1919 werden Karl Liebknecht und die Opfer des Spartakusaufstandes in Berlin-Friedrichsfelde beigesetzt. Für Rosa Luxemburg wurde symbolisch ein leerer Sarg bestattet, denn zu diesem Zeitpunkt war ihr Leichnam noch nicht gefunden. Mehr als 100 000 Menschen folgten dem Trauerzug, der am Volkstheater am Bülowplatz begann.

Die rechtsextreme Organisation Consul machte mit einer Reihe von Attentaten auf demokratische Politiker von sich reden. Ihr erstes prominentes Opfer war der Mitunterzeichner des Waffenstillstandsabkommens von Compiègne und Reichsfinanzminister Matthias Erzberger (1875–1921). Auf den Zentrumspolitiker, der seit Langem rechter Hetzpropaganda ausgesetzt war, wurde am 26. Januar 1920 vor dem Gerichtsgebäude in Berlin-Moabit ein Anschlag verübt, bei dem der Politiker angeschossen, jedoch nur leicht verletzt wurde. Der Attentäter, der ehemalige Fähnrich Oltwig von Hirschfeld, wurde gefasst und erhielt mit 18 Monaten Gefängnis eine milde Strafe. Erzberger aber blieb im Fadenkreuz der Rechtsextremen. Bei einem Spaziergang in einem Kurort im Schwarzwald wurde er am 26. August 1921 durch mehrere Kopfschüsse aus nächster Nähe regelrecht hingerichtet. Die Mörder, die ehemaligen Marineoffiziere Heinrich Tillessen und Heinrich Schulz, waren Mitglieder der Organisation Consul. Auch sie kamen mit geringen Gefängnisstrafen davon.

Die Organisation Consul zog weiter ihre Blutspur. Der Großindustrielle, Politiker und Schriftsteller Walther Rathenau (1867–1922), seit 1899

Direktionsmitglied der von seinem Vater Emil Rathenau gegründeten Allgemeinen Elektrizitäts-Gesellschaft (AEG), wurde ihr nächstes Opfer. 1921 war Rathenau als Wiederaufbauminister mit den wirtschaftlichen Folgen des Krieges befasst, als Außenminister bemühte er sich ein Jahr später um eine Verbesserung der Beziehungen zu Sowjetrussland. Am 16. April 1922 unterzeichnete er den Rapallo-Vertrag und erreichte damit nicht nur die Aufnahme diplomatischer Beziehungen mit Sowjetrussland, sondern auch die wirtschaftliche Annäherung der beiden Länder. Mit Vertretern der Entente verhandelte er auch über die Reparationsfrage, bis dahin allerdings ohne Erfolg. Für die Rechten war Rathenau der „Vaterlandsverräter" schlechthin. Er erhielt Schmäh- und Drohbriefe, gespickt mit antisemitischen Ausfällen. Der Polizeipräsident bot ihm Polizeischutz an, den der Minister jedoch ablehnte.

Am 24. Juni 1922, es war ein Sonnabend, schlug die Organisation Consul zu. Rathenau hatte sein Haus in der Königsallee 65 in Grunewald in seinem NAG-Cabriolet um 10 Uhr 15 verlassen und war auf dem Weg ins Auswärtige Amt. Obwohl der Himmel wolkenverhangen war und es nach Regen aussah, blieb das Verdeck seines Wagens wie immer zurückgeklappt. Am Steuer saß sein Chauffeur. Auf der Höhe der Erdener Straße fuhr ein anderer Wagen, ein sechssitziger Mercedes, so dicht an das Cabriolet des Ministers heran, dass der Chauffeur abbremsen musste. Im Fond saßen zwei Männer. Einer von ihnen zog eine automatische Waffe und feuerte gut ein halbes Dutzend Schüsse auf Rathenau. Der Getroffene sank zur Seite. Gleich darauf warfen die Täter noch eine Eierhandgranate in den Wagen, die explodierte.

Die Täter verschwanden so schnell, wie sie gekommen waren. Die von allen Seiten herbeieilenden Passanten konnten nicht einmal mehr die Nummer des Fahrzeugs erkennen. Nach Zeugenaussagen waren die drei Männer im Auto vermummt gewesen. Der unverletzt gebliebene Chauffeur brachte Rathenau zurück in seine Wohnung, doch er war seinen schweren Verletzungen bereits erlegen. Fünf Schüsse hatten Rathenau getroffen, gleich der erste war tödlich.

Noch am selben Tag um 15 Uhr trat der Reichstag zu einer Trauersitzung zusammen. Reichskanzler Joseph Wirth, sagte in seiner Rede, an die Rechten gewandt: „Da steht der Feind – und darüber ist kein Zweifel, dieser Feind steht rechts!" Er erntete stürmischen Beifall.

Polizeihauptmann Anlauf

In den Tagen nach dem Mord pilgerten Hunderttausende über den Kurfürstendamm in die Königsallee, um am Ort des Attentats Blumen niederzulegen. Weit über die Grenzen Berlins hinaus löste der Tod Rathenaus Entsetzen aus. Die Identität der Täter konnte jedoch bald geklärt werden: der 23-jährige Erwin Kern, der 26-jährige Hermann Fischer und der 20-jährige Ernst Werner Techow, der den Wagen fuhr. Die beiden Haupttäter flüchteten und verschanzten sich auf der Burg Saaleck bei Naumburg an der Saale. Hier spürte die Polizei die Attentäter auf. Es kam zu einem Feuergefecht, in dessen Verlauf Erwin Kern tödlich getroffen wurde. Hermann Fischer beging daraufhin Selbstmord. Werner Techow wurde wegen Beihilfe zum Mord im Oktober zu 15 Jahren Zuchthaus verurteilt, aber Anfang 1930 aus der Haft entlassen.

Zu politisch motivierten Polizistenmorden kam es in den Jahren der Weimarer Republik immer wieder. Am 9. August 1931, an diesem Sonntag sollte per Volksentscheid über die Auflösung des preußischen Landtages entschieden werden, fielen die beiden Polizeihauptleute Paul Anlauf und Franz Lenck vom Revier 7 einem Anschlag zum Opfer. Den Beamten dieses Reviers, das Anlauf leitete, eilte ein denkbar schlechter Ruf voraus. Paul Anlauf war im Kiez besser unter dem wenig schmeichelhaften Spitznamen „Schweinebacke" bekannt. Das Revier 7 lag in unmittelbarer Nähe des Bülowplatzes (heute Rosa-Luxemburg-Platz), wo die Zentrale der Kommunistischen Partei ihren Sitz hatte. Immer wieder gingen die Polizisten gewaltsam gegen Menschenansammlungen vor, um Demonstrationszüge schon im Vorfeld zu verhindern. Und Demonstrationen gab es zur Genüge, denn die Wirtschaftskrise trieb die Polarisierung der Wählerschaft rasant voran. Radikale Parteien wie Kommunisten und Nationalsozialisten hofften auf Wählerstimmen im Falle einer Neuwahl, und so kam es auch am Bülowplatz, wie an vielen Brennpunkten in Berlin, besonders in Moabit, Wedding und Neukölln, zu blutigen Straßenschlachten zwischen Linken und Rechten. Am Tag vor der Wahl erschoss die Polizei den 18-jährigen Arbeiter Fritz Auge. Er war partei-

los, sympathisierte aber mit der KPD. Wie es zu der Tat kam, blieb ungeklärt.

Am nächsten Morgen waren die Häuserwände rund um den Bülowplatz mit Parolen beschmiert: „Für einen erschossenen Arbeiter fallen zwei Schupo-Offiziere!“ oder „Rotfront nimmt Rache!“. Der Polizei sollte ein blutiger Denkzettel verpasst werden. Für die Fanatiker unter den Kommunisten eine willkommene Gelegenheit, um sich an der Polizei zu rächen. Es meldeten sich auch prompt zwei Freiwillige. Einer der beiden hieß, das ist heute sicher, Erich Mielke, 23 Jahre alt, und stammte aus dem Weddinger Arbeitermilieu. Der zweite war sein Genosse, der 24-jährige Erich Ziemer.

Es geschah am Wahlsonntag. In den frühen Abendstunden versammelten sich auch auf dem Bülowplatz wieder viele Menschen. Mit Knüppeln trieb die Polizei sie auseinander. Gegen 20 Uhr patrouillierten Paul Anlauf, Franz Lenk und ihr Kollege Richard Willig, der der „Husar“ genannt wurde, auf der Höhe des Kinos Babylon. Von hinten näherten sich ihnen mehrere Männer bis auf wenige Meter. Zwei von ihnen feuerten mehrere Pistolenschüsse ab. Anlauf und Lenk versuchten, sich in einen Hauseingang zu retten, brachen dann aber tot zusammen, Willig erlitt einen Bauchschuss und überlebte schwer verletzt. Er konnte noch zurückschießen, traf aber keinen der Täter.

Ein Tumult brach los. Tausende Menschen versammelten sich spontan und griffen jeden Uniformierten an. Wenig später schlug die Polizei zurück. Aus dem Fenster des Polizeireviers in der Hankestraße schossen Polizisten auf flüchtende Menschen.

Die öffentliche Reaktion auf den Polizistenmord war Entsetzen. Anlauf und Lenk bekamen ein Staatsbegräbnis mit Ehrengarde. Die Straßen, die der Trauerzug passierte, säumten Tausende Berliner. Mielke und Ziemer flohen indes über Rostock in die Sowjetunion. 1934 wurde der Bildhauer Hans Dammann damit beauftragt, ein Bronzedenkmal für die beiden ermordeten Polizisten zu schaffen. Am 29. September 1934 wurde die Figurengruppe mit einem Staatsakt auf dem Bülowplatz eingeweiht, der jetzt Horst-Wessel-Platz hieß. Während des Zweiten Weltkrieges wurde das Denkmal dann aber im Rahmen der „Metallspende des deutschen Volkes“ eingeschmolzen.

Erst nach der deutschen Wiedervereinigung im Jahr 1990 wurde der inzwischen greise Ex-Minister für Staatssicherheit der DDR Erich Mielke für den Mord zur Rechenschaft gezogen. Am 26. Oktober 1993 wurde er vom Berliner Landgericht wegen Mordes zu sechs Jahren Gefängnis verurteilt. Erich Ziemer ist 1937 im Spanischen Bürgerkrieg gefallen.

Der Doppelmord wurde zu einem der vielen Symbole für die Nationalsozialisten: Die feierliche Einweihung des Denkmals für Anlauf und Lenk auf dem Bülowplatz wurde mit Pomp begangen.

VERBRECHEN IM DRITTEN REICH

Hans Hahn, der „Taximörder", stellt bei einem Ortstermin im November 1938 seine Tat nach. Im selben Monat wird er hingerichtet.

1933 wird die SA bewaffnet und als Hilfspolizei eingesetzt.

Für die Berliner Kriminalpolizei beginnt das „neue Zeitalter“ bereits im Sommer 1932: Reichspräsident Paul von Hindenburg entlässt am 30. Mai den der Zentrumspartei angehörenden Reichskanzler Heinrich Brüning und ernennt Franz von Papen, einen erbitterten Gegner der Weimarer Republik, zum neuen Kanzler. Die Ereignisse überschlagen sich. Von Papen hebt das unter Brüning durchgesetzte Verbot von SA und SS auf, entlässt am 20. Juli 1932 die von dem Sozialdemokraten Otto Braun geführte preußische Landesregierung und jagt die gesamte republikanisch gesinnte Berliner Polizeiführung aus dem Amt. Damit ist der NSDAP der Weg geebnet.

Mit der Machtübernahme durch die Nationalsozialisten im Januar 1933 ändert sich im Arbeitsalltag der Berliner Kripo zunächst nur wenig, denn das Hauptaugenmerk der neuen Machthaber

gilt zunächst der Schutzpolizei, die so rasch wie möglich gefügig gemacht werden soll. Kaum mehr als ein Dutzend Kriminalbeamte werden aus politischen Gründen entlassen. Gerne würde sich der NS-Staat der altgedienten Kripoleute der Weimarer Republik entledigen, doch diese Spezialisten sind nicht ohne Weiteres zu ersetzen. Zudem werden erfahrene Kriminalisten dringend für den Aufbau der Geheimen Staatspolizei (Gestapo) benötigt, denn die Gestapoleute bringen keinerlei Voraussetzungen für ihre Arbeit mit. Erfahrene Kriminalbeamte müssen den Anfängern erst das kleine Einmaleins der Kriminalistik beibringen.

Bei der Kripo gibt es nur organisatorische Veränderungen. Die einzelnen Inspektionen werden zu Kriminalgruppen zusammengefasst. Die frühere „Mordinspektion" ist jetzt die „Kriminalgruppe M". Die Kriminalpolizei hat allerdings erhebliche Probleme mit ungebetenen „Helfern". Unmittelbar nach der Machtergreifung maßt sich die SA als von der Partei ernannte Hilfspolizei unangemessene Methoden an. SA-Einheiten spielen sich immer öfter als Ordnungsmacht auf, die mit brutalem Terror die Bürger in Angst und Schrecken versetzt. Selbst die berühmt-berüchtigten Ganovenvereine, die Ringvereine, sollen sich nicht etwa aus Furcht vor der Polizei im Laufe des Jahres 1933 weitgehend aufgelöst haben, sondern aus Angst vor dem Terror der SA. Ein bezeichnendes Beispiel für diese Spielart des SA-Terrors, ist der in diesem Buch skizzierte Fall des sächsischen Fabrikanten Otto Schlesinger, der von SA-Leuten entführt und gefoltert wird.

Die SA unterhält über das gesamte Stadtgebiet verteilt wilde Konzentrationslager und Privatgefängnisse, meist in Kellern unscheinbarer Mietshäuser, wo politische Gegner, SPD-Politiker und Kommunisten, unliebsame Journalisten oder Schriftsteller festgehalten und „verhört", gefoltert und ermordet werden. Eine eindringliche Schilderung eines solchen KZ gibt der Schriftsteller Lion Feuchtwanger (1884–1958) in seinem Roman „Die Geschwister Oppermann".

Der Kriminalpolizei ist die aggressive SA-Hilfspolizei ein Dorn im Auge und sie fürchtet um ihre Autorität. Doch die SA überspannt den Bogen, das ist auch der Parteiführung bald klar. Nach der Entmachtung der SA im Zuge des sogenannten Röhm-Putsches im Juni/Juli 1934 hat der Spuk ein Ende.

Die Gesetze, die der Verbrechensbekämpfung dienen sollen, werden jetzt kontinuierlich verschärft. Das am 1. Januar 1934 inkraft getretene „Gesetz gegen gefährliche Gewohnheitsverbrecher" erlaubt es beispielsweise, Personen, von denen die Polizei vermutet, dass sie in Zukunft schwerere Straftaten begehen könnten, vorsorglich in Konzentrationslagern zu internieren. Der NS-Staat hat sich auf seine Fahnen geschrieben, die „Volksgemeinschaft" von Verbrechern zu befreien. Da das natürlich nicht gelingt, verfolgt der Staat eine Politik des Verschweigens.

Im Herbst 1934 beginnt in Berlin-Grunewald und im Süden der Stadt eine Serie von Straftaten. Liebespärchen werden überfallen, Autofahrer ausgeraubt, Bahnhofskassen ausgeplündert. Nach dem ersten Zeitungsbericht greift das Propagandaministerium ein und stoppt jede weitere Veröffentlichung von Fahndungsaufrufen. Serientäter passen nicht in die „Volksgemeinschaft ohne Verbrecher" – so wird es ausführlicher in „Die Autofallenbande" in diesem Kapitel geschildert. Auch in anderen Fällen wird die Fahndung vom Propagandaministerium erschwert. Während der Olympischen Sommerspiele in Berlin etwa soll ein „sauberes Deutschland" präsentiert werden.

Am 17. Juni 1936 ernennt Hitler den Reichsführer SS Heinrich Himmler zum „Reichsführer SS und Chef der Deutschen Polizei im Reichsministerium des Innern". Damit ist die Verschmelzung von Polizei und SS endgültig vollzogen. Am 26. Juni 1936 wird Reinhard Heydrich zum „Chef der Sicherheitspolizei", die von jetzt an aus Gestapo und Kriminalpolizei besteht. Doch endlich wird jetzt in Angriff genommen, was Ernst Gennat bereits zu Beginn der 1920er-Jahre gefordert hat: die Einrichtung einer zentralen Polizeibehörde. Am 16. Juli 1937 entsteht das Reichskriminalpolizeiamt (RKPA). Leiter der neu geschaffenen Behörde wird Arthur Nebe. Die Kriminalpolizei im Polizeipräsidium war von nun an die „Staatliche Kriminalpolizeileitstelle Berlin". Das neugeschaffene Amt ist zunächst nur provisorisch im Polizeipräsidium untergebracht und zieht erst 1939 mit dem ihm angegliederten Kriminaltechnischen Institut in ein eigenes Gebäude am Werderschen

Das Dienstgebäude der Reichskriminalpolizei am Werderschen Markt

Zwei angebliche Mörder von zwei SS-Leuten werden 1933 von einem Berliner Sondergericht zum Tode verurteilt.

Markt 5–6. Arthur Nebe ist eine der schillerndsten Persönlichkeiten der Kriminalpolizei im NS-Staat. Er hat in der SS eine steile Karriere gemacht und ist an zahlreichen Nazi-Verbrechen, vor allem an Kriegsverbrechen beteiligt gewesen. Dann aber soll Nebe in die Verschwörung vom 20. Juli 1944 indirekt verwickelt gewesen sein und wurde am 2. März 1945 zum Tode verurteilt. Welche Rolle er tatsächlich gespielt hat, ist bis heute umstritten.

Während sich das Regime bis zur Sommerolympiade 1936 mit Terrormaßnahmen noch zurückhält, verschärft sich der Kurs der Polizei nach den Spielen drastisch. Mit aller Härte gehen Kriminalpolizei und Gestapo jetzt gegen die sogenannten Berufsverbrecher vor.

Die Art der Verbrechen und ihre Motive haben sich kaum geändert: Alleinstehende, meist ältere Frauen, die Zimmer untervermieten, um die Miete zahlen zu können, Kneipenwirtinnen oder Inhaberinnen kleiner Geschäfte werden auch zwischen 1933 und 1945 immer wieder Opfer von Raubüberfällen oder Raubmorden. Die Täter, meist Jugendliche, gehen dabei von der irrigen Annahme aus, diese Frauen würden keinen Widerstand leisten und müssten zudem über viel Geld verfügen. In aller Regel erbeuten sie aber nur wenige Mark.

Nach wie vor bearbeitet die Kripo vornehmlich Diebstähle und Einbrüche, räuberische Erpressung, Raubmorde, Familientragödien, Mord aus Eifersucht, um nur die häufigsten zu nennen. Hinzu kommen jetzt allerdings völlig neue Arten von „Straftaten", die bisher völlig unbekannt waren, zum Beispiel der Tatbestand der „Rassenschande". Auch das Lesen verbotener Bücher ist ein Straftatbestand und selbst kleinen Gaunern droht eine Verurteilung als Berufsverbrecher, was letztlich KZ-Haft bedeutet.

Die „Säuberung" der „Volksgemeinschaft" von unliebsamen Personen obliegt der Gestapo, sie wird aber von der Kriminalpolizei unterstützt. 1937 wird der Personenkreis der „Volksschädlinge" noch einmal erweitert. So macht sich jetzt auch derjenige strafbar, der sich „asozial" verhält. Das sind Personen, die unangepasst leben: Landstreicher, Bettler, Alkoholsüchtige, Personen, die sich einer Reihe von Bagatelldelikten schuldig gemacht haben, aber auch solche, die sich der „Pflicht zur Arbeit" entziehen, sowie Sinti und Roma, die sogenannten Zigeuner. Gestapo und Kriminalpolizei gehen gegen „Asoziale" gleichermaßen vor. Am 1. Juli 1939 wird schließlich die „Reichszentrale zur Bekämpfung der Jugendkriminalität" eingerichtet. Sie soll Kinder und Jugendliche, die erheblich kriminell belastet erscheinen, überwachen und Kinder von „Berufsverbrechern" erfassen.

Die Justiz nimmt bei diesen „Säuberungsaktionen" eine unrühmliche Rolle ein. Verschiedene Sonderverordnungen schaffen die Grundlage dafür, Angeklagte schnell abzuurteilen, wenn die Staatsanwaltschaft ein schnelles Verfahren wünscht. So können zwischen der Prozesseröffnung für einen überführten Mörder vor einem Sondergericht und seiner Hinrichtung mitunter nur wenige Tage liegen. Minderjährige werden nach Erwachsenenstrafrecht abgeurteilt, wenn das vermeintliche „gesunde Volksempfinden" nach Meinung des Gerichts danach verlangt. Sollte für ein gewünschtes Todesurteil die gesetzliche Grundlage fehlen, wird sie nachträglich geschaffen, um die Hinrichtung doch durchführen zu können. Der Fall der „Autofallenbande" in diesem Buch legt ein Zeugnis davon ab.

Obwohl zu Beginn des Krieges zahlreiche Sonderverordnungen erlassen wurden, erlebt die Kriminalpolizei jetzt eine tiefe Krise. Ihr größtes Problem ist der ständig schrumpfende Personalbestand. Zudem wird die Liste der Deliktarten, die die Polizei jetzt zu bearbeiten hat, immer umfangreicher. Das Fälschen von Lebensmittelkarten, der Schwarzhandel, und die in nahezu allen Bevölkerungsschichten einsetzende kriegsbedingte soziale Desintegration stellen die Polizei vor immer kompliziertere Aufgaben. Hinzu kommen nun auch Ermittlungen in sogenannten Kriegswirtschaftsdelikten: Verstöße gegen Rationierungs- und Bewirtschaftungsvorschriften, wie zum Beispiel die Privat- oder Schwarzschlachtung, der verbotene Tauschhandel mit bewirtschafteten Waren. Darüber hinaus muss die Kriminalpolizei immer häufiger nach flüchtigen Zwangsarbeitern oder Kriegsgefangenen fahnden. Sogenannte Bagatelldelikte werden seit September 1944 überhaupt nicht mehr bearbeitet.

Ihr spezielles Augenmerk richtet die Kriminalpolizei jetzt auf die „Disziplinierung der Jugend". Eine steigende Jugendkriminalität und die Zunahme von Verwahrlosungserscheinungen, wie es im Krieg 1914/18 der Fall gewesen ist, sollen verhindert werden. Eine Polizeiverordnung zum Schutze der Jugend vom 9. März 1940 reglementiert den Alltag der Jugendlichen, z. B. das Verbot, sich bei Dunkelheit auf der Straße aufzuhalten, Einschränkungen beim Besuch von Lokalen oder Kinos bis hin zum Verbot, an öffentlichen Tanzveranstaltungen teilzunehmen, Alkohol zu trinken oder öffentlich zu rauchen.

Der verschärfte Bombenkrieg ab Mitte 1942 bringt der Polizei noch eine Zusatzaufgabe: die Identifizierung der bei den Bombardierungen ums Leben Gekommenen. Die „Leichenidentifizierungskommandos" werden nämlich aus Beamten der Kriminalreviere gebildet. Hunderte, ja Tausende zum Teil verbrannter und verstümmelter Leichen müssen anhand von Papieren oder Zeugenaussagen identifiziert werden. Für Ermittlungsarbeit, die jetzt ohnehin schwierig genug ist, bleibt kaum noch Zeit.

Im Zuge der schweren Flächenbombardements im November 1943 wird auch das RKPA schwer beschädigt. Ein Großteil der Akten und Karteien verbrennt. Nur ein kleiner Teil des Gebäudes bleibt noch nutzbar.

Mit Kriegsbeginn steigt auch die Zahl der Verbrechen wieder sprunghaft an. Vor allem die angeordnete Verdunkelung leistet dem Verbrechen Vorschub, obwohl Straftaten, die unter Ausnutzung der Verdunkelung verübt werden, besonders empfindlich bestraft werden. Vor allem Sexualdelikte nehmen erschreckend zu. Im Schutz der Dunkelheit treibt auch der S-Bahn-Mörder Paul Ogorzow sein Unwesen, der in diesem Kapitel beschrieben wird. Auch über diese Mordserie wird die Bevölkerung nicht ausreichend informiert, die Frauen werden nicht gewarnt. Somit wird den Verbrechen des Serienmörders Vorschub geleistet.

Die „Deutschland-Berichte der Sozialdemokratischen Partei Deutschlands", die im Auftrag des Exilvorstands der Sozialdemokratischen Partei (Sopade) herausgegeben worden sind, wissen 1940 zu berichten:

Ein unter Ausnutzung der Dunkelheit begangener Handtaschenraub, ein Verbrechen, das im Schnellgerichtsverfahren durch die Hinrichtung gesühnt worden ist, erscheint noch als harmlos, wenn man an die seit Kriegsausbruch verübten Sittlichkeitsdelikte denkt, deren Zahl erschreckend ist. Aus den Veröffentlichungen der Presse seien hier nur angeführt: eine weibliche Leiche, die in eine Kiste gepreßt war, aus der die Beine herausragten, wurde in Stralau a. d. Spree angeschwemmt; der Körper eines unbescholtenen, zweiundzwanzigjährigen Mädchens, das vergewaltigt und ermordet worden war, wurde am Adlergestell in Oberschöneweide aufgefunden; Leichenteile eines Mädchens vom Zirkus Busch wurden am Bahnhof Börse und in der Linienstraße entdeckt.

In den Ruinen Berlins wurden zahlreiche Verbrechen verübt.

Die Entführung des Fabrikanten Schlesinger

Elli Schlesinger ist beunruhigt. Es ist nun schon das zweite Telefongespräch, das sie nach Wilischthal, einen beschaulichen Vorort der südlich von Chemnitz gelegenen Kleinstadt Zschopau, angemeldet hat. Aber ihr Mann Otto Schlesinger geht noch immer nicht an den Apparat, obwohl es schon nach 22 Uhr ist. Elli Schlesinger und Rolf Meyerheim, ein Verwandter und enger Freund der Familie aus Berlin, sind gegen Mittag in der Nähe von Oberwiesenthal im Erzgebirge angekommen und in einem kleinen Hotel abgestiegen. Gegen Abend wollen sie, so ist es verabredet, Otto, der versprochen hat, am Sonnabendmorgen nachzukommen, die Adresse des Hotels durchgeben. Und nun ist er nicht zu erreichen. Es ist Freitagabend, der 2. Februar 1934. Meyerheim beschwichtigt, doch Elli macht in dieser Nacht kein Auge zu.

Der 49-jährige Otto Schlesinger, ein allseits geachteter und beliebter Unternehmer, ist Vorstandsmitglied einer Trikotagenfabrik, der Marschel Frank & Sachs AG. „Er war", so beschreibt ihn später sein Sohn Kurt, „von beleibter Statur, kurzsichtig und kahlköpfig. Ein wohlhabender deutscher Jude, der sein Geld im Textilunternehmen der Familie verdiente und in seiner Freizeit die angenehmen Seiten des Lebens mit Hingabe genießen konnte: seine Familie und seine Bücher, Landspaziergänge und Musik, guten Wein und anregende Gesellschaft." Die beginnende Herrschaft der Nazis konnte ihm (noch) nichts anhaben.

Am frühen Morgen meldet Elli erneut ein Gespräch an. Aber nicht Otto nimmt ab, sondern Else, die Haushälterin. Sein Auto sei nicht da, sagt sie, aber der gepackte Koffer stehe noch im Schlafzimmer. Nun ist auch Meyerheim beunruhigt. Sie machen sich auf den Heimweg und fahren in die Fabrik nach Chemnitz. Vielleicht weiß man da Näheres.

Der Prokurist Kurt Bernstein ist in heller Aufregung. Er hat ein Telegramm von Schlesinger bekommen. „Erbitte dringendst telegraphisch Mk 5.000 hauptpost Berlin. Brief unterwegs. Eintreffe Mittwoch. Otto Schlesinger." Er steht vor einem Rätsel und hat nicht die leiseste Ahnung, wozu Otto das Geld braucht. Dieses Verhalten passt nicht zu ihm. Meyerheim glaubt, dass Otto entführt worden ist und erpresst wird. Er schaltet die Polizei ein. Die Kripo in Chemnitz schaltet, nicht zuletzt auf Meyerheims Drängen, umgehend die Berliner Kriminalpolizei ein und bittet um Amtshilfe. Kein Geringerer als Kriminalrat Gennat übernimmt den Fall. Sogleich werden Beamte in Zivil losgeschickt, die das Postamt überwachen sollen. Offenbar bleibt die Aktion den Entführern aber nicht verborgen. Das Geld wird nicht abgeholt.

Gennat ist inzwischen aber nicht untätig. Er lässt sich vom Haupttelegrafenamt die Urschrift des Telegramms heraussuchen und legt sie Meyerheim vor. Dieser ist sich sicher: Das ist nicht Schlesingers Schrift.

Am Montag, dem 5. Februar 1934, ruft Meyerheim im Polizeipräsidium an: Schlesinger lebt. Er hat angerufen. Er ist tatsächlich entführt worden und die Entführer fordern Lösegeld. Eine Summe hat er aber noch nicht genannt. Er will sich wieder melden. Sofort veranlasst Gennat die Überwachung von Meyerheims Telefonanschluss, aber an diesem Tag melden sich die Entführer nicht noch einmal.

Erst am späten Dienstagvormittag ist der Entführte wieder am Telefon. Die Täter wollen 5000 Mark Lösegeld in kleinen Scheinen in einem Briefumschlag. Andernfalls werden sie ihn erschießen. Meyerheim soll um 18 Uhr vor seinem Haus Hardenbergstraße 14 warten. Sie werden mit seinem Wagen kommen, also mit Schlesingers Ford. Er selbst wird hinten sitzen. Meyerheim soll ihm den Umschlag durchs Fenster reichen. Wenn sie das Geld hätten, ließen sie ihn noch am Abend frei.

Gennat zweifelt, dass die Entführer ihr Wort halten und Schlesinger nach der Lösegeldübergabe freilassen. Er hat einen präzisen Plan.

Kriminalsekretär Dennerlein und Kriminalassistent Linke beziehen Hardenberg-/Ecke Fasanenstraße Posten. Sie sollen die Anfahrt des Wagens und die Geldübergabe beobachten. Wenn der Wagen wieder anfahren will, werden beide hervorspringen und die Weiterfahrt verhindern. Beamte in Zivil überwachen die Straße. Sollte etwas schiefgehen, steht ein Wagen mit dem Kollegen Bauer etwa 60 bis 80 Meter vom Haus Hardenbergstraße 14 entfernt in Stellung. In dem Augenblick, da Schlesingers Ford an ihm vorbeifährt, wird er sofort losfahren, den Entführerwagen überholen und sich unmittelbar vor dem Fahrzeug quer stellen, um eine Flucht zu verhindern. Sollte die Aktion misslingen und das Entführerfahrzeug flüchten, steht der schnelle schwere Maybach bereit, der auf Geheiß Gennats eigens ausgestattete Einsatzwagen für besondere Fälle. Der Maybach wird mit laufendem Motor warten und im Notfall die Verfolgung aufnehmen. Gennat wird in dem Maybach mitfahren.

Kurz nach 17 Uhr 30 sind alle beteiligten Personen an Ort und Stelle. Gegen 18 Uhr 15 fährt ein dunkler geschlossener Personenwagen heran. Doch es ist nicht der erwartete Ford, sondern ein Horch. Meyerheim starrt auf das Auto. Da streckt plötzlich jemand eine Hand aus dem geöffneten Seitenfenster. Das ist Schlesinger! Rolf Meyerheim drückt ihm den Umschlag in die ausgestreckte Hand.

Das Auto fährt langsam weiter. Meyerheim ist ratlos. Das ist doch nicht das Auto, das die Polizei erwartet hat. Kriminalassistent Bauer kann in seinem Wagen, der in größerer Entfernung geparkt ist, die Vorgänge nicht beobachten. Er soll ja erst eingreifen, wenn sich Schlesingers Ford nähert.

Die auf der Hardenbergstraße postierten Beamten haben indes beobachtet, dass die Täter mit einem anderen Fahrzeug vorgefahren sind. Jetzt heißt es, auf

Das angebliche Telegramm Schlesingers

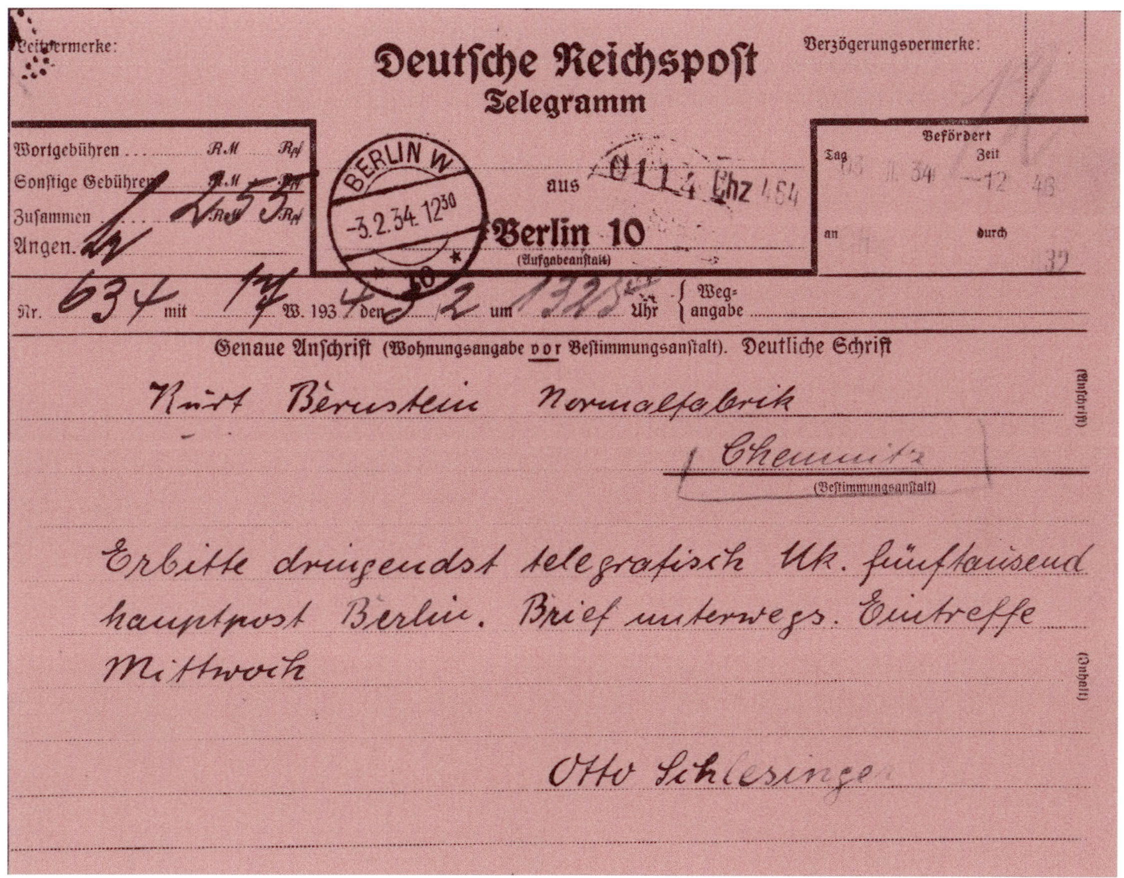

Leitvermerke:

Deutsche Reichspost

Telegramm

Verzögerungsvermerke:

Wortgebühren ... RM Rpf
Sonstige Gebühren RM Rpf
Zusammen RM Rpf
Angen.

BERLIN W -3.2.34. 12³⁰

aus Berlin 10 (Aufgabeanstalt)

Befördert: Tag, Zeit, an, durch

Nr. 634 mit 14 W. 1934 den 3/2 um Uhr Wegangabe

Genaue Anschrift (Wohnungsangabe vor Bestimmungsanstalt). Deutliche Schrift

Kurt Bernstein Normalfabrik

Chemnitz

(Bestimmungsanstalt)

(Anschrift)

Erbitte dringendst telegrafisch Mk. fünftausend hauptpost Berlin. Brief unterwegs. Eintreffe Mittwoch

(Inhalt)

Otto Schlesinger

eigene Verantwortung handeln. Kommissar Dennerlein zieht seine Pistole und springt auf das Trittbrett des Horch. „Halt! Kriminalpolizei!“, brüllt er. Der Motor des Tatfahrzeugs heult auf, der Wagen fährt scharf an. Er verliert den Halt. Die ersten Schüsse fallen. Niemand wird im Nachhinein mehr sagen können, wer zuerst geschossen hat. Dennerlein schießt auf die Reifen des flüchtenden Wagens, trifft aber nicht.

Gennat weiß, was zu tun ist: „Los, Gas geben! Mit Polizeisirene!“ Mit eingeschalteter Sirene nimmt der Maybach die Verfolgung auf. Der Horch der Entführer rast die Hardenbergstraße hinunter bis zur Kaiser-Wilhelm-Gedächtnis-Kirche, biegt mit quietschenden Reifen im spitzen Winkel in die Kantstraße ein, am Theater des Westens vorbei, am Savignyplatz nach rechts in die Carmerstraße, über den Steinplatz. Die Jagd geht weiter. Erst kurz vor der Berliner Straße (heute Otto-Suhr-Allee) gelingt es dem Maybach endlich, das Fahrzeug der Entführer von links zu rammen, zu überholen und sich schräg davorzustellen. Sofort versammeln sich Schaulustige.

Mit gezogenen Waffen umstellen die Kriminalbeamten das Fahrzeug der Entführer und zwingen die Insassen zum Aussteigen. Die Beamten trauen ihren Augen kaum. Aus dem Horch klettern drei Männer in SA-Uniform. Alle drei haben Waffen bei sich und protestieren gegen ihre Festnahme.

Otto Schlesinger steigt als Letzter aus. Gennat wird ihn für drei Tage in Schutzhaft nehmen, denn er befürchtet, die SA-Männer könnten versuchen, an Schlesinger Rache zu nehmen.

Gennat lässt Schlesinger in Ruhe erzählen: von dem geplanten Wochenendausflug und schließlich seiner Fahrt von Chemnitz nach Wilischthal, als er wegen eines quer stehenden Wagens auf der schneeglatten Straße anhalten musste. Als er näher an den Wagen, es ist ein Horch, herangeht, steigen vier Männer aus. Sie sind in Zivil. Einer von ihnen fragt freundlich, wie weit es denn noch bis nach Wilischthal sei. „Ungefähr zwei Kilometer", antwortet Schlesinger. „Dann sind Sie wohl der Schlesinger?", fragt ein anderer. Schlesinger bejaht. Plötzlich ziehen die Männer Pistolen, richten sie auf ihn und reden etwas von „Festnahme". Jede Diskussion ist sinnlos. Zwei der Männer packen den Fabrikanten, verbinden ihm die Augen und zerren ihn in den Wagen. Otto kann noch sehen, wie einer der Entführer in seinen Ford steigt und dem Horch folgt. Von Zeit zu Zeit muss er sich auf den Boden des geräumigen Wagens legen und verliert bald die Orientierung. Erst als sie an einer Tankstelle anhalten, fragt der Fahrer nach dem Weg nach Berlin. Nun weiß er wenigstens, wohin die Fahrt gehen soll.

Als der Wagen endlich hält, wird Schlesinger in einen Keller geführt, in ein finsteres Gelass, dessen Inventar aus einem Strohsack und einem Tisch besteht. Eine schwere Eisentür fällt hinter ihm ins Schloss. Wenig später erscheinen drei Männer in SA-Uniform und führen ihn in einen Raum, der mit diversen nationalsozialistischen Reliquien und Hakenkreuzfahnen ausgestattet ist. Hier soll er „verhört" werden. Alle Wertsachen werden ihm abgenommen, sogar seine Brille, ohne die er hilflos ist. Die Entführer fragen ihn ausführlich über seine Vermögensverhältnisse aus und verlangen detaillierte Angaben über seine Firma. Dann fordern sie 50 000 Mark Lösegeld. Schlesinger versucht ihnen klarzumachen, dass er über kein eigenes Konto verfügt und für alle Ausgaben, die er mit dem Geld der

Der Wagen der Täter wird später von der Polizei fotografiert.

Firma tätigt, zwei Unterschriften benötigt. Die Entführer lassen sich überzeugen und senken ihre Forderung auf 5000 Mark. Schlesinger muss ein Telegramm an seinen Prokuristen Bernstein aufsetzen, das von den Entführern jedoch noch einmal abgeschrieben und umformuliert wird, da sie befürchten, es könne eine verschlüsselte Botschaft enthalten.

Otto Schlesinger

Unter Bewachung soll Schlesinger dann das Geld selbst von der Post holen. Falls die Polizei eingreift, drohen sie, ihn auf der Stelle zu erschießen. Dieser Plan wird jedoch schnell wieder verworfen. Am 6. Februar macht Schlesinger, nachdem es nicht gelungen ist, das Geld von der Post zu holen, den Vorschlag, sich an Rolf Meyerheim zu wenden.

Über die Einzelheiten seiner Haft, ob er misshandelt worden ist, will Schlesinger nicht reden. Gennat erfährt jetzt, dass es sieben SA-Leute gewesen sind, die sich an der Entführung beteiligt haben. Sie alle gehören dem Sturm 15 der Berliner SA an, der sich im Keller des Hauses eines Mittäters in der Zietenstraße 5 eingenistet hat, wo Schlesinger auch festgehalten worden ist. Gennat schickt sofort zwei Kommissare zu der genannten Adresse und lässt den Besitzer des Hauses und einen weiteren SA-Mann festnehmen. Im Hof entdecken die Beamten bei dieser Gelegenheit auch Schlesingers Ford.

Fünf der Entführer sind inzwischen festgenommen, und auch die Namen und Aufenthaltsorte der beiden noch flüchtigen sind der Kripo bekannt. Sie können nach kurzer Zeit ebenfalls gefasst werden.

Die Hauptverhandlung gegen sie findet am 7. und 8. Mai 1934 statt. Schlesinger ist nach seiner Entführung mit seiner Familie in die Schweiz zur Erholung gefahren. Zu Prozessbeginn kehrt er unter Polizeischutz nach Berlin zurück. Die Täter werden zu Zuchthausstrafen zwischen drei und sechs Jahren verurteilt.

Dem Chronisten Alexander Harder zufolge hat sich nach der Urteilsverkündung Folgendes abgespielt: „In ein paar Tagen sind wir wieder raus“, sollen die SA-Männer noch im Gerichtssaal siegesgewiss gerufen haben. Und in der Tat erscheinen eines Tages in Gennats Büro drei von ihnen – auf Bewährung entlassen. „Hat der Schlesinger auch ordentlich geblecht für seine Befreiung?“, erkundigen sie sich. Gennat erwidert arglos: „Die Belohnung von 5000 Mark ist auf den Hilfsfonds der Kriminalpolizei eingezahlt worden.“ Die Täter verabschieden sich daraufhin rasch. Kurz darauf ergeht vom preußischen Innenministerium eine Anweisung an das Polizeipräsidium Berlin: Die 5000 Mark Belohnung aus der Entführungssache sind sofort auf ein bestimmtes Bankkonto zu überweisen. Gennat ist neugierig und forscht nach, wem das Konto gehört, und fällt fast vom Stuhl, als er erfährt: Es ist das Konto der SA-Gruppe Berlin-Brandenburg.

1939 verließen die Schlesingers, enteignet und entrechtet, ihre Heimat und wanderten nach Brasilien aus, wo ihre Tochter Hilde seit 1933 lebte. Otto Schlesinger konnte die Erlebnisse während der Entführung, die seelischen und körperlichen Misshandlungen, nicht verwinden. Eine schwere psychische Erkrankung war die Folge. Mit 56 Jahren starb er 1940 in einer Heilanstalt in Rio de Janeiro.

In diesem Keller wird Schlesinger gefangen gehalten.

Die Autofallenbande

Berlin am 2. November 1934. Die Beamten des Raubdezernats können es kaum glauben. Den vier Männern, die am Morgen unabhängig voneinander Anzeige erstattet haben, ist tatsächlich allen das Gleiche widerfahren. In der Nacht sind sie im Grunewald in der Nähe des Kleinen Sterns, unweit der Onkel-Tom-Straße, in ihren Kraftfahrzeugen von bewaffneten und maskierten Räubern überfallen und ausgeraubt worden. Seit Jahren ist diese Gegend ein beliebter Zufluchtsort motorisierter Liebespärchen. Freilich hatten auch die vier Männer ihre Freundinnen dabei.

Das Raubdezernat ist sich sicher: Hier sind Serientäter am Werk. Um die Berliner vor der Gefahr zu warnen, erscheint schon in den Abendzeitungen eine Pressemeldung. Doch die Kriminalpolizei hat die Rechnung ohne das Propagandaministerium gemacht. Unmittelbar nach der Lektüre der Meldung soll Minister Goebbels, so beschreibt es Alexander Harder in seinem 1963 erschienenen Buch „Kriminalzentrale Werderscher Markt", einen Wutanfall bekommen haben. „Ob die Kripo wahnsinnig sei, so etwas in der Presse breitzutreten. Da bemühe er sich, das nationalsozialistische Deutschland als einen Hort der Ordnung und Sauberkeit hinzustellen, und eine instinktlose Kriminalpolizei bringe ständig Überfallmeldungen."

Die Überfallserie geht weiter, doch die Öffentlichkeit erfährt nichts davon. Seit Goebbels' Anpfiff muss die Kripo jede Presseerklärung erst dem Propagandaministerium vorlegen. Das „Promi", entscheidet dann, was die Öffentlichkeit wissen darf und was nicht.

Ende März 1935 nimmt die Raubserie beunruhigende Ausmaße an. Dabei werden bei Weitem nicht alle Überfälle angezeigt – wer gibt schon gerne zu, dass er sich mit der Geliebten im Grunewald ein Stelldichein gegeben hat. Die biederen Ehemänner erzählen zu Hause lieber die Geschichte von der verlorenen Brieftasche.

Die Räuber gehen immer rabiater vor. Eines der Opfer wird angeschossen, ein anderes greift selbst zur Waffe, und es kommt zu einer wilden Schießerei. Einige der sichergestellten Hülsen und Geschosse stammen zweifellos aus der Waffe der Räuber. Ein erster wertvoller Hinweis.

Im Juli 1935 wird das erste Mal ein Liebespärchen im Südosten der Stadt, im Waldgebiet Adlergestell, nach der „Grunewaldmethode" überfallen. Sind es dieselben Täter?

Zu allem Überfluss sieht sich die Polizei auch noch mit einer völlig neuen Dimension von Raubüberfällen konfrontiert: Ebenfalls am südöstlichen Stadtrand werden seit Mitte Juni 1935 Kraftwagen, vorzugsweise Lieferwagen, durch Hindernisse auf der Fahrbahn zum Halten gezwungen und deren

Im Grunewald stoppten die Täter in einer Nacht mindestens vier Autos und raubten sie aus.

Das Fahrrad des Polizisten im Straßengraben

Fahrer dann ausgeraubt. Anfangs errichten die Gangster die Straßensperren, die in die Kriminalgeschichte als „Autofallen" eingehen, mittels abgebrochener Äste oder von Baustellen herbeigeschaffter Holzbohlen, später spannen sie Drahtseile über die Fahrbahn, und schließlich fällen sie kräftige Bäume, um die Autofahrer zum Anhalten zu zwingen. Agiert hier eine neue Gangsterbande? Die Vorgehensweise passt jedoch zu den Grunewaldräubern. Und bald fällt auf, dass sich die Taten nie überschneiden. Kommt es zu Überfällen im Osten, dann herrscht Ruhe im Grunewald. Ein Zufall?

Im Propagandaministerium sorgen die Autofallenüberfälle für Missstimmung. Die einheimischen Zeitungen dürfen zwar nicht berichten, „aber noch gab es Korrespondenten der Auslandspresse in Berlin", so Harder, „und die stürzten sich mit wahrer Wonne auf die neuesten Überfälle". Goebbels tobt, denn die Olympiade 1936 steht ins Haus!

Himmler und Heydrich reiben sich die Hände, stehen sie doch schon lange auf dem Standpunkt, dass allein die Gestapo in der Lage sei, das Verbrechen auszurotten. Will die Kripo ihre Autorität nicht ganz einbüßen, braucht sie einen Fahndungserfolg.

Derweil gehen die Überfälle sowohl auf Liebespärchen als auch mittels Autofallen auch im Winter 1935/36 weiter. Die Gangster machen hemmungslos

von der Schusswaffe Gebrauch, und es gibt Schwerverletzte. Eine Observierung des Gebietes, in dem die Autofallenräuber agieren, ist kaum möglich, denn die Tatorte liegen bis zu 40 Kilometer auseinander. Zudem bekommt es die Kripo im Sommer 1936 mit einer neuen Raubserie zu tun: Innerhalb weniger Tage werden die Kassen verschiedener S-Bahnhöfe überfallen und ausgeraubt.

In der Nacht des 24. März 1937 bemerkt ein Autofahrer zwischen Grünau und Schmöckwitz im äußersten Südosten der Stadt im Straßengraben ein Fahrrad mit noch brennender Lampe. Ein Verkehrsunfall oder eine Falle? Statt anzuhalten, fährt er zur Polizei. Aber es war kein Unfall. Es handelt sich um das Dienstfahrrad eines Polizisten. Etwas abseits der Straße wird der Beamte erschossen aufgefunden. Seine Waffe liegt neben ihm. Die Spuren ergeben, dass sowohl der Mörder als auch der Polizist geschossen haben. Der Vergleich der sichergestellten Geschosse mit denen, die an früheren Tatorten gefunden worden sind, ergibt: Der Polizistenmord geht auf das Konto der Autofallenräuber! Jetzt wird auch das Morddezernat eingeschaltet und umgehend eine Pressemitteilung herausgegeben.

Einige Nächte später wird der 20-jährige Maurer Bruno Lis überfallen, als er mit seiner Freundin am Hundekehlesee im Grunewald spazieren geht. Lis setzt sich zur Wehr, und es kommt zu einer Prügelei, in deren Verlauf Schüsse fallen. Der junge Mann erliegt seinen schweren Verletzungen.

Die ballistische Untersuchung der Geschosse ergibt: Der Polizist und Lis sind mit derselben Waffe erschossen worden. Die Nachricht schlägt im Polizeipräsidium wie eine Bombe ein. Es handelt sich also doch um ein und dieselben Täter!

Die Raubtaten nehmen indes kein Ende. Am 5. September 1937 wird die Stationskasse der Reichsbahn im S-Bahnhof Hirschgarten überfallen und ausgeraubt, der diensthabende Beamte angeschossen.

Unter den zahlreichen Hinweisen, die bei der Kripo eingehen, ist auch der einer Kneipenwirtin: Nach dem Raub in Hirschgarten sind die Brüder Walter und Max Götze bei ihr gewesen. Walter hat, obwohl er arbeitslos ist, viel Geld in ihrem Lokal ausgegeben und hat sogar ein neues Fahrrad. Sie kennt den 46-jährigen Max und den 35-jährigen Walter seit Langem und weiß, dass beide „Berufsverbrecher" sind.

Walter Götze

Am 15. September 1937 wird Max Götze vorgeladen, doch dem Maurer ist keine Straftat nachzuweisen. Walter ist zunächst unauffindbar. Er wird zur Fahndung ausgeschrieben und erst am 18. März 1938 festgenommen.

Bei einer Gegenüberstellung wird er von Überfallopfern erkannt. Eines der Opfer erinnert sich, dass einer der Täter einen verkrüppelten kleinen Finger gehabt habe, genau wie Walter Götze.

Erst nach tagelangem Verhör gesteht Götze, seit 1934 mehr als 150 Überfälle auf Liebespaare oder mittels Autofallen verübt zu haben, ebenso gehen die Überfälle auf die S-Bahnhöfe auf sein Konto. Den Namen seines Komplizen nennt er aber nicht. Erst als der Kommissar behauptet, Max Götze habe gestanden, gibt Walter Götze die Mittäterschaft des Bruders zu.

Am 13. Juni 1938 beginnt vor dem Sondergericht II beim Landgericht Berlin der Prozess gegen die Brüder Götze. Die Anklage lautet auf Raubmord, Raub, und Diebstahl in 157 Fällen. Den Aussagen der Brüder zufolge ist es Walter gewesen, der von der scharfen Schusswaffe Gebrauch gemacht hat. Max hat nur eine Schreckschusspistole gehabt. Demnach gehen alle Morde auf Walters Konto. Während Walter zum Tode verurteilt werden wird, droht Max lediglich eine Zuchthausstrafe. Doch die NS-Justiz will die Todesstrafe für beide.

Um das zu erreichen, landet der später gefürchtete Präsident des Volksgerichtshofes, Dr. Roland Freisler, seinerzeit Staatssekretär im Reichsjustizministerium, einen fragwürdigen juristischen Coup. Der Staatsanwalt macht Freisler zwar klar, dass man gegen Max Götze keine Todesstrafe verhängen könne, aber Freisler legt in aller Eile einen Gesetzentwurf vor, der das Aufstellen von Autofallen unter Todesstrafe stellt. Beim Reichsjustizminister peitscht er das Gesetz durch, und im Reichsgesetzblatt vom 21. Juni 1938 wird es mit rückwirkender Kraft veröffentlicht. So werden die Brüder Walter und Max Götze am 24. Juni 1938 doch noch beide zum Tode verurteilt und sechs Tage später hingerichtet.

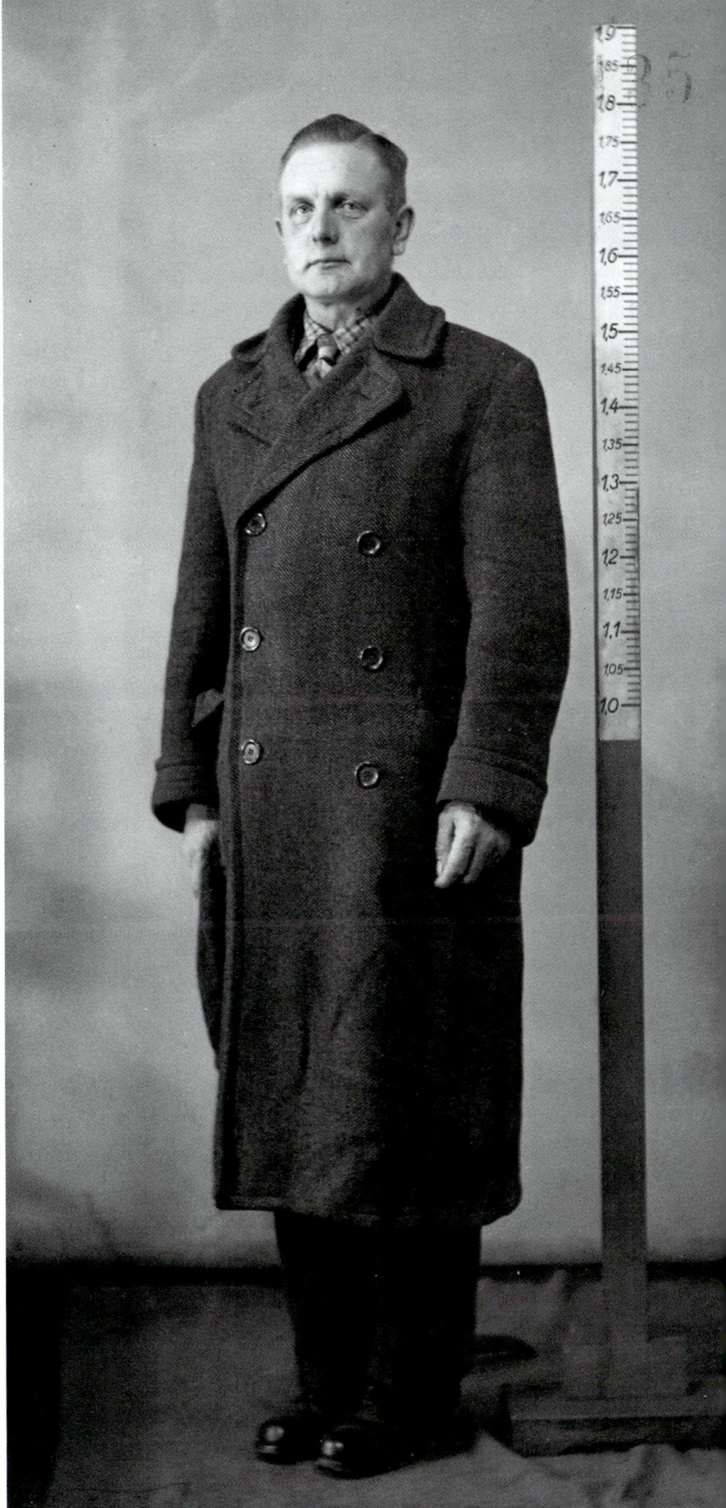

Max Götze

Raubmord am Kurfürstendamm

Anfang 1936 ist im Mitteleuropäischen Reisebüro (MER) am Kurfürstendamm/Ecke Joachimsthaler Straße so viel los wie selten um diese Jahreszeit. Die Kunden buchen Fahrkarten nach Garmisch-Partenkirchen, wo am 6. Februar die Olympischen Winterspiele beginnen, erkundigen sich nach günstigen Hotels und preiswerten Sonderfahrten. Der 25-jährige Horst Schröter ist nicht nur der „Botenmeister" des Reisebüros, sondern auch die „Seele" der Telefonzentrale. Er berät, gibt Auskunft oder schlägt in Fahrplänen nach. Zu seinen Aufgaben gehört es auch, jeden Abend die Nachttresorbombe mit den Tageseinnahmen zur Bank zu bringen.

Der 29. Januar 1936 ist ein trüber, regnerischer, aber mit sieben Grad außergewöhnlich milder Tag. Kurz vor 19 Uhr zählt die Kassiererin die Tageseinnahmen. Schröter hat mitgezählt. Es sind 12 925 Reichsmark in Bar und acht Schecks über ungefähr 2000 Reichsmark. Alles zusammen steckt sie in die Nachttresorbombe, Schröter verstaut diese in seiner Aktentasche, verabschiedet sich und verlässt das Reisebüro durch den Hinterausgang über den Hof des Hauses Joachimsthaler Straße 38.

Kaum hat er einen Schritt aus der Hoftür getan, fallen zwei Männer über ihn her und wollen ihm die Aktentasche entreißen. Der junge Mann wehrt sich und verteidigt die Tasche. Bevor er einen heftigen Tritt in den Unterleib bekommt, kann er noch: „Hilfe! Überfall!", rufen. Plötzlich ein ohrenbetäubender Knall. Er verspürt in der Brust einen stechenden Schmerz. Dann wird alles schwarz um ihn.

Der Geschäftsführer des Reisebüros hat die Schüsse gehört und sofort die Polizei gerufen. Das Überfallkommando Gedächtniskirche ist wenige Minuten später zur Stelle, und ein Sanitätswagen bringt den schwer verletzten Schröter in eine Klinik. Aber auch eine Notoperation kann ihm nicht mehr helfen. Am nächsten Tag erliegt Schröter seinen schweren Schussverletzungen.

Eine Mordkommission ermittelt. Außer ein paar Patronenhülsen werden am Tatort jedoch keine Spuren gefunden, und die einzige Augenzeugin, eine Verkäuferin aus einem angrenzenden Geschäft, die die Tat durch einen Türspalt beobachtet hat, vermag nur eine vage Beschreibung der Täter zu geben. Dank ihrer Aussage wissen die Ermittler nun aber, dass es zwei waren. Der Geschäftsführer des Reisebüros hat zwar auch die Schüsse gehört, aber niemanden gesehen. Einige Tage vor dem Überfall ist ihm allerdings auf dem Hof ein Mann

Am Tatort hat die Kriminalpolizei die Lage des Opfers mit Kreide auf das Hofpflaster gemalt.

begegnet, der da definitiv nichts zu suchen hatte und sich gründlich umgeschaut hat, für seinen Geschmack zu gründlich. Als er wohl merkte, dass er beobachtet wird, ist er wieder gegangen.

Das Eckhaus ist ein weitläufiger Komplex mit Geschäften und Restaurants im Erdgeschoss sowie Wohnungen, aber auch Büros und Geschäftsräumen in den Etagen. Darunter eine Niederlassung der Firma Siemens/Protos, die hier ihre Elektrogeräte vorführt. Die zweite und die dritte Etage nimmt das Hotel „Kurfürst" ein und in der vierten hat die renommierte Auskunftei Schimmelpfennig ihre Büros.

Das Haus umschließt einen großen Hof und mehrere kleinere Lichthöfe. Die Täter müssen gute Ortskenntnisse gehabt haben, um sich in diesem Labyrinth zurechtzufinden.

Nach einer Woche intensiver Recherche ist die Kripo noch keinen Schritt weiter. Aufgrund der Presseberichte meldet sich nur ein Taxifahrer, der glaubt, die Mörder vom Kurfürstendamm zum Anhalter Bahnhof gefahren zu haben. Aber auch diese Aussage bringt die Ermittler nicht weiter.

Am 9. Februar wendet sich das Blatt: Der 23-jährige Arbeiter Heinz Strehlow erscheint auf dem Polizeipräsidium. Er sei sicher, dass der Verlobte seiner Schwester, ein gewisser Konrad Nürnberg, der gestern in der Charité an den Folgen einer Schussverletzung gestorben ist, mit dem Überfall auf den Kassenboten zu tun gehabt habe.

Ein Blick in die Kartei genügt: Nürnberg ist wegen unerlaubten Waffenbesitzes und schweren Diebstahls vorbestraft und am 8. Februar 1936 in der Charité verstorben. Die Tatsache, dass Nürn-

Das Haus an der Ecke Kurfürstendamm/Joachimsthaler Straße steht noch heute. Das Foto wurde am Tag der Tat aufgenommen.

berg 7325 Reichsmark bei sich gehabt hat, macht die Ermittler hellhörig. Außerdem ist Nürnberg Vertreter für Protos-Staubsauger gewesen, hat sich also oft in der Joachimsthaler Straße 38 aufgehalten. Charlotte Strehlow ist nicht gut auf ihren Verlobten zu sprechen und gibt sich auskunftsfreudig: Ein leidenschaftlicher Spieler sei Nürnberg gewesen und auch mehrfach nach Baden-Baden ins Spielkasino gefahren. Die Schlafwagenbillets habe er stets im Mitteleuropäischen Reisebüro gekauft. Verärgert ist sie besonders, weil er ständig mit seinem Cousin Georg Gramens zusammengesteckt hat. Hat Gramens ebenfalls mit dem Überfall zu tun? Der 31-jährige Kellner hat auch schon ein langes Vorstrafenregister: Betrug, Unterschlagung und Diebstahl. Am 9. Februar wird er aufs Polizeipräsidium gebracht. Zur Verblüffung der Kommissare legt er sogleich ein umfassendes Geständnis ab und schildert den Tathergang in allen Einzelheiten:

Durch das Schaufenster des Reisebüros beobachtet Konrad Nürnberg die Vorbereitung der Nachttresorbombe und beginnt mit der Planung des Überfalls. Der erste Versuch am 25. Januar scheitert, weil sie von einem Mitarbeiter des Reisebüros gesehen werden. Am 29. Januar nehmen sie dann einen zweiten Anlauf. Gramens betritt als Erster das Haus. Nürnberg kommt mit dem Taxi, lässt es warten und folgt ihm nach. Als Schröter aus dem Treppenaufgang kommt, ruft Nürnberg ihn an, das Geld herauszugeben. Schröter wehrt sich und ruft um Hilfe. Nürnberg reißt ihn zu Boden und verabredungsgemäß schießen nun beide auf den sich heftig wehrenden Boten. Nürnberg verspürt einen heftigen Schmerz im linken Oberschenkel, kümmert sich aber nicht weiter darum.

Erst nachdem Nürnberg einen weiteren Schuss auf Schröter abgegeben hat, kann er ihm die Aktentasche entreißen. Beide eilen zu dem wartenden Taxi, und um den Anschein zu erwecken, dass sie Berlin verlassen wollen, lassen sie sich zum Anhalter Bahnhof fahren.

Von hier nehmen sie ein anderes Taxi nach Wilmersdorf zu Nürnbergs Wohnung in der Badenschen Straße und teilen die Beute. Doch Nürnbergs Schussverletzung ist schlimmer als gedacht. Ob Gramens ihn versehentlich angeschossen hat oder ob er von einem Querschläger getroffen worden ist, bleibt unklar. Nürnbergs Schmerzen werden aber so stark, dass sie nicht umhinkommen, einen Arzt aufzusuchen. Eine heikle Angelegenheit, denn sie brauchen einen, der keine Fragen stellt. Ein Taxi bringt sie zu einem jüdischen Arzt in Schöneberg. Der erkennt jedoch sofort die Schusswunde und teilt den beiden mit, dass er das melden müsse. Gramens droht dem Arzt: „Wenn Sie die Schusswunde melden, dann melden wir, dass Sie unerlaubterweise Arier behandeln." Der Arzt schweigt.

Gramens nimmt den verletzten Nürnberg mit in die Borsigstraße zu seiner Verlobten Anni Lange. In den nächsten Tagen wollen sie hier bleiben. Anni ist außer sich, zumal sie Gramens' Cousin nicht über den Weg traut. Seine Verletzung begründet Nürnberg mit einem Missgeschick im Polizeisportverein. Anni glaubt die Geschichte nicht, macht aber gute Miene zum bösen Spiel. Im Laufe des nächsten Tages verschlechtert sich Nürnbergs Zustand zusehends. Er klagt über starke Schmerzen und ist zu schwach, um aufzustehen. Am Sonnabend hat er hohes Fieber. Die Schmerzen sind jetzt unerträglich. Anni holt aus der Apotheke Veramon-Tabletten, die ihm allerdings keine Linderung verschaffen.

Anni beunruhigt vor allem die Tatsache, dass Nürnberg noch immer beide Waffen bei sich hat und beharrlich ablehnt, sie herauszurücken. Gramens gibt ihr Recht. Auch er befürchtet, Nürnberg könne ihn und Anni im Fieberwahn erschießen. Jetzt verschlimmert sich Nürnbergs Zustand derart, dass Gramens nicht mehr lange fackelt, einen Ambulanzwagen bestellt und ihn in eine Klinik bringen lässt. Im richtigen Augenblick, wie sich herausstellt. Im Krankenhaus beginnt Nürnberg zu toben und wird in die Nervenabteilung der Charité verlegt, wo er am 8. Februar 1936 infolge einer schweren Blutvergiftung stirbt.

Am 4. Mai 1936 wird Georg Gramens wegen Mordes und schweren Raubes zum Tode verurteilt. Das Urteil wird am 13. Februar 1937 vollstreckt.

Das Opfer Horst Schröter kurz vor der Tat

Tod im Taxi

Der Nachmittag des 12. Oktober 1938 beginnt für den Taxichauffeur Paul Weiß wie jeder andere. Um 17 Uhr tritt er bei einem Charlottenburger Taxiunternehmen seinen Dienst an und wird bis 4 Uhr morgens unterwegs sein. Weiß liebt die nächtlichen Fahrten, wenn das Verkehrsgewühl endlich zur Ruhe gekommen ist und die Großstadtnacht so manche außergewöhnliche Begegnung bereithält.

Auch heute Nacht ist er wieder in Nikolassee unterwegs. Kurz nach 23 Uhr fährt er am Bahnhof Nikolassee vor, wo gerade die S-Bahn vom Potsdamer Platz eintrifft und den Taxis jede Menge Fahrgäste beschert, die sich von hier bis an ihr eigentliches Ziel chauffieren lassen.

Auch in Paul Weiß' Taxi steigt eine Stammkundin, die ihr Ziel nicht mehr zu nennen braucht. Sie ist Kindermädchen bei Joseph Goebbels und wohnt in der Villa des Reichspropagandaministers auf Schwanenwerder. An ihren freien Abenden trifft sie sich mit ihrem Verlobten in der Innenstadt, fährt dann mit der S-Bahn bis Nikolassee und nimmt für den Rest des Weges – der noch heute durch den Wald führt – ein Taxi.

Als Weiß in die weitläufige Kurve kurz vor der Insel fährt, bemerkt er ein schräg an der Böschung stehendes Taxi. „Wat is denn mit dem los", murmelt er vor sich hin, fährt aber weiter. Zwei Minuten später etwa erreichen sie die Goebbels-Villa auf der Halbinsel. Das Mädchen hat das Fahrgeld, 1,25 RM, schon bereit, zahlt und verabschiedet sich.

Auf der Rückfahrt hält Weiß neben dem mysteriösen Taxi, das mit eingeschaltetem Abblendlicht noch immer an derselben Stelle steht. Er steigt aus und schaut sich um. Von dem Fahrer ist weit und breit nichts zu sehen. Er öffnet den Schlag auf der Fah-

Die Tat wird später von der Kriminalpolizei nachgestellt.

Mord

an einem Berliner Kraftdroschkenfahrer.

1000 RM Belohnung.

Am Mittwoch, dem 12. Oktober 1938, gegen 23.30 Uhr, wurde, wie in der Presse und im Rundfunk bereits bekanntgegeben, auf der vom Bahnhof Berlin-Wannsee in Richtung Strandbad Wannsee führenden Landstraße der Berliner Kraftdroschkenfahrer **Herbert Taubel** hinter seiner Kraftdroschke, einer neuen grünen Wanderer-Limousine I A 9988, erschossen aufgefunden. **Taubel** ist am Tatabend gegen 22.45 Uhr zuletzt auf der Hubertusallee im Grunewald gesehen worden.

Der Täter konnte bisher nicht ermittelt werden, möglicherweise stammt er von auswärts und hat Berlin inzwischen verlassen. Er war anscheinend völlig mittellos.

Mantel-Innenseite (hier verkürzt): Imprägnierungs- und Firmenmarke — nachträglich verstärkte Achseln. Rückenlänge: 1,22 m.

Imprägnierungsmarke.

Firmenmarke.

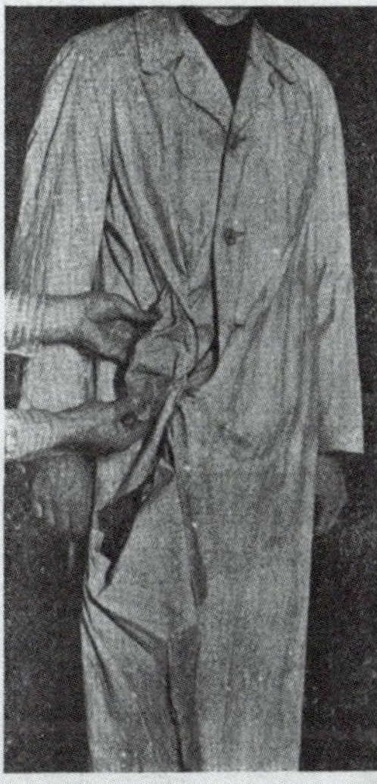

Vorderansicht: rechte Seitentasche ausgebessert — herausgezogen.

In der Nähe des Tatortes wurde der hier abgebildete Batist-Gummimantel, Größe 48, hellmode-farbig, einreihig, ohne Gurt, stark abgetragen, beschmutzt, beide Aermel ausgefranst, aufgefunden. Er muß, wie ein unmittelbar am Tatort vorgefundener abgerissener Knopf beweist, dem Täter gehört haben. Im Inneren des Mantels eingeklebt befindet sich das Firmenzeichen **„Endepols", Eisenach, Karlstraße 43** (grauer Grund mit schwarzer Schrift, oberhalb der Schrift eine blau umrandete Ente), in Schulterhöhe im Rückenfutter die Imprägnierungsmarke **„Immer trocken"** (blau-rotes Schild).

Der Mantel ist vor etwa 2 Jahren in Eisenach gekauft, in jüngerer Zeit (vor etwa ½ Jahr?) an der rechten Seitentasche innen ausgebessert und an beiden Achseln durch Stoff gleicher Art, aber nicht ganz gleicher Farbe, verstärkt worden.

Diese Arbeit muß von einem Fachmann ausgeführt sein.

Wann, wo und von wem wurde dieser Batist-Gummimantel ausgebessert?

Wem ist ein Mann bekannt, der vor der Tat im Besitz des beschriebenen Mantels war und dem dieser Mantel seitdem fehlt?

Der Täter war offenbar in letzter Zeit — insbesondere aber am Tattage — bestrebt, sich auf jede Weise in den Besitz von Geld zu setzen. **Wer hat diesbezügliche Aeußerungen getan oder sich sonstwie, insbesondere durch den Besitz einer Selbstladepistole, verdächtig gemacht?**

Nicht geklärt ist bisher der Verbleib des **Taubel** für die Zeit **von 21 bis 22.45 Uhr,** sowie **von da ab bis** zur Entdeckung der Tat **(gegen 23.30 Uhr).**

Wer kann hierüber Angaben machen?

Für Angaben, die zur Ermittelung oder Ergreifung des Täters führen, ist vom Herrn Polizeipräsidenten in Berlin eine Belohnung von 1000 RM ausgesetzt worden, die unter Ausschluß des Rechtsweges zur Verteilung gelangt und nur für Personen aus der Bevölkerung, nicht aber für Beamte, zu deren Berufspflichten die Verfolgung strafbarer Handlungen gehört, bestimmt ist.

Mitteilungen sind zu richten an die „Mordkommission Taubel" im Polizeipräsidium Berlin, Dircksenstraße 14, III. Stock, Zimmer 847, Anruf: 51 00 23, Apparat 699 und 738, oder an jede andere polizeiliche Dienststelle.

Berlin, den 18. Oktober 1938.

Staatliche Kriminalpolizei
Kriminalpolizeileitstelle Berlin

Berek-Druck, Berlin C 2, Grünstraße 17—20

rerseite, doch im Wagen ist niemand. Langsam geht Weiß um das fremde Taxi herum. Erst jetzt erblickt er, halb unter der Stoßstange liegend, eine männliche Person. „Mensch, Kollege, biste verletzt?“ Weiß beugt sich über ihn und ist sich sicher: Der Mann ist tot.

Er eilt zu seinem Wagen und fährt zurück zum Polizeiposten vor der Goebbels'schen Villa. Der Wachpolizist zögert, denn er hat Befehl, seinen Posten nicht zu verlassen. Doch erinnert er sich jetzt, dass er, kurz bevor das Taxi mit dem Kindermädchen vorgefahren ist, Schüsse gehört und zunächst vermutet hat, jemand habe auf Enten geschossen. Wenige Minuten später sei dann auf der anderen Straßenseite ein Mann in den Wald gelaufen. Er habe sich aber nichts dabei gedacht. Nun entschließt er sich doch, seinen Dienstherrn vorübergehend ohne Schutz zu lassen, und fährt mit Weiß zum Tatort. Gemeinsam sehen sie sich noch einmal um und alarmieren schließlich vom Revier 163 – es ist eigens zum Schutz des Reichsministers am Zugang zur Halbinsel eingerichtet worden – das Polizeipräsidium.

Gegen Mitternacht trifft die Aktive Mordkommission am Tatort ein. Aus den Papieren, die noch im Wagen liegen, geht hervor, dass die Kraftdroschke, eine viersitzige Wanderer-Limousine mit Rollverdeck, einem Wilmersdorfer Taxiunternehmen gehört, bei dem das Opfer, der 38-jährige Herbert Taubel, verheiratet, ein Kind, angestellt gewesen ist.

Taubel ist durch mehrere Schüsse ins Genick und in den Rücken getötet worden. Ein Raubmord? Nicht unbedingt, denn seltsamerweise befinden sich in Taubels Tasche noch die Einnahmen des Abends. Abgesehen von einigen Patronenhülsen und einem Knopf gibt es am Tatort keine verwertbaren Spuren.

Etwa 175 Meter vom Tatort entfernt macht die Spurensicherung dann doch noch eine interessante Entdeckung: Hinter einer Kiefer liegt ein heller Regenmantel. Hat ihn der Täter auf der Flucht verloren oder weggeworfen? Der am Tatort gefundene Knopf jedenfalls gehört zu diesem Mantel. Suchhunde nehmen die Fährte auf, verlieren sie aber nach einigen hundert Metern wieder.

Von der Mordkommission noch einmal vernommen, äußert der Wachpolizist einen Verdacht: Bis vor einigen Monaten sei bei Goebbels ein SS-Mann als Pferdepfleger beschäftigt gewesen. Dieser sei mit einem Mädchen verlobt, das bei Rittmeister Soundso auf der Insel als Stubenmädchen in Stellung ist. Diesem zwielichtigen Burschen, der inzwischen ins Innenministerium versetzt worden ist, sei die Tat zuzutrauen.

Umgehend suchen die Beamten das Stubenmädchen auf. „Mit dem will ick nischt mehr zu tun haben! Die Verlobung hab ick längst jelöst.“ Und auf die Mordnacht angesprochen: „Nee, den Mord kann man ihm leider nich' anhängen. An dem Abend war ick mit 'ne Freundin in Steglitz in so'n Tanzlokal. Leider war der ooch da. Der janze Abend war im Eimer.“ Gegen 23 Uhr 30 haben die Freundinnen das Lokal verlassen, der Exverlobte sei noch geblieben. Folglich kann er mit dem Mord nichts zu tun haben.

Ein Zeuge will das Taxi kurz vor 23 Uhr in der Hubertusallee in Richtung Roseneck gesehen haben. Ein männlicher Fahrgast mit einem hellen Mantel soll im Wagen gesessen haben. Diese Aussage bringt die Kripo jedoch nicht weiter. Alle Hoffnung der Ermittler ruht auf dem Mantel mit den auffälligen Merkmalen. Er ist nicht nur abgetragen und schmutzig, sondern unlängst auch an Schultern und Taschen geflickt worden. Doch trotz der Abbildungen in der Tagespresse gehen keine Hinweise ein.

Am Morgen des 5. November 1938 erscheint unangemeldet ein junger Kriminalassistent in Kommissar Ernst Gennats Büro, denn er hat eine Idee: Neulich habe er in eine dieser neuen Fernsehstuben hineingeschaut, berichtet er. Knüppeldicke voll sei es gewesen. Ein Fahndungsaufruf im Fernsehen wäre doch mal was anderes!

Gennat, für Neuerungen immer aufgeschlossen, ist begeistert und setzt sich umgehend mit den Verantwortlichen des Fernsehsenders Berlin in Verbindung. Am nächsten Tag weisen Zeitungen und Rundfunk auf die geplante Fernsehübertragung hin, und tatsächlich sind die Fernsehstuben am Abend des 7. November 1938 überfüllt. Ein Kommissar spricht ausführlich über den Fall, zeigt den Mantel und weist auf seine Besonderheiten hin. Wenn das Bild auch unscharf ist – Zeitzeugen meinen etwas sarkastisch, man habe damals mehr Schnee als Bild gesehen –, schauen die Menschen gebannt auf die Mattscheibe. Die Ausstrahlung ist eine Sensation, die weit über die Grenzen Berlins hinaus Furore macht. So wird am 7. November 1938 um 20 Uhr nicht nur Kriminal-, sondern auch Fernsehgeschichte geschrieben.

Am nächsten Tag erscheint bei der Kripo, ob aufgrund der Fernsehübertragung ist nicht gewiss,

Mördermantel im Fernseher

Neues Hilfsmittel der Polizei

Zum erstenmal in der Kriminalgeschichte wird die modernste technische Errungenschaft — der Fernsehsender — in den Dienst der Aufklärung eines Kapitalverbrechens gestellt werden. Die Mordkommission des Berliner Polizeipräsidiums zeigt am Montag um 20 Uhr in allen Fernsehstuben Berlins den Mantel des Verbrechers, der am Mittwoch, dem 12. v. M., den Droschkenchauffeur Herbert Taubel zwischen Nikolassee und Schwanenwerder erschossen hat.

Der Fahndungsaufruf per Fernsehen wird auch in der Zeitung publik gemacht.

ein Versicherungsvertreter, der auf einen Mitarbeiter hinweist, der seit einiger Zeit bei ihnen als Kundenwerber arbeitet, sich aber nicht gerade durch Eifer und Einsatz hervortut und auch noch keinen Kunden geworben hat. Zudem hegen alle Kollegen ein tiefes Misstrauen gegen den Neuen. Dem Zeugen wird der Mantel gezeigt, und er ist sich sicher: Dieser Mantel gehört dem neuen Mitarbeiter Hans Hahn.

Am 8. November 1938 wird der 19-jährige Hans Hahn festgenommen. Er leugnet die Tat zunächst, legt dann aber doch ein Geständnis ab: Im Juli 1938 ist er aus Erfurt nach Berlin gekommen und hat eine Zeitlang für verschiedene Firmen als Vertreter gearbeitet. Wegen seines mangelnden Einsatzes ist er jedoch immer wieder entlassen worden und steht bald völlig mittellos da. Nicht einmal mehr die Miete für sein möbliertes Zimmer kann er bezahlen. Nun verlegt er sich darauf, ein Auto zu stehlen. So steigt er am Abend des 12. Oktober auf dem Kurfürstendamm in ein Taxi und nennt Wannsee als Ziel. An einer vermeintlich günstigen Stelle im Wald schießt er dem Chauffeur in den Rücken, doch dieser ist noch in der Lage, anzuhalten und aus dem Wagen zu springen. Draußen gibt Hahn weitere Schüsse ab. Als der Mann endlich zusammenbricht und Hahn gerade auf den Fahrersitz steigen will, nähert sich in langsamem Tempo ein anderes Taxi. Hahn gerät in Panik und flüchtet so überstürzt, dass er nicht einmal mehr Taubels Geldbörse an sich nimmt.

Hans Hahn wird am 23. November 1938 von einem Sondergericht zum Tode verurteilt. Verfahren vor solchen Gerichten wurden in der Zeit des Nationalsozialismus durchgeführt, wenn die Staatsanwaltschaft eine schnelle Aburteilung wünschte. Auch Hans Hahns Ende kommt schnell: Einen Tag später wird das Urteil vollstreckt.

Der Täter Hans Hahn kurz nach seiner Verhaftung.

Lucies letzter Kunde

Im Lokal von Adolf Galsk in der Gormann-/Ecke Mulackstraße ist in der Nacht des 19. November 1938 nicht viel los. Nur einige Prostituierte aus der Gegend trinken noch ein Bier oder einen Kaffee. Vor der „Machtergreifung" ist es hier schon am frühen Abend immer rammelvoll gewesen – damals, als die 3. Bereitschaft des kommunistischen Rotfrontkämpferbundes hier noch ihr Stammlokal hatte. Aber die Zeiten sind lange vorbei.

Die 28-jährige Frieda Volkmann, sie gehört zu den Stammgästen, geht schon seit Jahren anschaffen, doch im Moment ist das Geschäft ausgesprochen schlecht. Deshalb weist sie auch, obwohl sie todmüde ist, den Freier, der sie anspricht, als sie schon im Begriff ist zu gehen, nicht ab.

Der Freier, er heißt Paul, ist nett, und auf dem Weg in ihre Wohnung plaudern sie. Inzwischen stehen sie vor dem Haus Mulackstraße 13. Paul ist überrascht und zeigt auf die Hausnummer. „Hier hat doch der Ali Höhler gewohnt, der den Horst Wessel abgeknallt hat. Is ja 'n irrer Zufall."

Sie steigen in die zweite Etage hinauf, Frieda schließt die äußere Doppeltür auf und drückt die Klinke der inneren herunter. Doch die ist verriegelt. Frieda stutzt. Seit drei Wochen wohnt eine Kollegin bei ihr, und sie haben abgemacht, nie von innen zu verriegeln, damit die andere jederzeit herein kann. „Lucie, mach auf, ich bin's!", ruft sie und klopft. „Tut mir leid, sonst verriegelt meine Kollegin nie von innen", entschuldigt sie sich. Wütend hämmert sie gegen die Tür. „Wenn du nicht sofort aufmachst, hole ich die Polizei."

Plötzlich wird mit lautem Knall der Riegel zurückgestoßen, die Tür fliegt auf und ein Mann rennt an ihnen vorbei, die Treppe hinunter. Die beiden sind so verdutzt, dass sie den Mann später nicht einmal beschreiben können.

Frieda betritt als Erste die Wohnung, die nur aus der Küche und einer Stube besteht, und knipst das Licht an. Der Riegel der Tür zum Zimmer ihrer Untermieterin Lucie Plachta ist vorgeschoben. Sie öffnet die Tür, knipst auch hier das Licht an und schlägt entsetzt die Hände vor den Mund. Lucie liegt, fast nackt, vor der Chaiselongue in einer Blutlache. Frieda und ihr Freier alarmieren sofort die Feuerwehr, doch der Arzt vom Rettungsdienst kann nicht mehr helfen. Der Gerichtsarzt Dr. Waldemar Weimann wird feststellen, dass Lucie Plachta mit sieben Messerstichen in die linke Brustseite getötet worden ist. Zudem weist sie zahlreiche schwere Abwehrverletzungen an Armen und Händen auf, sowie Würgemale am Hals.

Spuren gibt es so gut wie keine, denn die Feuerwehrleute haben durch Unachtsamkeit wertvolle Hinweise vernichtet. Sie haben sich im Ausguss der Küche das Blut von den Händen abgewaschen und mit dem daneben hängenden Handtuch abgetrocknet. Mit ziemlicher Sicherheit hat sich auch der Täter hier die Hände gewaschen! Die Fingerabdrücke am Wasserhahn sind nun unbrauchbar. Kriminalrat Togotzes tobt. Der einzige Anhaltspunkt: Der Mörder hat am Tatort einen weinroten, ärmellosen Herrenpullover mit dem Etikett „Importé d'Allemagne" zurückgelassen.

Zeugen gibt es keine. Niemand hat Lucie Plachta an diesem Abend mit einem Freier gesehen. Die Nachbarn haben weder einen Streit noch Schreie gehört.

Nach dem Erfolg der Fernsehübertragung im Fall des ermordeten Taxichauffeurs in Nikolassee bedient sich die Kripo auch in diesem Fall der Hilfe des Fernsehsenders Berlin. Und wieder sind die Fernsehstuben überfüllt, als am 25. November 1938 die Sendung „Wie kann das Publikum der Kriminalpolizei behilflich sein?" ausgestrahlt wird. In der 20-minütigen Sendung, in der ein ermittelnder Kommissar den Fall im Gespräch mit einem Reporter darlegt, wird auch der am Tatort gefundene Pullover gezeigt. Am nächsten Tag weist eine Zuschauerin darauf hin, dass das Zeichen „Importé d'Allemagne" aus dem Saargebiet bekannt sei, wo vor 1935 alle deutschen Waren diese Bezeichnung haben mussten.

Wie nach jedem Fahndungsaufruf melden sich auch diesmal Wichtigtuer und Denunzianten. Zur letzten Kategorie zählt die Kripo den Bäckermeis-

Tatortplan der Kriminalpolizei

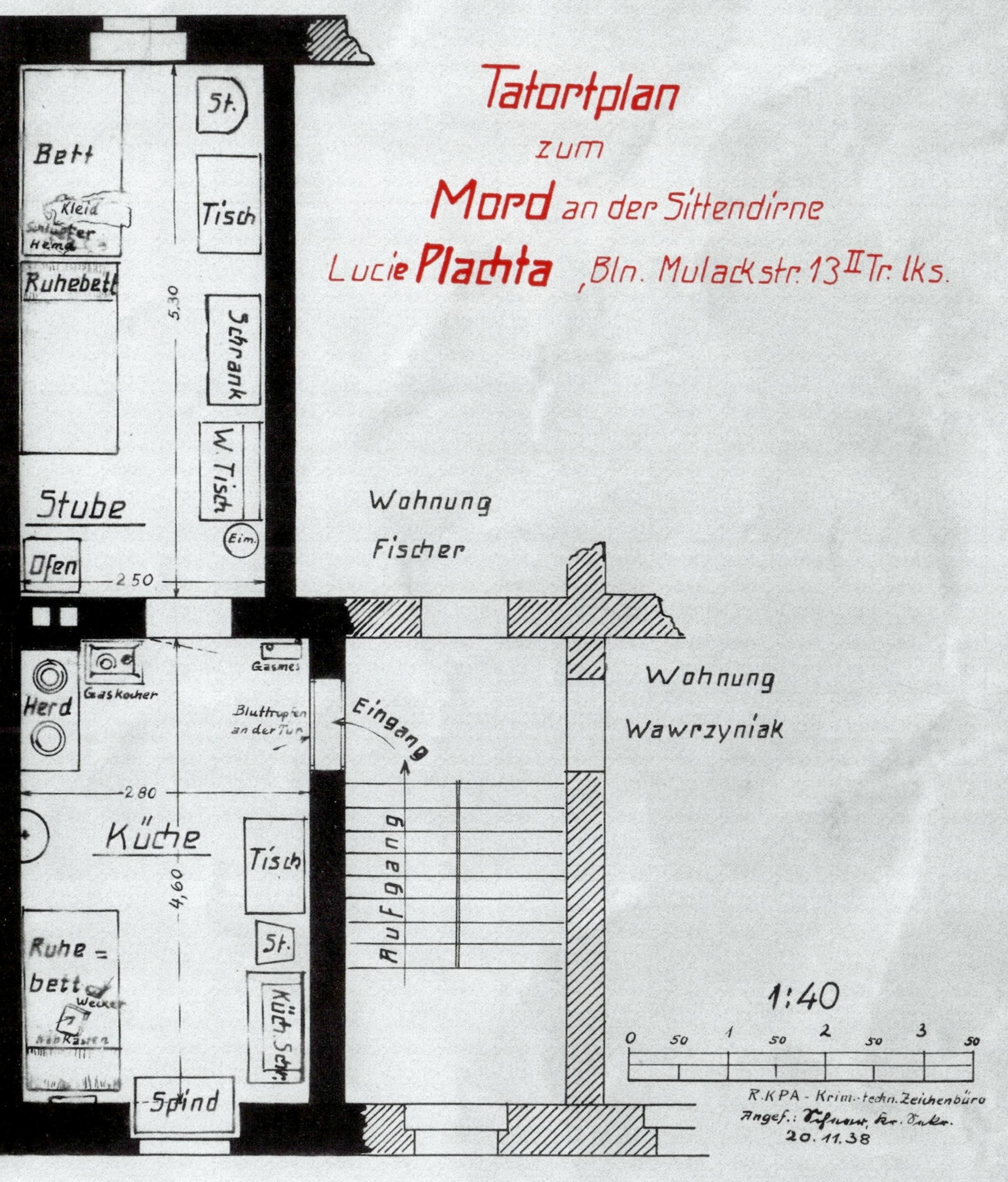
Tatortplan
zum
Mord an der Sittendirne
Lucie Plachta, Bln. Mulackstr. 13 II Tr. lks.
Bett
Kleid
Schlüpfer
Hemd
Ruhebett
St.
Tisch
5.30
Schrank
W. Tisch
Stube
Eim.
Ofen
2.50
Wohnung
Fischer
Gasmes
Herd
Gaskocher
Bluttropfen an der Tür
Eingang
Wohnung
Wawrzyniak
2.80
Küche
4,60
Tisch
Aufgang
Ruhe=
bett
St.
Wecker
Küch. Schr.
Spind
1:40
0 50 1 50 2 50 3 50
R.KPA - Krim.-techn. Zeichenbüro
Angef.:
20.11.38

1000.- RM Belohnung!

Frauenmord in der Mulackstraße.

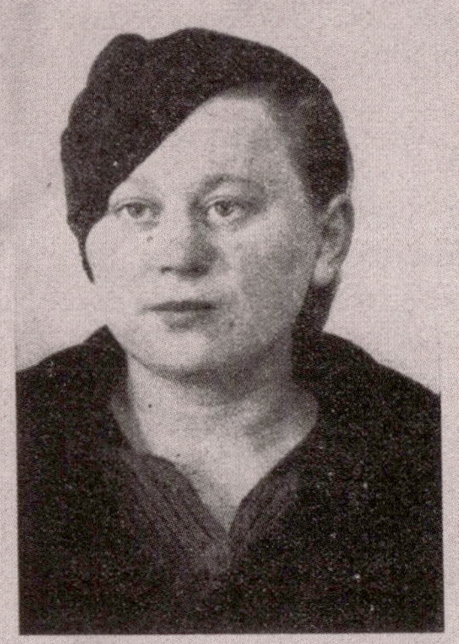

In der Nacht zum Sonntag, dem 20. November 1938, zwischen 24 und 1 Uhr, wurde die nebenstehend abgebildete

Lucie Plachta

in ihrem Zimmer in der Mulackstraße 13, bei Volkmann, von einem Unbekannten erstochen.

Der Täter ist von mehreren Personen gesehen worden. Er flüchtete in Richtung Alte Schönhauser — Grenadierstraße.

Beschreibung: 20 bis 24 Jahre alt, etwa 1,70 m groß, hellblondes, welliges, gescheiteltes Haar; schlanke Figur; bekleidet mit grauem Anzug.

Der Mörder hat in dem Zimmer der Plachta einen **weinroten ärmellosen Pullover** zurückgelassen, an dessen vorderem unterem Rande sich zwei mit gleichfarbiger Wolle gestopfte Stellen befinden. Der Pullover trägt ein schmales Einnäheetikett mit schwarzeingewebter Schrift:

„IMPORTÉ D'ALLEMAGNE".

Pullover mit derartiger Inschrift sind etwa seit dem Jahre 1930 noch heute im Handel.

Der vom Täter zurückgelassene weinrote Pullover

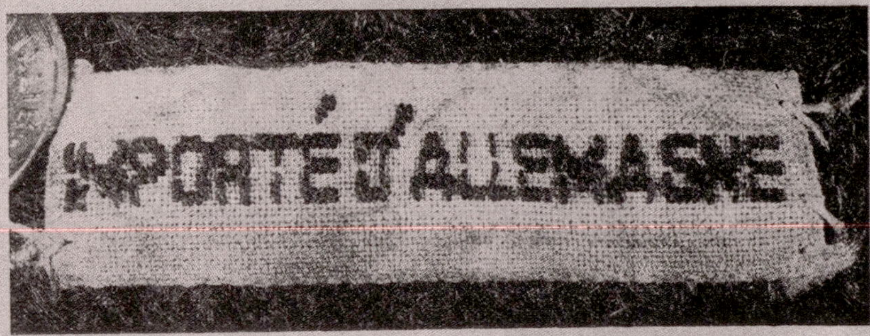

Das im Pullover eingenähte Einnäheetikett (stark vergrößert)

Alle Volksgenossen werden dringend gebeten, nach Kräften bei der Aufklärung dieses schweren Verbrechens mitzuwirken.

Von besonderer Wichtigkeit ist die Beantwortung folgender Fragen:

1. **Wer hat die Plachta am Sonnabend — 19. November 1938 — nach 24 Uhr noch gesehen? Vielleicht auch gesprochen? Wo?**
2. **Bei wem ist das Fehlen eines weinroten Pullovers — wie oben beschrieben — nach dem Tattage aufgefallen?**
3. **Wer hat einen derartigen Pullover gestopft?**

Für Angaben, die zur Ermittelung und Festnahme des Täters führen, hat die Staatliche Kriminalpolizei, Kriminalpolizeileitstelle Berlin, eine Belohnung von 1000 RM ausgesetzt. Die Verteilung erfolgt unter Ausschluß des Rechtsweges. Beamte, zu deren Aufgabenbereich die Verfolgung und Aufdeckung strafbarer Handlungen gehört, haben auf sie keinen Anspruch.

Mitteilungen, die auf Wunsch streng vertraulich behandelt werden, erbittet die Mordkomission Plachta, Polizeipräsidium Berlin, Zimmer 732 — Anruf 51 00 23, Apparat 683 und 739 — oder jede andere polizeiliche Dienststelle.

Berlin, den 25. November 1938.

Staatliche Kriminalpolizei
Kriminalpolizeileitstelle Berlin.

ter Wilhelm Treue aus der Gipsstraße, der behauptet, im Nachttisch seines Gesellen ein Messer gefunden zu haben, das dieser aus der Bäckerei entwendet hat. Zudem habe er in der Mordnacht Sachen im Backofen verbrannt. Inzwischen habe er den Bengel allerdings hinausgeworfen. Die Polizei ignoriert die Aussage. Am 30. Dezember erscheint Treue erneut im Polizeipräsidium. Jetzt hat er im Kohlenkeller ein blutiges Taschentuch gefunden, das vermutlich dem Gesellen Kurt Sendling gehört.

Nun wird die Kripo doch hellhörig, und am 2. Januar 1939 wird der 20-Jährige im westpommerschen Gollnow in der Wohnung seiner Großtante – seine Eltern haben ihn hinausgeworfen – festgenommen und nach Berlin gebracht. Die Sendlings stammen aus dem Saarland und haben sich nach ihrer Ausweisung 1920 in Gollnow niedergelassen, wo der Vater, ein ehemaliger Bergarbeiter, eine Anstellung als Strafanstaltswachtmeister bekommt. Kurt ist ein „schwer erziehbares“ Kind. Er schwänzt die Schule und stiehlt. Als Bäckerlehrling wird er wegen Diebstahls und Unterschlagung mehrmals entlassen. Sendling wird zum Arbeitsdienst eingezogen, flüchtet aber und kommt schließlich wegen wiederholten Diebstahls für sieben Wochen ins Gefängnis.

Am 13. November 1938 fährt er nach Berlin, wo er gegen „freie Station“ und einen Tagelohn von drei Reichsmark bei Bäckermeister Treue in der Gipsstraße 9 eine Anstellung findet. Sein Verdienst reicht aber nicht, um sich seinen Traum zu erfüllen: Er will seine Freundin Rosi heiraten. Mit leeren Händen kann er ihr aber keinen Antrag machen, denkt er und zerbricht sich den Kopf, wie er möglichst schnell zu Geld kommen kann. Er plant einen Raubüberfall. In der irrigen Annahme, dass Strichmädchen ständig über viel Bargeld verfügen, sucht er einen Ort aus, an dem Prostituierte verkehren. In der Eckkneipe an

der Gormannstraße findet er in Lucie Plachta, die er längere Zeit beobachtet, ein geeignetes Opfer, denn sie bedient ihre Freier in ihrer Wohnung.

Aus der Backstube holt er sich ein besonders scharfes Messer, steckt es in den Hosenbund und begibt sich in die Mulackstraße. Er spricht Lucie auf der Straße an, und sie gehen in ihre Wohnung. Er gibt ihr die geforderten drei Mark, tut so, als zöge er sich aus, legt aber nur das Jackett und den roten Pullover ab, knipst unter Lucies Protest das Licht aus, greift nach dem Messer und sticht zu. Doch Lucie wehrt sich so heftig, dass er sie an der Kehle packt und würgt, bis ihre Kräfte nachlassen.

In der Küche wäscht er sich die Hände und durchsucht die Wohnung nach Geld. Die Beute: 18 Reichsmark. Als er Friedas Drohung hört, die Polizei zu rufen, reißt er unvermittelt die Tür auf, rennt an ihr und ihrem Freier vorbei die Treppe hinunter und stürzt aus dem Haus.

Erst jetzt merkt er, dass er sich in die Hand geschnitten hat. Er zieht sein Taschentuch aus der Tasche und verbindet die Wunde. Das gereinigte Messer legt er in den Nachttisch, seine blutverschmutzte Hose und die Jacke verbrennt er im Backofen. Das blutige Taschentuch wirft er später in den Kohlenkeller.

Am 31. Januar 1939 verurteilt das Schwurgericht II in Berlin-Moabit Kurt Sendling wegen Mordes in Tateinheit mit schwerem Raub zum Tode. In der Urteilsbegründung heißt es im Jargon des NS-Regimes, Kurt Sendling sei „ein asoziales, arbeitsscheues Element, das schon von Kindheit an in nahezu ununterbrochener Folge strafbare Handlungen verübt hat“. Nachdem ein Gnadengesuch abgelehnt worden ist, wird das Urteil am 10. Mai um 6 Uhr 15 in Berlin-Plötzensee vollstreckt.

Mit diesem Messer wurde Lucie Plachta ermordet.

Wenn Liebe blind macht

Am 17. März 1936 gegen 19 Uhr 45 sind Otto Peter und sein Freund Herbert mit ihrem Auto auf der Rüdnitzer Chaussee unterwegs. „Halt' bloß nicht an. Wer weiß, was der vorhat", warnt Herbert, als er kurz vor Bernau einen Mann am Straßenrand mit einem Taschentuch winken sieht. Er denkt dabei an die Autofallenbande, die in der Umgebung Berlins Kraftfahrer zum Anhalten zwingt und ausraubt. „Nee, nee, da is 'ne Frau dabei", beruhigt Otto und hält an. Herbert kurbelt die Scheibe ein Stück herunter: „Was ist denn los?", fragt er in scharfem Ton. Der Mann hält die Frau fest im Arm. „Meine Verlobte ist angeschossen worden. Aus dem vorbeifahrenden D-Zug." Seine Stimme überschlägt sich vor Aufregung. „Sie muss schnell zu einem Arzt." Herbert hilft der Frau in den Wagen. Otto schaut von Zeit zu Zeit in den Rückspiegel und grinst. „Die müssen aber verliebt sein", denkt er. Der Mann, der sich als Bruno Busse vorgestellt hat, redet beruhigend auf seine Verlobte ein und nennt sie zärtlich „mein Pusselchen". Der Zustand der Frau verschlechtert sich zusehends. „Dass die mir bloß nicht im Auto stirbt!", denkt Otto und gibt Gas. Es ist 20 Uhr, als sie das Krankenhaus Bernau erreichen. Doch trotz Notoperation verstirbt Bertha Krafft in den Morgenstunden des 18. März. Die Polizei wird eingeschaltet.

Der Sachverständige schüttelt den Kopf. Bruno Busses Geschichte von den Schüssen aus dem D-Zug kann nicht stimmen. Der Schuss ist aus nächster Nähe abgegeben worden. Auch die Spurensicherung bringt Überraschendes ans Licht. Etwa 50 Meter vom Tatort entfernt, hinter einem dichten Kiefernbusch, verbirgt sich eine frisch ausgehobene Grube, die in Größe und Form an ein Grab erinnert. Nicht weit davon findet sich ein neuer Spaten und nur wenige Schritte weiter entdecken die Ermittler eine Walther-Pistole vom Kaliber 7,65 mm in ungesichertem Zustand mit einer Patrone im Lauf und dreien im Magazin. Auch die leere Hülse wird gefunden. Kein Zweifel, es ist die Tatwaffe. Hat der Mörder seinem Opfer schon im Vorhinein ein Grab geschaufelt?

Der 35-jährige Bruno Busse aus Berlin-Neukölln, verheiratet, zwei Kinder, das dritte kommt in wenigen Tagen zur Welt, wird von der Gendarmerie festgenommen und ins Berliner Polizeipräsidium überführt. Die Kripo am Alexanderplatz übernimmt den Fall.

Angesichts der erdrückenden Indizien legt Busse ein umfassendes Geständnis ab. Er habe aus Verzweiflung gehandelt, erklärt er. Von der fast 15 Jahre älteren Frau sei er verführt worden, und sie habe ihn nicht mehr aus ihren Klauen

Die Grube wird von der Spurensicherung vermessen.

Die Tatwaffe

gelassen. Sie habe sich eingebildet, er würde sie heiraten. „Ich wollte mich von ihr trennen", gibt er zu Protokoll, „aber sie war wie besessen und hat keine Ruhe gegeben. Meine Arbeit in Eberswalde habe ich gekündigt und bin zurück nach Berlin gegangen, um mich ihren Nachstellungen zu entziehen. Sie war auf dem besten Weg, meine Familie zu zerstören." Und im weiteren Verlauf des Verhörs beteuert Busse: „Ich habe mit dem Gedanken gespielt, sie zu töten. Ich habe es aber nicht fertiggebracht. Es war ein tragischer Unfall. Als ich die Waffe entladen wollte, hat sich ein Schuss gelöst. Ich habe sie ja dann auch bis zur Chaussee getragen und einen Kraftwagen angehalten, um sie ins Krankenhaus zu bringen."

Die Ermittlungen bringen eine andere Geschichte ans Licht: Im September 1935 bekommt Bruno Busse in Eberswalde eine Arbeit als Steinträger. An den Werktagen logiert er in einem Gasthof, an den Wochenenden fährt er nach Berlin zu seiner Familie. Die Eberswalder Abende verbringt er im Nachtcafé Regina und lernt die Inhaberin Bertha Krafft kennen, von allen Betty genannt. Der 48-jährigen Witwe bleibt nicht verborgen, dass Busse ein Auge auf sie geworfen hat. Busse ist bald Stammgast, und sie freunden sich an. Er ist charmant und aufmerksam, hilft ihr hin und wieder, und sie gehen zusammen spazieren. Betty ist froh, wieder jemanden zu haben, mit dem sie reden kann. Sie hat eine schwere Zeit hinter sich. Vor anderthalb Jahren ist nach langer

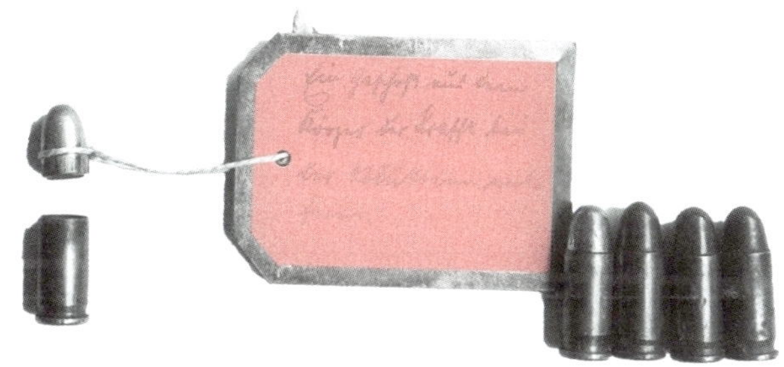

Krankheit ihr Mann gestorben. Bis zuletzt hat sie ihn gepflegt. Gerne würde Betty wieder ein normales Leben führen, freilich mit einem Mann an ihrer Seite. Was hat sie bis jetzt schon von ihrem Leben gehabt? Sie leidet unter ihrer Einsamkeit in diesem gottverlassenen Kaff. Da ist nur ihre gutmütige, tollpatschige schwarz-weiß gefleckte Dogge, die sie über alles liebt. Dann erscheint eines Tages Bruno in ihrem Lokal. Er kommt aus Berlin, wohnt zurzeit im Gasthof gegenüber, lebt in Scheidung und hat zwei Kinder. Betty genießt die Aufmerksamkeit, die er ihr schenkt, und ist glücklich. Sie ist großzügig und steckt ihm immer wieder Geld zu, wenn er vorgibt, dringend welches zu brauchen. Er ist ständig bei Betty, zieht schließlich aus dem Gasthof zu ihr und fährt auch an den Wochenenden nicht mehr nach Berlin. Dass sie ihn ernährt, ist offensichtlich. Betty ist verliebt und sieht über vieles hinweg.

Außenstehende haben einen klareren Blick. Ihre Freundin Elisabeth beobachtet, wie übertrieben liebevoll Busse mit Betty umgeht, wird aber misstrauisch, als sie mitbekommt, dass Busse hinter ihrem Rücken abfällig über Betty redet. Elisabeth verwickelt ihn in ein Gespräch. Er sagt ihr, er sei ja längst geschieden, sie dürfe es Betty aber nicht sagen, sonst würde die ihn nie mehr loslassen und sofort heiraten wollen. Ihr sei Busse nie ganz geheuer gewesen, wird sie später der Polizei sagen.

Elisabeth ist nicht die Einzige, die Bruno Busse nicht traut. Der Kellner, der früher im Café angestellt war und jetzt noch zur Aushilfe kommt, nimmt sich Betty zur Seite, um mit ihr über ihren neuen Freund zu reden. „Sei vorsichtig", warnt er.

„Der nimmt dich doch nur aus. Bruno ist 15 Jahre jünger als du. Der meint es nicht ehrlich mit dir. Wenn du da bist, mimt er den Verliebten und sowie du ihm den Rücken gekehrt hast, zieht er über dich her. Wach doch endlich auf und glaub nicht alles, was der erzählt. Der nimmt dich aus wie ’ne Weihnachtsgans – und wenn nichts mehr da ist, lässt er dich fallen.“ Betty ist gekränkt. „Red’ kein dummes Zeug. Ich liebe ihn, er meint es ehrlich. Wir werden heiraten.“ Alle Warnungen schlägt sie in den Wind.

Im Dezember 1935 schreibt Betty ihrer Schwester Hedwig nach Berlin, sie habe nun endlich einen anständigen, soliden Mann kennengelernt, der es ernst mit ihr meine und den sie heiraten wolle. Weihnachten lernt Hedwig den Bräutigam ihrer Schwester kennen und ist ebenso skeptisch wie der ehemalige Kellner, vor allem, was den Altersunterschied betrifft. Aber Betty will das alles nicht hören. Sie verteidigt ihren Bruno und verkündet, dass sie im April heiraten wollen. Auch vor Zeugen hat Bruno Busse mehrfach geäußert, dass er Betty liebe und nicht zu den Männern gehöre, die eine Frau nur ausnehmen. Hedwig glaubt ihm kein Wort.

Wenig später erscheint Betty bei ihrer Schwester in Berlin.

Die Ermittlungen werden wieder von Ernst Gennat geführt. Beim Ortstermin ist der „Buddha vom Alexanderplatz“ am linken Bildrand mit Hut und Stock zu sehen, am rechten Rand des Bildes sieht man den Täter.

Sie ist sehr traurig, denn ihre geliebte Dogge hat plötzlich tot vor dem Ofen gelegen. Vergiftet! Hedwig hat einen Verdacht, sagt aber nichts.

Zeugenaussagen zufolge hat Busse Betty das Geld aus der Tasche gezogen, wo er nur konnte. Bald übersteigen ihre Ausgaben die Einnahmen, und Anfang 1936 steht das Café vor dem Zusammenbruch. Sie verschuldet sich immer mehr und steht bei der Brauerei mit 5000 Reichsmark in der Kreide. Sie kann die Löhne nicht mehr zahlen und muss ihre beiden Aushilfen entlassen.

Um ihren Schmuck und einen größeren Geldbetrag dem Zugriff der Gläubiger zu entziehen, sucht Betty mit Busse einen Notar auf und überschreibt ihm alles, was ihr noch geblieben ist.

Im Januar 1936 gibt sie das Café auf und folgt Busse nach Berlin, wo sie bei einer Freundin wohnt. Vermutlich verspricht Busse ihr, dass sie zusammen ins Ausland gehen und ein neues Leben beginnen werden. Mit dem Geld, das sie zur Seite geschafft hat, wäre das gut möglich.

Mitte Januar bestellt Betty ihre Schwester ins Haus Vaterland am Potsdamer Platz. Bruno ist auch dabei. Sie trinken Wein und essen eine Kleinigkeit, bevor Betty mit der Sprache rausrückt. Sie hat auf Hedwigs Namen bei der Bank ein Konto eröffnet und Geld eingezahlt, um es vor den Gläubigern in Sicherheit zu bringen, eine größere Summe. Jetzt will sie das Geld abheben, bekommt es aber nicht ohne Hedwigs Vollmacht. Hedwig ist außer sich, gibt ihr aber die Vollmacht. Um welche Summe es sich handelt, bleibt unklar. Die Zeche zahlt Busse von einem 50-Mark-Schein, den Betty ihm, Hedwig hat es zufällig gesehen, vorher zugesteckt hat.

Als Bettys Geld zur Neige geht, verliert Bruno das Interesse an ihr und versucht, sich ihrer zu entledigen. Sie merkt es nicht – oder will es nicht merken. Sie glaubt noch immer, dass er sich von seiner Familie trennen und sie heiraten wird.

Er plant das Verbrechen minutiös. Anfang März fahren sie gemeinsam nach Pommern, wo Betty sich erholen will. Am 13. März bekommt Hedwig einen Brief von ihrer Schwester: „Liebe Hedwig, wenn Du diese Zeilen erhältst, bin ich nicht mehr in Deutschland. Bruno wird Dir alles erklären. Behalte mich in guter Erinnerung. Deine Betty.“ Hedwig ist entsetzt und betroffen zugleich. Was soll dieser Brief bedeuten? Will sich ihre Schwester etwa umbringen? Andererseits zweifelt sie. Ist das wirklich Bettys Schrift?

Hedwig schreibt an Busse eine Karte. Bettys Brief gebe ihr Rätsel auf, und sie verlange von ihm eine Erklärung. Am 15. März sucht er sie auf, trifft aber nur die Wirtin an, die ihm bestätigt, dass Hedwig in großer Sorge um ihre Schwester sei. Busse sagt: „Um diese Frau braucht sie sich keine Sorgen zu machen. Es ist besser, wenn sie sie überhaupt nicht wiedersieht.“ Im Übrigen wisse er auch nicht, wo sich Betty aufhalte.

Am nächsten Abend bestellt er Hedwig in den Primus-Palast am Hermannplatz. Sie solle sich bloß nicht einfallen lassen, nach ihrer Schwester zu forschen, sagt er. Denn diese habe sich des Betruges und der Urkundenfälschung schuldig gemacht. Sie bekäme nur Unannehmlichkeiten und die Leute würden mit Fingern auf sie zeigen. Und überhaupt, die Betty tauge nichts. Er habe beobachtet, wie sie mit einem anderen Mann aus ihrer Wohnung kam. Sie seien in ein Auto gestiegen und weggefahren. Vermutlich ins Ausland. Hedwig wirft ein, dass es doch gar nicht so einfach sei, ins Ausland zu gelangen. Busse meint nur: „Mit einem Wagen kommt man überall hin.“ Er zahlt die Zeche und schlägt ihr vor, da es schon spät ist, mit ihm im Hotel Reichspost zu übernachten. Hedwig glaubt nicht richtig zu hören und lehnt dankend ab.

Hedwig scheint seine Geschichte zu glauben. Nun kann er sich ans Werk machen und Betty aus dem Weg räumen, sie erschießen und begraben. Niemand wird sie vermissen. Die Pistole, die Bettys verstorbenem Mann gehört hat, hat er rechtzeitig an sich gebracht. Er kauft einen Spaten und fährt in die Rüdnitzer Heide. Am Bahndamm findet er einen geeigneten Ort, wo er an einer schwer einsehbaren Stelle eine Grube aushebt. Am Nachmittag des 17. März überredet er Betty zu einem Ausflug nach Rüdnitz und führt sie, es ist schon fast dunkel, in die Nähe der Grube. Als der Zug vorbeifährt, schießt er ihr in den Rücken. Sie bricht zusammen, ist aber nicht tot. Busse gerät in Panik, findet nicht den Mut, noch einmal zu schießen, wirft die Waffe weg und bringt sie zur Chaussee, wo er den Wagen anhält.

Sonst ist Busse eher kaltblütig: Die Ermittlungen ergeben, dass er noch zwei Tage vor dem Mord zusammen mit seiner hochschwangeren Ehefrau neue Möbel gekauft hat – vermutlich von Bettys Geld!

Man kann Bruno Busse nicht gerade ein unbeschriebenes Blatt nennen: Wegen schweren Diebstahls, Körperverletzung und Urkundenfälschung ist er insgesamt zwölf Mal vorbestraft und gilt als Berufsverbrecher. Wegen Heiratsschwindels war er 1933 zu anderthalb Jahren Gefängnis verurteilt worden. Kurz nach seiner Entlassung trat er im September 1935 die Stellung in Eberswalde an.

Bruno Busse wird am 4. September 1936 von einem Schwurgericht zum Tode verurteilt. Er legt beim Reichsgericht Revision ein, die jedoch als unbegründet verworfen wird. Am 13. Februar 1937 wird Busse in Plötzensee hingerichtet.

Der Primus-Palast war ein beliebtes Kino, das sich in der Urbanstraße direkt am Hermannplatz befand – auf diesem Foto von 1931 hinter dem 1928/29 errichteten Gebäude von Karstadt.

Tod in der S-Bahn

Berlin im September 1940. In der Laubenkolonie Gutland I und II geht die Angst um. In dem weitläufigen Gelände unmittelbar an der S-Bahn-Trasse der Linie 3 nach Erkner, zwischen den Bahnhöfen Rummelsburg und Betriebsbahnhof Rummelsburg, treibt sich ein Gewalttäter herum, ein „Sittenstrolch". Vor anderthalb Jahren begann er sein Treiben. Inzwischen gehen mehr als 20 Sittlichkeitsverbrechen auf sein Konto. Anfangs hat er den Frauen nachts aufgelauert, sie mit einer Taschenlampe geblendet und belästigt. Dann ist es zu versuchten und schließlich zu vollendeten Vergewaltigungen gekommen. Drei Frauen sind durch Messerstiche am Hals schwer verletzt worden, und im August ist eine 40-Jährige auf dem Nachhauseweg von der Nachtschicht vor ihrer Laube überfallen, mit einem schweren Gegenstand niedergeschlagen, missbraucht und dabei schwer verletzt worden.

Ständig in einer Laube zu wohnen, ist zwar gang und gäbe, doch seit Kriegsbeginn müssen viele Frauen allein zurechtkommen. Die meisten Ehemänner sind an der Front. Unsicher fühlen sich vor allem die Arbeiterinnen im Schichtdienst, die erst in den Nacht- oder den frühen Morgenstunden aus den Fabriken kommen und durch die stockdunklen Wege der Kolonien nach Hause gehen müssen. Sie verwünschen die Verdunkelung. Von Sonnenuntergang bis Sonnenaufgang müssen alle Fenster verhängt sein. Kein Licht darf nach außen dringen, alle entbehrlichen Lampen, auch die Straßenbeleuchtung ist abgeschaltet.

In den Morgenstunden des 21. September 1940 wird nicht weit von hier, kurz vor dem S-Bahnhof Karlshorst unmittelbar am Gleiskörper, eine schwer verletzte Frau gefunden. Sie muss aus der fahrenden S-Bahn gesprungen sein, die hier immerhin mit einer Geschwindigkeit von 60 Stundenkilometern unterwegs ist. Eine Lebensmüde? Die 30-jährige Gertrud Kargoll ist zum Glück so günstig in einen Sandhaufen gefallen, dass sie den Sturz trotz einer schweren Kopfverletzung überlebt. Erst als sie endlich vernehmungsfähig ist, erfährt die Polizei, was geschehen ist: Als sie kurz nach 23 Uhr auf dem S-Bahnhof Rahnsdorf auf den Zug wartet, spricht sie ein Mann in Uniform an. Ob es eine Reichsbahn-, eine Postuniform oder eine andere gewesen ist, vermag sie nicht zu sagen. Bis der Zug kommt, reden sie einige belanglose Worte und steigen dann in einen Wagen der zweiten Klasse ein. Der Uniformierte nimmt ihr schräg gegenüber Platz. Dann geht alles ganz schnell. Völlig überraschend stürzt er sich auf sie und würgt sie bis zur Bewusstlosigkeit. Sie bekommt gerade noch mit, wie er die Schiebetüren öffnet und sie aus dem fahrenden Zug stößt. Ihre Handtasche ist neben ihr gefunden worden. Es fehlt nichts. Ein Raubmordversuch kann folglich ausgeschlossen werden. Beschreiben kann sie den Mann nicht. Er war etwa 1,65 Meter groß. Sein Gesicht hat sie aber im Dunkeln nicht erkennen können.

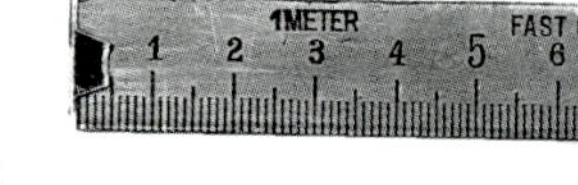

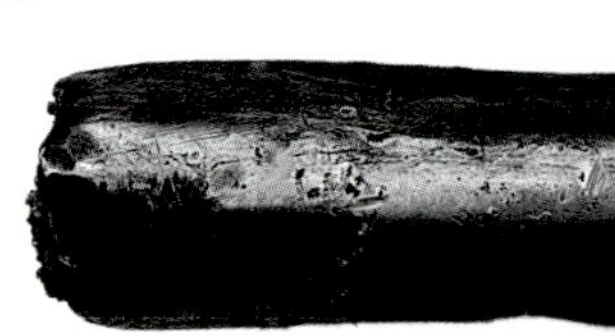

Viel mehr als dieser rätselhafte Überfall beschäftigt die Kripo die Laubenkolonie, wo die Gewalttaten eine neue Dimension erreichen. Am 4. Oktober 1940 wird die 20-jährige Gerda Ditter, Mutter zweier Kinder, in ihrer Laube tot aufgefunden. Das Opfer weist eine schwere Stichwunde an der linken Halsschlagader auf, zudem sind Würgemale zu erkennen. Ein Sexualverbrechen liegt aber nicht vor. Spuren vom Täter gibt es keine.

Vier Wochen später, am 4. November, wird wieder eine Frau aus einer fahrenden S-Bahn gestoßen, diesmal zwischen Hirschgarten und Köpenick. Auch sie ist glücklich gefallen und überlebt. Ein Unbekannter in Uniform hat ihr unvermittelt mit einem schweren Gegenstand auf den Kopf geschlagen. Eine Personenbeschreibung vermag auch sie nicht zu geben. Sie hat nur erkannt, dass er eine Uniform trug, vermutlich die eines Eisenbahners. Der S-Bahn-Wagen wird zwar gründlich durchsucht, aber wieder finden sich keine Hinweise auf den Täter. Zwischen den Polstern entdeckt die Spurensicherung nur ein Stück Bleikabel. Das Schlagwerkzeug?

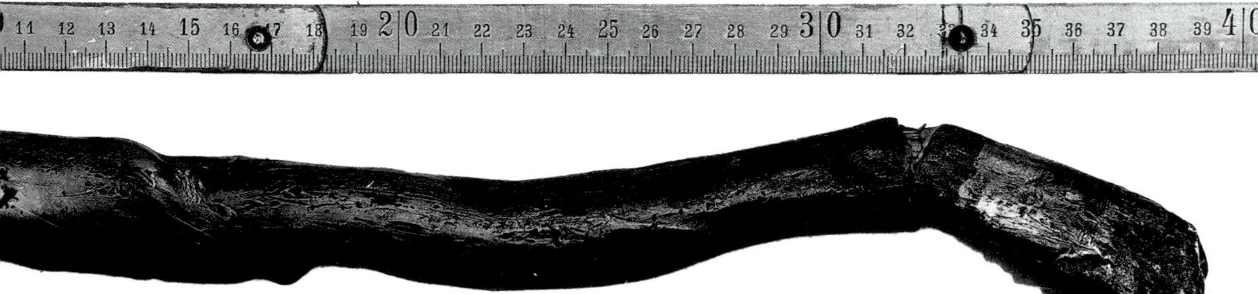

Das Bleikabel

Wieder vier Wochen später, am 3. Dezember, wird auf dem Bahnkörper zwischen Rummelsburg und Karlshorst die 26-jährige Krankenschwester Elfriede Franke tot aufgefunden. Sie hat den Sturz aus der fahrenden S-Bahn nicht überlebt. Doch nicht der Sturz ist die Todesursache gewesen: Ihr wurde mit einem stumpfen Gegenstand der Schädel zertrümmert.

In derselben Nacht gibt es ganz in der Nähe ein weiteres Mordopfer: In der Prinz-Heinrich-Straße, die an der S-Bahn-Strecke entlangführt, wird die 19-jährige Irmgard Freese mit schweren Kopfverletzungen gefunden. Sie ist brutal vergewaltigt worden und stirbt auf dem Weg ins Krankenhaus.

Die Polizei rätselt. Gehen alle Verbrechen auf das Konto eines Täters, oder sind hier zwei Täter am Werk? Dass ein und derselbe Täter im Abstand von einer Stunde zwei Morde begeht, erscheint den Ermittlern unwahrscheinlich. Zudem sind die Frauen, die aus der S-Bahn gestoßen worden sind, nicht vergewaltigt worden.

Die Fahndung gestaltet sich schwierig, denn der Fall soll möglichst nicht in der Öffentlichkeit breitgetreten werden. Die Artikel in den Zeitungen fallen nur recht bescheiden aus. Die Kripo will eine groß angelegte Flugblattaktion, doch das Propagandaministerium blockt ab. In der „Volksgemeinschaft ohne Verbrecher“ darf es keine Serienmörder geben.

Gemeinsam mit den Beamten des Fahndungsdienstes der Reichsbahn überwacht die Kripo die Bahnhöfe zwischen Rummelsburg und Erkner. In jedem Zug fährt mindestens ein Beamter mit. Doch am 22. Dezember und am 29. Dezember gibt es die nächsten Opfer. Wieder sind Frauen aus dem Zug gestoßen worden, wieder sterben sie nicht an den Folgen der Stürze, sondern ihnen wurden zuvor mit einem stumpfen, runden Gegenstand die Schädel

In der Laubenkolonie Gutland geht die Angst um.

Khr

Die Prinz-Heinrich-Straße in Karlshorst. Der Pfeil bezeichnet den Fundort der Leiche.

zertrümmert. Von allen Frauen werden die Handtaschen gefunden. Weder Schlüssel noch Geld fehlen. Keine Raubmorde, keine Hinweise auf sexuellen Missbrauch.

Der Täter versteht es, die Überwachungsmaßnahmen zu umgehen, und schlägt immer dann zu, wenn diese schon beendet sind. Ist der Mörder über die Maßnahmen, die eigentlich geheim gehalten worden sind, informiert? Wenn ja, dann muss er in den Reihen der Reichsbahner zu suchen sein. Dafür spricht auch das sichergestellte Bleikabel. Es handelt sich um ein Stück von einem Telefonkabel, das im November 1939 auf der Strecke Ostkreuz–Wuhlheide verlegt worden ist. Vermutlich ist es in einem Materiallager aufbewahrt gewesen, das nur Reichsbahnern zugänglich ist. Die Frage, ob es die Tatwaffe ist, bleibt indes noch zu klären. Die Kripo steht unter Druck, denn bei andauernder Erfolglosigkeit der Ermittlungen wird die Gestapo den Fall an sich ziehen.

Alle Reichsbahner sollen nun überprüft werden. Ein fast undurchführbares Vorhaben, denn die Angestellten sind nicht zentral, sondern auf ihrer jeweiligen Dienststelle erfasst. Das größte Rätsel aber ist und bleibt das Motiv. Es sind keine Beziehungstaten, keine Raubmorde, keine Sexualdelikte – oder doch? Der Gerichtsmediziner Dr. Waldemar Weimann hält die Taten jedoch für solche, auch wenn keines der Opfer missbraucht worden ist. Seiner Ansicht nach ist hier ein Triebtäter am Werk. Der Täter erfährt Befriedigung durch Anwendung von Gewalt, durch die Angst der Opfer und das Hinausstoßen aus dem Zug.

Die Überprüfung der Reichsbahner ist mühsam. Auch ein gewisser Paul Ogorzow, 28 Jahre alt, seit drei Jahren verheiratet, zwei Kinder, wird überprüft. Der bei seinen Kollegen beliebte Hilfsweichensteller ist Mitglied von NSDAP und SA. Er wohnt in Berlin-Karlshorst in der Dorotheastraße 24 und gilt in der Nachbarschaft als vorbildlicher Familienvater.

Ungewöhnliche Fahndung: Als Frauen verkleidete Kriminalbeamte machen Jagd auf den S-Bahn-Mörder.

37 7.1941.
BERLIN

Paul Ogorzow

Im Januar 1941 werden die Überwachungsmaßnahmen noch einmal verstärkt. Jetzt agieren auch weibliche Kriminalbeamte als Lockvögel. Sie stehen auf den Bahnsteigen, warten auf Züge und darauf, von dem Täter angesprochen zu werden. Allerdings sind männliche Beamte zu ihrem Schutz immer in der Nähe, denn die Frauen sind unbewaffnet. Die Aktion bleibt ohne Ergebnis.

Schließlich greift die Kripo zu der ungewöhnlichsten Maßnahme, die es bei der Polizei je gegeben hat. Das „Sonderkommando" besteht aus sechs Kriminalbeamten, die sich als Frauen verkleidet haben und die Strecken abfahren. Der Vorteil: Sie können allein agieren und den Angreifer gegebenenfalls überwältigen und festnehmen.

Eine Woche später, am 5. Januar 1941, geschieht der vierte S-Bahn-Mord. Es handelt sich um eine junge Frau, die im vierten Monat schwanger ist. Die Mordkommission will endlich Flugblätter und Plakate drucken, die Öffentlichkeit über den Rundfunk informieren. Die Genehmigung wird aber nicht erteilt. Eine effiziente Fahndung ist somit nicht möglich. Wenn die Öffentlichkeit nicht informiert werden kann, vermag sie auch keine sachdienlichen Hinweise zu geben.

Die Überwachungen gehen unvermindert weiter. Der Fahndungsdienst der Reichsbahn ist weiterhin beteiligt. Ohne die Kripo darüber zu informieren, richtet die Ortsgruppe der NSDAP einen Lotsendienst für alleinstehende Frauen ein. Auch das SA-Mitglied Ogorzow meldet sich als „Begleitschutz". Auf dem Betriebsbahnhof Rummelsburg spricht ihn die 41-jährige Johanna Voigt an und bittet ihn, sie nach Karlshorst zu begleiten. Am 12. Februar wird sie tot an der Bahnstrecke zwischen den Gleisen gefunden.

Nun soll die Öffentlichkeit doch informiert werden. Es wird eine Belohnung von 13 000 Mark ausgesetzt. Aber die Morde gehen weiter. Am Morgen des 3. Juli wird in der Laubenkolonie Gutland I die Leiche einer 35-jährigen Frau aufgefunden. Sie ist vergewaltigt worden, der Schädel ist zertrümmert.

Die Verhöre der Bediensteten des Betriebsbahnhofs Rummelsburg beginnen. Ein Hilfsweichensteller sagt aus, er habe mehrfach beobachtet, wie ein Kollege während des Dienstes über den Zaun am Rand des Gleiskörpers gestiegen ist und das Reichsbahngelände verlassen hat. Der Name des Kollegen fällt ihm allerdings erst nach einigen Tagen ein. Es ist der Kollege Paul Ogorzow.

Obwohl Ogorzow schon befragt worden ist und als unverdächtig gilt, wird er noch einmal genauer unter die Lupe genommen. Bei der Überprüfung seines Dienstplanes stellt sich heraus, dass Ogorzow in drei Tatnächten tatsächlich Dienst hatte. Zunächst bestreitet er zwar, über den Zaun geklettert zu sein, gibt dann aber zu, in der Nähe eine Freundin zu haben, deren Ehemann als Soldat im Krieg ist. Zu ihr gehe er regelmäßig. Die Frau bestätigt das Verhältnis mit Ogorzow.

Doch da ist noch etwas: An Ogorzows Uniform ist im Labor Blut nachgewiesen worden. Er kommt in Untersuchungshaft und wird bei einer Gegenüberstellung von mehreren Frauen, die er versucht hat zu missbrauchen, wiedererkannt, wenn zum Teil auch nur an seiner Stimme.

Schließlich gesteht Ogorzow die Vergewaltigungen, versuchten Morde und die Morde in der Laubenkolonie. Mehr als zwanzig Fälle gehen auf sein Konto. Die Morde in der S-Bahn leugnet er strikt. Erst als ihm die präparierten zertrümmerten Schädel der erschlagenen Frauen vorgelegt werden, legt er ein Geständnis ab und gibt zu, die Frauen mit einem Bleikabel erschlagen und aus dem Zug geworfen zu haben. Das habe ihm Befriedigung verschafft.

In seinem im Gefängnis geschriebenen Lebenslauf behauptet Ogorzow, seine Triebhaftigkeit habe ein jüdischer Arzt zu verantworten, der eine Geschlechtskrankheit falsch behandelt habe. In der nicht ausgeheilten Krankheit sei auch die Ursache für seine Verbrechen zu suchen. Er bereue die Taten, habe sie aber in einem Zustand plötzlicher Umnachtung verübt und bitte um Unterbringung in einer Nervenheilanstalt. Ein medizinisches Gutachten widerspricht Ogorzows Behauptungen. Er sei weder krank noch unzurechnungsfähig.

Am 17. Juli 1941 ist Paul Ogorzow festgenommen worden, und bereits nach einer Woche beginnt der Prozess vor dem Sondergericht III beim Landgericht Berlin. Noch am selben Tag wird das Urteil gesprochen: „Der Angeklagte wird als Gewaltverbrecher und Volksschädling wegen Mordes in acht Fällen und Mordversuches in sechs Fällen zum Tode verurteilt." Am folgenden Tag, dem 25. Juli 1941, wird Paul Ogorzow in der Strafanstalt Plötzensee durch die Guillotine hingerichtet.

Der Fall Vera Korn

Berlin am Morgen des 24. November 1943. Die Flächenbombardements der letzten beiden Nächte haben weite Teile der Innenstadt und des Berliner Westens zerstört. Zahllose Brände wüten noch immer, die rauchgeschwängerte Luft macht das Atmen zur Qual. Das Feuerinferno der letzten Nacht hat mehr als 3000 Todesopfer gefordert. Sie alle müssen identifiziert werden. Die Kriminalpolizei kommt zu nichts anderem mehr. Um ungeklärte Fälle kümmern sich die Beamten nur noch halbherzig, zumal sie durch die zerstörten Straßen und den Benzinmangel in ihrer Mobilität stark eingeschränkt sind. Jetzt bloß nicht noch eine neue Mordermittlung, denken die Männer von der Kriminalinspektion M.

Doch gleich am Morgen werden sie an zwei Tatorte in Schöneberg gerufen. Es dauert Stunden, bis sie sich einen Weg durch völlig zerstörte Stadtteile mit noch immer brennenden Häusern gekämpft haben. Streng genommen handelt es sich nicht um „Tatorte", sondern um „Fundorte". In den frühen Morgenstunden hat die Portiersfrau des Hauses Alvenslebenstraße 4 im Flur ein Paket gefunden. Es enthält Leichenteile: menschliche Extremitäten. Im Flur des nicht weit vom ersten Fundort entfernten Hauses Potsdamer Straße 165 wird eine ebensolche grausige Entdeckung gemacht. Ein Paket mit Leichenteilen. Gestern erst sind Leichenteile aus Weil am Rhein nach Berlin gebracht worden. Die Grenzpolizei hatte sie in herrenlosem Gepäck, einem Koffer und einem Paket, im D-Zug Berlin-Basel entdeckt. Der Zug hat am 21. November um 21 Uhr 15 den Potsdamer Bahnhof in Berlin verlassen. Vermutlich ist beides hier in den Zug gestellt worden. Gibt es einen Zusammenhang?

In diesem Koffer machte die Grenzpolizei einen grausigen Fund.

Trotz des herrschenden Chaos nimmt sich der Gerichtsmediziner Dr. Weimann sofort des Fundes an und stellt schnell fest, dass die Leichenteile aus dem Zug zu denen aus Schöneberg gehören, und dass es sich um Teile einer Mädchen- und einer Frauenleiche handelt, vermutlich um Mutter und Tochter. Die ermordete Frau ist schätzungsweise 30 Jahre alt und 1,55 Meter groß, das Mädchen sechs bis acht Jahre alt und 1,10 Meter groß. Vermutlich haben beide dunkelbraunes Haar. Die Ermittlungen drohen schwierig zu werden, denn von beiden Leichen fehlen noch die Köpfe.

Kriegsbedingt ist es kaum möglich, gezielte Ermittlungen durchzuführen, und so wird der Fall erst im Januar 1944 wieder aufgenommen. Um die Ermittlungen wieder in Gang zu bringen, berichtet die Deutsche Allgemeine Zeitung am 16. Januar mit der Überschrift „Grauenhafter Frauen- und Mädchenmord – Appell an die Öffentlichkeit, bei der Suche nach dem Täter mitzuhelfen", detailliert über die Leichenfunde. Das Verpackungsmaterial kann ab sofort bei der Kripo besichtigt werden: ein stark

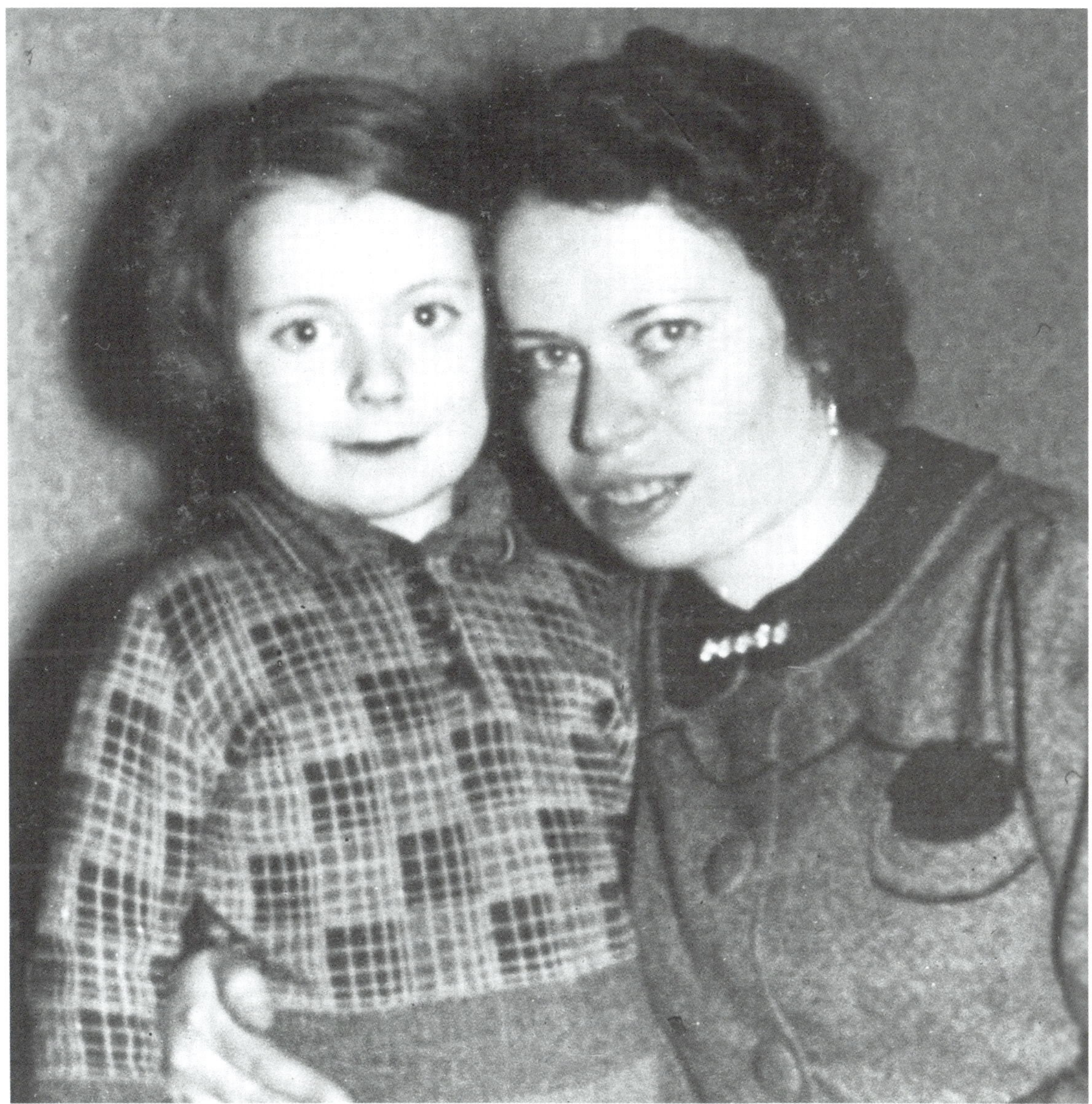

abgenutzter, rötlich-brauner Koffer mit Messingschlössern und die Pappkartons, darunter einer mit der Aufschrift „Maggi's Würze". Für Hinweise, die zur Ergreifung des Täters führen, wird eine Belohnung von 20 000 RM ausgesetzt. Die Kripo nimmt den Fall besonders ernst, denn sie fürchtet, dass hier ein Serienmörder am Werk sein könnte.

Alarmiert von dem Zeitungsbericht, meldet sich noch am gleichen Tag ein gewisser Herbert Hirschberg bei der Kripo. Seit November vergangenen Jahres vermisst er eine gute Bekannte, Vera Korn, und ihre Tochter Eva aus dem Braunen Weg 104.

Vera und Eva Korn

Er fürchtet, dass es sich bei den Ermordeten um die beiden handeln könnte. Fast gleichzeitig geht die Hauswartsfrau aus dem Braunen Weg zur Polizei und gibt zu Protokoll, dass die Jüdin Vera Korn, sie sei im Reichsbahnbetriebswagenwerk in Grunewald dienstverpflichtet, und deren Tochter Eva seit dem 21. November 1943 verschwunden seien. Den Beschreibungen zufolge, die beide Zeugen geben, könnte es sich bei den Toten in der Tat um Vera und Eva Korn handeln.

Bald wird die Vermutung zur Gewissheit. Am 20. Januar 1944 erscheint auch Günther Korn bei der Polizei. Er hat Urlaub von der russischen Front bekommen, denn seine Eltern haben ihm mitgeteilt, dass seine geschiedene Frau und seine Tochter verschwunden seien, und er macht sich Sorgen. Die Beamten zeigen ihm einige Fotos der Leichenteile. Korn ist schockiert. An einigen Besonderheiten meint er zu erkennen, dass es sich in der Tat um Vera und Eva Korn handelt.

Inzwischen haben sich die Beamten auch im Reichsbahnbetriebswagenwerk Grunewald umgehört. Der Werksleiter erklärt, dass Vera Korn seit dem 20. November 1943 nicht mehr auf ihrer Arbeitsstelle erschienen ist. Die Werksleitung hat jedoch keine Nachforschungen angestellt. Vielleicht gehört ja auch sie zu den unzähligen Opfern vom 22./23. November. Die Beschreibung, die der Werksleiter von Vera Korn gibt, stimmt mit der der drei anderen Zeugen überein. Die Identifizierung ist nicht leicht, denn es fehlen noch immer die Köpfe der Leichen.

Die Frage, ob es unter der Belegschaft jemanden gebe, der zu Vera engeren Kontakt gehabt habe, bejaht der Werksleiter und nennt den Reichsbahngehilfen August Eckert.

Während der Befragung verwickelt sich Eckert derart in Widersprüche und ist so nervös, dass er am 17. Januar 1944 festgenommen wird. Doch die Kriminalpolizei muss sich in Geduld üben: Da mehrere Gefangene an Typhus erkrankt sind, wird das Polizeigefängnis unter Quarantäne gestellt. So kann Eckert erst am 10. Februar vernommen werden. Der 35-jährige Eckert arbeitet seit 1937 bei der Reichsbahn. Er ist verheiratet, hat zwei Kinder und ist ein strammer Nazi: Schon 1931 ist er in die NSDAP und die SA eingetreten. Eckert bestreitet zunächst jede Schuld am Tod von Vera Korn und deren Tochter, verliert dann aber die Nerven und legt ein Geständnis ab.

Auf besonders perfide Weise hat Eckert versucht, sich an Vera Korn zu bereichern: Ausgerechnet er heuchelt, wie sehr er sie mag, um ihr Vertrauen zu gewinnen. Deshalb weiß er auch, dass ihre Eltern bereits in den Osten „abgeschoben“, das heißt in ein KZ deportiert worden sind. Fast alles, was sie aus dem Besitz der Eltern retten kann, vertraut sie Eckert zur Aufbewahrung an, so auch eine Kassette mit Schmuck. Er spielt den Hilfsbereiten, nimmt die Schmuckstücke in Verwahrung und versucht zudem, die goldenen Trauringe ihrer Eltern in seinen Besitz zu bringen. Da diese leicht zu Geld gemacht werden können, falls sie sich einmal durch Flucht ihrer drohenden Deportation entziehen muss, will sie diese aber keinesfalls hergeben.

Eckerts Hartnäckigkeit macht Vera letztendlich misstrauisch. Meint es der Nazi wirklich ernst? Langsam schwant ihr, dass er nichts Gutes im Schilde führt, und sie fordert den Schmuck zurück. Eckert aber findet immer wieder Ausflüchte, um ihr die Schmuckkassette nicht aushändigen zu müssen.

So lange wie möglich will er die Herausgabe hinauszögern, hofft er doch, die Korn über kurz oder lang durch ihre „Evakuierung“ loszuwerden. Um Zeit zu gewinnen, versucht er, sich bei ihr einzuschmeicheln. Er lädt sie zu einer gemeinsamen Reise ein, und sie fahren in einen kleinen Ort in der Nähe von Dresden. Hier will er sich der Korn und ihrer Tochter auf irgendeine Weise entledigen, findet aber keine Gelegenheit.

Nun beschließt Eckert, die Dinge voranzutreiben. In der Hoffnung, dass die Korn sich der „Evakuierung“ durch übereilte Flucht entziehen würde, schreibt er ihr am 3. November 1943 einen anonymen Brief, in dem ihr „jemand, der es gut mit ihr meint“ im Vertrauen mitteilt, dass sie in Kürze mit ihrer „Evakuierung“ rechnen müsse.

Statt in Panik zu geraten, zeigt die Korn den Brief dem Werksleiter, der äußerst verärgert reagiert. Aufgrund des immer prekärer werdenden Arbeitskräftemangels will er die Dienstverpflichtete keinesfalls missen. Außerdem ahnt er, wer den Brief geschrieben hat, denn er glaubt, die Schrift zu kennen. Vergleiche bestätigen seinen Verdacht: Die Entlarvung Eckerts als Verfasser des Briefes ist für den Betroffenen zwar außerordentlich peinlich, hat aber keine Konsequenzen: Man wird kaum ein altgedientes NSDAP-Mitglied wegen einer Jüdin angehen.

Eckert versucht nun, Vera Korn zu denunzieren, und schreibt an die Gestapo, dass sie keinen Judenstern trage! Offenbar kennt er ihren besonderen Status nicht: Im Juni 1933 hat die Jüdin Vera Russ den Protestanten Günther Korn geheiratet. Das gemeinsame Kind, die 1935 geborene Eva, wird evangelisch getauft. Auf eine Jüdin, die mit einem Nichtjuden verheiratet, und deren Kind getauft ist, treffen die Nürnberger Gesetze, mit denen 1935 die

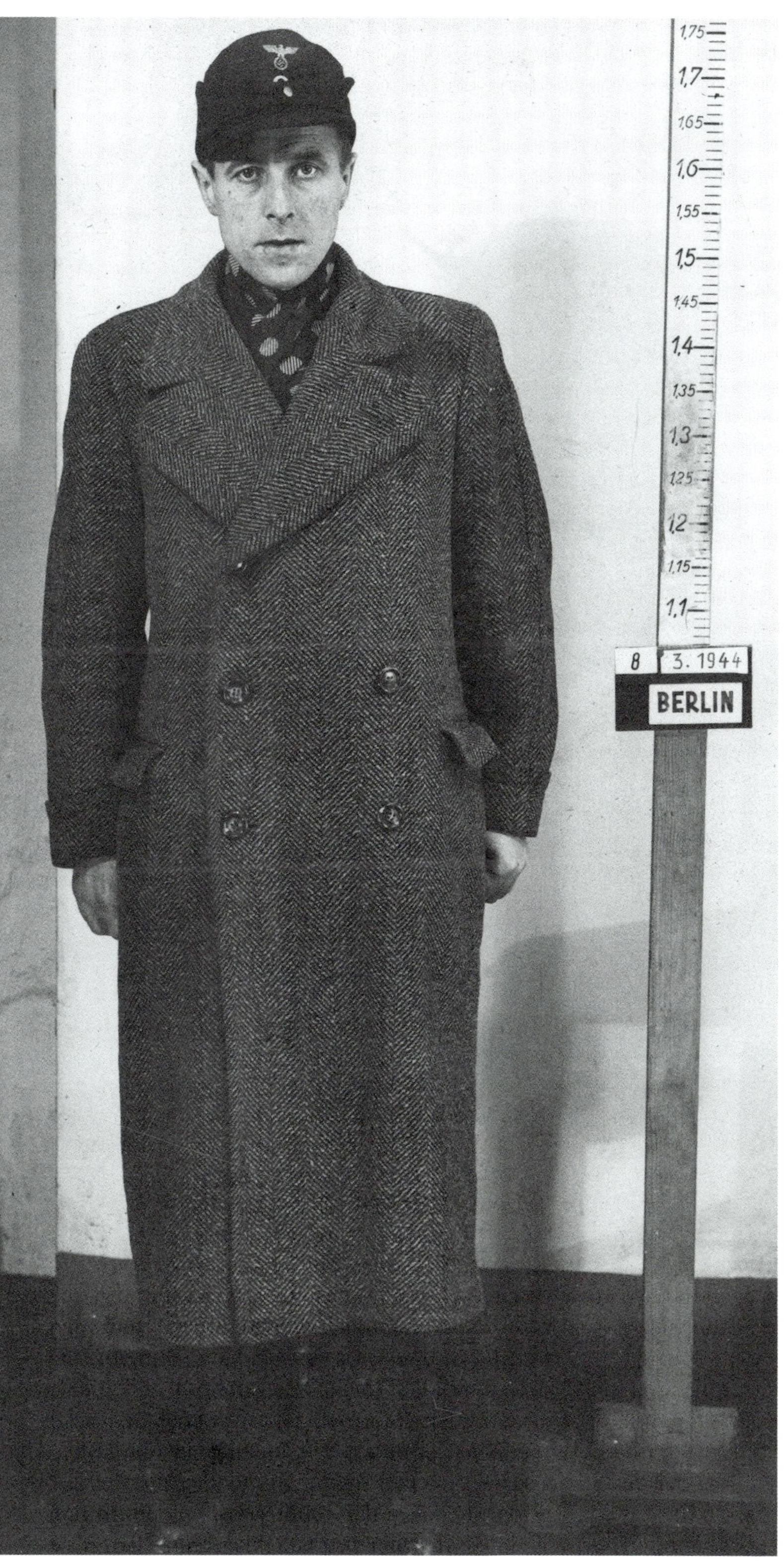

Judendiskriminierung eine neue Stufe erreicht, nur teilweise zu. Sie braucht keinen gelben Stern zu tragen, muss nicht in gekennzeichneten Judenwohnungen leben und ist – vorerst zumindest – von der Deportation ausgenommen. Vera Korn wird zwar 1940 geschieden, das ändert allerdings nichts an ihrem Status, weil sie noch Eva zu versorgen hat. Erst mit dem 15. September 1935 werden sogenannte Mischehen zwischen Juden und Nichtjuden untersagt, bestehende „Mischehen" aber nicht angetastet.

Vera pocht immer energischer auf die Rückgabe des Schmucks. Eckert ändert nun seine Taktik. Er bestellt sie für den 21. November 1943 in die Gotenstraße 60 in Schöneberg in seine Wohnung. Sie könnten sich, schlägt er vor, bei einer Tasse Kaffee einen netten Nachmittag machen. Bei der Gelegenheit könne sie dann auch gleich ihre Schmuckkassette mitnehmen. Vera Korn sagt zu.

Zu dem Treffen bringt sie ihre achtjährige Tochter Eva mit. Das passt Eckert zwar nicht ins Konzept, aber er lässt sich nichts anmerken. Er beschäftigt das Kind, indem er ihm Papier und Bleistift gibt. Dann geht er mit Vera ins Schlafzimmer und verriegelt, ohne dass sie es bemerkt, die Tür. Die Schmuckkassette steht schon auf dem Nachttisch. In der Hoffnung, sie auf diese Weise doch noch umzustimmen, überredet er sie, mit ihm zu schlafen. Sie lässt sich darauf zwar ein, was die Schmuckkassette betrifft, ist sie jedoch unnachgiebig. Sie will sie unbedingt mitnehmen.

August Eckert, der Täter

Die Polizei hat die Lage der beiden Opfer in der Wohnung Eckerts rekonstruiert.

Eckert hat mit allen Eventualitäten gerechnet und hinter dem Ofen einen Hammer zurechtgelegt. Als sie die Kassette an sich nimmt und das Schlafzimmer verlassen will, kommt es zu einem heftigen Streit, in dessen Verlauf er versucht, sie zu erwürgen. Als ihm das nicht gelingt, nimmt er den Hammer und versetzt ihr einen Schlag auf die rechte Schläfe. Sie versucht zu flüchten, aber Eckert schlägt noch einmal zu.

Eva hört die Schreie der Mutter und rüttelt verzweifelt an der Tür zum Schlafzimmer. Schreiend rennt sie zur Wohnungstür, doch auch die ist verschlossen. Um die Nachbarn nicht aufmerksam werden zu lassen, öffnet Eckert die Schlafzimmertür. Der Hammer trifft das Kind tödlich. Nun ist es ganz still. Da er nicht sicher ist, ob sie noch leben, schneidet Eckert beiden mit einem scharfen Küchenmesser die Kehle durch.

Eckert ist sich im Klaren, dass er die Leichen nur zerstückelt aus seiner Wohnung bringen kann. Er verpackt die Leichenteile, säubert die Wohnung und schafft die Pakete fort.

Mit dem Koffer und einem weiteren Paket fährt er am Abend des 21. November 1943 zum Potsdamer Bahnhof, löst ein Billett dritter Klasse für den Zug nach Basel, stellt sein Gepäck in den Zug und verdrückt sich in einem unbeobachteten Moment wieder. Einen Oberschenkel und die Köpfe seiner Opfer packt er in einen Sack und wirft ihn am nächsten Abend unweit des Lützowplatzes in den Landwehrkanal. Am 23. November entledigt er sich der restlichen Leichenteile. Das Haus in der Alvenslebenstraße 4 wählt er, weil er dort einmal gewohnt hat, in das Haus Potsdamer Straße 165 geht er zufällig.

Nach dem Mord sucht Eckert mehrere Male die Wohnung der Korn auf und holt alles heraus, was sich zu Geld machen lässt. Einen Teil der gestohlenen Sachen, vor allem Kleidung, schenkt er seiner Ehefrau zu Weihnachten. Sie ist zur Zeit des Mordes mit den beiden Kindern bei ihren Eltern in Heinersdorf gewesen und ahnt nichts von den Geschehnissen.

Eckert wird zum Tode verurteilt und am 29. März 1944 in Plötzensee hingerichtet. Sein Gnadengesuch ist unbeachtet geblieben. Erst danach, am 5. Mai 1944, wird der Sack mit den restlichen Leichenteilen aus der Spree geborgen.

Die Tatwaffen

Der doofe Bruno

Nach längerer Unterbrechung wird Berlin im Januar 1943 wieder von der Royal Air Force bombardiert. Betroffen sind vor allem Tegel und die südlichen Stadtteile. Kaum eine Nacht vergeht ohne Fliegeralarm. Die Stimmung in der Bevölkerung ist auf dem Nullpunkt. Am 31. Januar 1943 meldet das Oberkommando der Wehrmacht die Kapitulation der 6. Armee. Stalingrad ist gefallen. Selbst die schlimmsten Vorahnungen der als notorische Nörgler beschimpften Skeptiker werden noch übertroffen: Mehr als 250 000 Soldaten werden nicht mehr zurückkehren, 91 000 sollen in sowjetische Kriegsgefangenschaft geraten sein. Fast jede Berliner Familie hat einen Angehörigen in Stalingrad und lebt in unerträglicher Ungewissheit, denn die Einzelheiten über die Niederlage werden verheimlicht. In seiner Rede vom 18. Februar 1943 ruft Reichspropagandaminister Joseph Goebbels im Sportpalast zur Mobilmachung für den „Totalen Krieg" auf. Alle Männer zwischen 16 und 65 Jahren müssen sich zur „Reichsverteidigung" melden, alle Frauen zwischen 17 und 65 Jahren werden dienstverpflichtet. Schüler ab 15 Jahren werden als Flakhelfer eingesetzt.

Bruno Lüdke

Die Kriminalpolizei hat alle Hände voll zu tun. Die Zahl der Sexualmorde ist seit Kriegsbeginn besorgniserregend gestiegen und kaum einer ist aufgeklärt. Mitte März 1943 wird die Kripo in den Berliner Stadtforst nach Köpenick gerufen: Waldarbeiter haben die unbekleidete Leiche einer Frau entdeckt. Die Frau ist missbraucht und erwürgt worden. Während die Spurensicherung ihrer Arbeit nachgeht, bemerkt Kommissar Heinz Franz, dass sich im Gebüsch etwas bewegt, und dreht sich um. Ein sich linkisch bewegender Mann, der das Geschehen anscheinend beobachtet hat, rennt schnell weg, wird von dem wendigen Kripomann aber eingeholt. Es handelt sich um den 35-jährigen Kutscher Bruno Lüdke. Er wird festgenommen.

Lüdke wohnt in Köpenick, wo er in einer Wäscherei arbeitet und allseits als der „doofe Bruno" bekannt ist. Der geistig Zurückgebliebene hat nicht einmal die Hilfsschule geschafft und kann weder lesen noch schreiben. In der elterlichen Wäscherei hat er seinem Vater, der vor fünf Jahren verstorben ist, jahrelang geholfen, die Wäsche auszufahren, denn auf dem Kutschbock ist Bruno gut zurechtgekommen und bald in der Lage gewesen, die Lieferfahrten allein zu bewältigen. Allerdings nur, wenn sein Vater die Strecke vorher mit ihm „geübt", also mehrmals abgefahren hat, denn Bruno kann keine Straßenschilder lesen.

Kommissar Franz nimmt Bruno mit aufs Polizeipräsidium und stellt fest, dass Lüdke bei der Revierpolizei in Köpenick bekannt ist: Hier und da soll er mal geklaut haben. Mal Holz, mal ein Huhn. Die Anzeigen sind jedoch immer wieder fallen gelassen worden, denn Bruno ist nach § 51 StGB schuldunfähig. Die Ärzte attestieren ihm angeborenen Schwachsinn, und so ordnet das Erbgesundheitsgericht im Mai 1940 seine Sterilisation an.

Für die Tatzeit hat Lüdke kein Alibi, somit ist er Franz' Hauptverdächtiger. Ohne Rücksicht auf seinen psychischen Zustand verhört er Bruno über mehrere Stunden, ohne eine Pause zu machen. Er irritiert ihn mit Fangfragen, stellt Suggestivfragen und legt ihm die Antworten, die er hören will, in den Mund. Der Schwachsinnige ist leicht zu manipulieren. Schließlich gesteht er den Mord. Zur Belohnung bekommt er eine Zigarette, denn Brunos große Leidenschaft ist das Rauchen: Eine Zigarette, besser noch eine Zigarre, ist die größte Freude, die man ihm machen kann. Es dauert, bis Lüdke bei einem Ortstermin genaue Angaben macht. Der Kommissar muss immer wieder nachhelfen, ihn darauf hinweisen, wie es wirklich gewesen ist. Bruno bestätigt das dann und bekommt eine Zigarette. Er wiederholt das, was Franz ihm in den Mund gelegt hat.

Angesichts der zahlreichen ungeklärten Mordfälle ist Franz erleichtert, endlich einen Mörder „überführt" zu haben. Dass Brunos Aussage nur auf dem beruht, was er ihm souffliert hat,

Bruno Lüdke nach seiner Festnahme

Der angebliche Täter bei einem Ortstermin

will Franz offenbar nicht wahrhaben. Im Gegenteil: Der Kommissar ist sich sicher, dass der geistig Zurückgebliebene für weitere Morde verantwortlich ist. Er geht die Akten aller ungeklärten Mordfälle der letzten Jahre aus Berlin und Umgebung durch und fährt mit Bruno von Tatort zu Tatort. Erst in Berlin, dann in der Umgebung und schließlich von Norddeutschland bis nach Bayern. Die Morde liegen zum Teil weit mehr als zehn Jahre zurück. Lüdke gesteht sie alle. Wenn er die Tatorte nicht erkennt, hilft der Kommissar ihm auf die Sprünge: „Überleg doch mal, Bruno, könnte es nicht hier gewesen sein?" Dann strahlt Bruno und sagt: „Ja, genau hier habe ich sie totgemacht." Zur Belohnung bekommt er eine Zigarette, vielleicht auch zwei. Eine Taktik, die Franz in jedem Verhör anwendet. Mit dem Ergebnis, dass Bruno Lüdke bis September 1943 insgesamt 20 Morde gesteht, die er seit 1924 begangen haben will. Doch damit nicht genug. Jetzt fährt Franz mit ihm nach Bayern, wo

er freilich auch Morde gesteht, und nach Hamburg. Doch der Hamburger Kriminalrat Gottfried Faulhaber ist skeptisch. Er bezweifelt Lüdkes Geständnisse und durchschaut die Taktik des Berliner Kommissars.

Faulhaber formuliert seine Bedenken in einem Brief an das Berliner Polizeipräsidium, seine Einwände bleiben jedoch unbeantwortet. Innerhalb von sieben Monaten gesteht Lüdke 80 Morde. Der Tragweite seiner Aussagen ist er sich keineswegs bewusst.

Die Aufklärungsrate ist mit Lüdkes Geständnissen zwar sprunghaft gestiegen, doch die Kripo steckt in einem Dilemma. Sie hat einen Mörder, doch die Beweislage ist dürftig. Ein Prozess könnte in einer Blamage enden, zumal es fraglich scheint, ob der geistig Behinderte überhaupt schuldfähig ist. So sind weder Kripo noch Justiz daran interessiert, dass es zu einem Prozess kommt. Bruno Lüdke wird am 10. Dezember 1943 in das neu gegründete Kriminalmedizinische Institut nach Wien zur „wissenschaftlichen Untersuchung" gebracht. Hier muss er unzählige Experimente erdulden, sogenannte kriminalbiologische Untersuchungen. Die erbbiologischen Versuche sollen den Nachweis für die Existenz des „geborenen Verbrechers" bringen. Das Studienobjekt Lüdke wird zahlreichen Torturen ausgesetzt. So muss er reinen Alkohol trinken, danach wird ihm das Rückenmark punktiert. Ob er am 8. April 1944 an den Torturen gestorben oder umgebracht worden ist, bleibt ungeklärt. Seinen Schwestern wird lapidar mitgeteilt, dass ihr Bruder in Wien an Flecktyphus gestorben ist, und da es sich um eine ansteckende Krankheit handelt, sei er in einem Wiener Krematorium sofort verbrannt worden.

Nach dem Krieg beschäftigt der Fall Lüdke noch einmal die westdeutschen Medien. Noch immer wird er als „Monster in Menschengestalt" oder als „zurückgebliebener Neandertaler" bezeichnet. 1956 schreibt der Journalist Will Berthold in der Münchner Illustrierten einen „Tatsachenbericht" über den angeblichen Massenmörder mit dem Titel „Nachts, wenn der Teufel kam". Dieser Bericht dient als Drehbuchvorlage zu Robert Siodmaks gleichnamigem Spielfilm mit Mario Adorf in der Rolle des Bruno Lüdke. Der Film erhält 1958 den Bundesfilmpreis und wird als „bester ausländischer Film" für den Oskar nominiert, Adorf verhilft er zu seinem Durchbruch als Schauspieler. Bruno Lüdkes in Ost-Berlin lebende Schwestern hingegen wollen die Stigmatisierung ihres Bruders als „Massenmörder" nicht hinnehmen und versuchen mit einer einstweiligen Verfügung das Verbot des Films durchzusetzen. Kommissar Gottfried Faulhaber, auch nach dem Krieg ist er noch bei der Hamburger Kripo, ist nach wie vor von Lüdkes Unschuld überzeugt und unterstützt die Schwestern. Der Film wird freilich vom zuständigen Gericht nicht verboten, weil Lüdke als „Person der Zeitgeschichte" zu gelten habe.

Doch war Lüdke überhaupt in der Lage, im ganzen Land Menschen umzubringen? Er konnte nicht einmal Ortsschilder lesen oder eine Fahrkarte für die Eisenbahn kaufen. 1994 hat der niederländische Publizist Jan Blaauw, ehemaliger Polizeipräsident von Rotterdam, den Fall noch einmal unter die Lupe genommen und nachgewiesen, dass Lüdke keinen der ihm untergeschobenen Morde begangen haben kann. Seine Recherchen in Kursbüchern haben ergeben, dass er an vielen Orten, in denen er Verbrechen verübt haben soll, gar nicht gewesen sein kann. Um alle Verbrechen zu verüben, die er „gestanden" hat, hätte er 18 Jahre lang kreuz und quer durch das Land fahren müssen.

VERBRECHEN IN DER NACHKRIEGSZEIT

Stefanie Burgmann, die Angeklagte im „Liebesknochenmord“, 1956 mit ihren Verteidigern vor dem Kriminalgericht in Moabit.

Berlin, im Mai 1945. Die Stadt ist ein Trümmerfeld, aus dem bizarre Häuserskelette ragen. Es herrscht katastrophaler Wohnungsmangel. Die Menschen hausen in Ruinen, Kellern oder Bretterverschlägen, das Leben ist aus den Fugen geraten. Eine chaotische Zeit, der die Ordnungsmacht abhandengekommen ist. In den letzten Kriegstagen ist die Polizei zur kämpfenden Truppe ernannt worden. Wer den Häuserkampf überlebt hat, setzt sich ab und taucht unter. Unmittelbar nach der Einnahme der Stadt durch die Rote Armee, ist die sowjetische Stadtkommandantur bestrebt, eine neue Verwaltung aufzubauen. Polizei und Justiz genießen dabei Priorität.

Männer, die NSDAP-Mitglieder oder Berufssoldaten waren, oder bereits im Dritten Reich im Polizeidienst gewesen sind, kommen für eine Tätigkeit bei der Polizei nicht infrage. Doch die Ordnung muss schnell wiederhergestellt werden, und so reicht es, auf die Frage, ob der Bewerber in der Nazipartei gewesen sei, mit „Nein" zu antworten. Zeitgenössischen Berichten zufolge ist die Polizei der ersten Nachkriegszeit eine gemischte Gesellschaft aus Kriminellen, die aus dem KZ kommen und sich als „Opfer des Faschismus" tarnen, sowie unbelehrbaren Nazis, die inzwischen ihr Parteibuch entsorgt haben und als Antifaschisten auftreten.

Besonders begehrt sind Polizisten, die schon vor 1933 im Dienst gewesen sind und während der Hitler-Diktatur aus politischen Gründen ihren Dienst quittieren mussten oder entlassen worden sind. Niemandem bleibt indes verborgen, dass die Sowjets bestrebt sind, die Führungspositionen ausschließlich mit Kommunisten zu besetzen. Noch im Mai 1945 setzt die sowjetische Kommandantur den schon seit Langem dafür vorgesehenen Paul Markgraf als Polizeipräsidenten ein. Markgraf, ehemaliger Wehrmachtsoffizier und Ritterkreuzträger, war bei Stalingrad in sowjetische Kriegsgefangenschaft geraten. Dort schloss er sich dem von Moskau gesteuerten „Nationalkomitee Freies Deutschland" an. Sofort nach dem Waffenstillstand kam er zusammen mit der „Gruppe Ulbricht" nach Berlin.

Die Ausrüstung der ersten Polizei ist miserabel. Die sowjetische Kommandantur hat Wehrmachtstuch einfärben lassen, so erinnern sich Zeitzeugen. Doch die Farbe ist nicht wasserfest, und nach dem ersten Regen sehen die Polizisten aus wie Königstiger. Waffen tragen sie keine. Zu ihrer Verteidigung haben sie lediglich einen Holzknüppel, im Volksmund „Stuhlbein" genannt.

Berliner Polizist im Jahr 1946

Nach dem Einzug der Westalliierten gibt es die ersten Verbesserungen bei der Ausrüstung der Polizei. Anfang 1946 erhält zumindest die Kriminalpolizei im amerikanischen und britischen Sektor Schusswaffen, darf sie aber nur im eigenen Sektor tragen. Ein flüchtender Verbrecher darf auch sektorenüberschreitend verfolgt werden, doch diese Regelung bezieht sich ausschließlich auf die beiden genannten Sektoren. Viele Kriminelle, die vornehmlich im amerikanischen und britischen Sektor agieren, ziehen kurzerhand in den französischen um. Die Polizei ist den Verbrechern, die Waffen besitzen, zum Teil auch über Autos verfügen, hoffnungslos unterlegen, denn Dienstwagen gibt es noch keine. Selbst die Kripo ist auf öffentliche Verkehrsmittel angewiesen.

Die Zahl der Polizisten, die im Dienst gefährlich verletzt oder erschossen werden, ist besorgniserregend. Dennoch ist der Dienst bei der Polizei einer der beliebtesten überhaupt, denn Polizisten erhalten die begehrte Lebensmittelkarte I, die sogenannte Schwerarbeiterkarte, und diese gewährleistet eine relativ gute Versorgung mit Lebensmitteln. Im September 1945 verfügt die Kriminalpolizei bereits wieder über 1663 Mitarbeiter. Ihren Sitz hat sie im unzerstörten Teil des Polizeipräsidiums am Alexanderplatz.

Was ist kriminell, was ist nicht kriminell? Kartoffeln- und Kohlenklauen gehört zum Alltag, ebenso wie der Schwarzhandel. Zu den Hauptaufgaben der Polizei in der unmittelbaren Nachkriegszeit gehört die Bekämpfung des Bandenwesens. Um dem Problem Herr zu werden, wird im Dezember 1945 sogar eine Sonderkommission eingesetzt. Es geht unter anderem um den Handel mit gepanschtem Alkohol. 1945 sterben zahlreiche Menschen nach dem Genuss von „falschem Schnaps“, mit Aromastoffen versetztem Methylalkohol. Hinzu kommt der von kriminellen Banden organisierte illegale Handel mit

Eine Razzia gegen Schwarzhändler 1947/48.

Rausch- und Betäubungsmitteln. Weniger Kokain und Heroin werden gehandelt, als vielmehr Morphium, Dolantin oder Pervitin. Pervitin wurde schon zur Leistungssteigerung bei den Soldaten der Wehrmacht im Zweiten Weltkrieg eingesetzt, insbesondere während des Polen- und Frankreichfeldzugs. Eine hochgefährliche Droge, die rund 70 Jahre später als Crystal Meth wieder in Mode ist.

Das Nachkriegsberlin leidet nicht nur unter dem Mangel, sondern auch unter der ausufernden Kriminalität. Zwischen August und Dezember 1945 werden in Berlin 296 Morde registriert, im gesamten Jahr 1946 311 Morde und 2607 Raubüberfälle. Zum Vergleich: 2013 wurden in Berlin lediglich 106 Fälle von Mord und Totschlag registriert.

Zu den „klassischen" Verbrechen wie Mord, Mordversuch, gefährliche Körperverletzung, Raub und Vergewaltigung, kommen die aus der Not geborenen Verbrechen: Plünderei, Wilderei, Unterschlagung, Schwarzschlachtung und Schwarzhandel. Selbst das Sammeln von Holz aus den Ruinen gilt als Plünderung und wird hart bestraft, denn alles Holz,

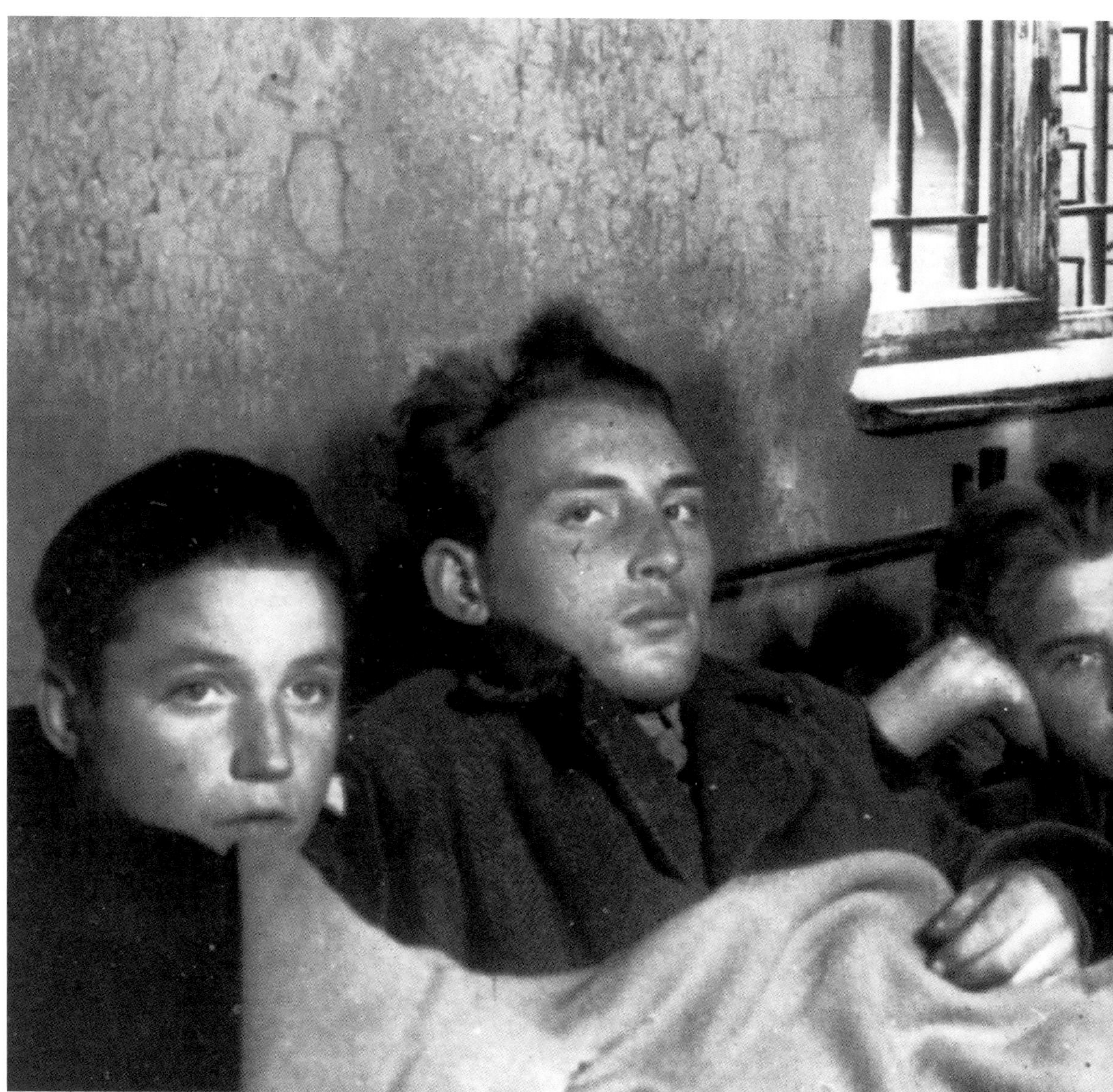

das in Berlin anfällt, ist Eigentum des Magistrats und soll für den Wiederaufbau eingesetzt werden. Eine „Bewirtschaftungsstelle für Bergungsgut der Stadt Berlin" erwartet von der Polizei, dass sie ein besonderes Augenmerk auf Plünderer richtet, doch die hat andere Sorgen. Der Schwarzmarkt blüht. Nicht nur am Potsdamer Platz und am Reichstag oder am Bahnhof Zoo, in allen Bezirken entstehen größere und kleinere Schwarzmärkte, die kaum zu kontrollieren sind. Trotz zahlreicher Razzien ist es unmöglich, den Schwarzhandel zu unterbinden. Es wird getauscht, gekauft und betrogen. Amerikanische Zigaretten werden zur Ersatzwährung. Nach wie vor treiben organisierte Banden ihr Unwesen. Betrüger, Diebes- und Schieberbanden haben Hochkonjunktur. Ganze Lebensmittellager werden ausgeraubt und die Waren auf dem Schwarzmarkt verschoben.

Die Berliner fahren ins Brandenburgische, um sich bei den Bauern mit Lebensmitteln zu versor-

Heimatlose Jugendliche 1947 in Berlin

gen. Die Bezahlung: ein Meißner Kaffeeservice, ein Perserteppich, das Silberbesteck oder Bettwäsche. Ein Unrechtsbewusstsein haben die hungrigen Menschen nicht. Dennoch, Hamsterern drohen empfindliche Strafen. Die Zeitung Der Berliner schreibt am 11. September 1945:

> *Die Provinzialverwaltung Mark Brandenburg weist auf die unhaltbaren Zustände hin, die dadurch entstehen müssen, daß Stadtbewohner Kartoffeln, Gemüse, Obst usw. auf dem Lande aufkaufen. Diese Aufkäufe gefährden eine geregelte Belieferung der Stadtbevölkerung in höchstem Maße. Es wird also nochmals dringend vor diesen Kaufgeschäften gewarnt. Die Polizei ist angewiesen, streng durchzugreifen. Die Schuldigen haben neben einer Beschlagnahme der Lebensmittel noch harte Strafen zu erwarten.*

Besonders zu schaffen machen der Kriminalpolizei verwaiste und verwahrloste Kinder und Jugendliche ohne ein Zuhause, die sich zu Jugendbanden zusammenschließen und durch die Stadt marodieren. Am 16. August 1945 untersagt eine Polizeiverordnung Kindern und Halbwüchsigen den Aufenthalt auf öffentlichen Straßen oder Plätzen während der Dunkelheit sowie den Aufenthalt in Gaststätten ohne Begleitung eines Erziehungsberechtigten. Ein hilfloser Versuch, dem Problem Herr zu werden.

Inzwischen zeichnet sich der Kalte Krieg ab. Die politischen Differenzen zwischen den Westsektoren und dem Ostsektor verschärfen sich. SPD und KPD kämpfen um die politische Vormachtstellung. Der von der Sowjetunion favorisierte Zusammenschluss von SPD und KPD stößt bei der SPD in West-Berlin auf erbitterten Widerstand. Als am 21./22. April 1946 auf einem Einigungsparteitag im Admiralspalast der Zusammenschluss von KPD und SPD zur SED besiegelt wird, ist der Bruch unausweichlich.

Die ersten freien Wahlen zur Stadtverordnetenversammlung im Nachkriegsberlin bringen der SED eine empfindliche Niederlage bei. Die SPD hingegen erzielt einen überragenden Sieg vor der CDU.

Der Kampf zwischen demokratischen und kommunistischen Kräften spitzt sich zu. Die Westalliierten setzen alles daran, die von Polizeipräsident Markgraf betriebene kommunistische Unterwanderung der Polizei zu stoppen. Im Mai 1946 erteilt die US-Militärregierung den Befehl, im amerikanischen Sektor alle Polizeibeamten zu entlassen, die mit den Kommunisten sympathisieren. Sie werden durch Parteilose oder durch SPD-Mitglieder ersetzt. Besonders bei der Kriminalpolizei werden jetzt aber auch wieder Kriminalisten eingestellt, die schon in der NS-Zeit im Amt waren. Im Gegenzug müssen im Ostsektor alle Polizisten, die nicht kommunistisch organisiert waren, um ihren Posten fürchten.

Es gibt aber noch ein anderes Problem, das die Berliner bewegt, ja empört: das unerklärliche Verschwinden einzelner Personen. Gerüchte gehen um, die Menschen, meist sind es Journalisten, Angestellte bei Behörden oder Wissenschaftler, würden in den Sowjetsektor verschleppt. Eine Vermutung, die sich schließlich auch bestätigte. Bis Mitte November 1947 sollen 5413 Menschen aus den Westsektoren verschwunden sein. Polizeipräsident Markgraf hüllt sich hierzu in Schweigen, was das Misstrauen gegen seine Loyalität wachsen lässt. Das Problem der Entführungen aus West-Berlin blieb bis in die 1950er-Jahre bestehen.

Die Lage spitzt sich immer mehr zu. Mit der Blockade kommt es zum endgültigen Bruch. Am 26. Juli 1948 suspendiert Bürgermeister Ferdinand Friedensburg (CDU) Markgraf wegen „undemokratischen Verhaltens“ vom Dienst und ernennt den Vizepräsidenten Johannes Stumm zu seinem Nachfolger. Der sowjetische Stadtkommandant erklärt die Suspendierung Markgrafs für ungültig und entlässt Stumm fristlos. Schließlich kommt es in West-Berlin zur Einrichtung eines zweiten Polizeipräsidiums. Im Juli 1948 zieht Stumm in einen ehemaligen Kasernenbau in der Kreuzberger Friesenstraße 16. In Zukunft haben Polizisten aus dem Westteil der Stadt keinerlei Befugnisse mehr im Ostsektor. Bei Zuwiderhandeln sollen sie sofort festgenommen werden. Polizisten aus dem Sowjetsektor, „Volkspolizisten“, ist es untersagt, in den Westsektoren zu agieren. Auch als Privatpersonen dürfen sie nicht in die Westsektoren. Ihnen drohen die Entlassung und drakonische Strafen.

In dieser absurden Situation haben die Kriminellen leichtes Spiel. Wer im Ostsektor auf der Fahndungsliste steht, setzt sich in den Westen ab und umgekehrt. Eine Zusammenarbeit ist offiziell nicht mehr möglich, kommt nur noch in Ausnahmefällen vor oder geschieht, mit indirekter Duldung der Vorgesetzten, auf mehr oder weniger private Initiative.

Wenige Ausnahmen gibt es: Als 1957 nach dem Mord an einer jungen Frau in Schlachtensee eine Spur nach Ost-Berlin führt, kommt es zu einer begrenzten Zusammenarbeit mit der DDR-Kripo. Der Journalist Kajo Reutlinger, seinerzeit Polizeireporter des Telegraf und später bei der BZ, beschreibt die Situation:

Über die noch bestehende Fernschreibleitung der geteilten Stadt wird ein Treffen zwischen Westberliner und Ostberliner Kriminalbeamten verabredet. In einem Kombiwagen der Kripo fahren Beamte der Westberliner Mordkommission auf ein abgeräumtes Ruinengrundstück der zerbombten früheren City zwischen Koch- und Zimmerstraße im Bezirk Kreuzberg. Der Fahrer stoppt direkt auf der Sektorengrenze. Die Ostberliner Kriminalbeamten steigen zu ihren Westberliner Kollegen ins Fahrzeug, und der Austausch von Ermittlungsergebnissen beginnt.

Berlin wird zum Paradies für Verbrecher. Die absurde Situation, dass man sich vor Verfolgung schützen kann, indem man in einen anderen Sektor wechselt, bleibt bis zum Bau der Berliner Mauer am 13. August 1961 bestehen. Kontakte zwischen Ost- und West-Berlin sind von nun an für 28 Jahre unterbunden. Nun gibt es allerdings auch für Gauner und Ganoven aus West-Berlin keine Möglichkeit mehr, sich in den Ostsektor abzusetzen. Wer jetzt fliehen will, braucht mindestens einen falschen Pass, denn sowohl beim Verlassen der Stadt mit dem Flugzeug wie beim Transit durch die DDR, bzw. durch die „Ostzone“, wie die West-Berliner zu sagen pflegten, benötigte man Ausweispapiere. Besonders für Geldschrankknacker bringt das Probleme, wie wir sehen werden.

1959 war die Sektorengrenze noch leicht zu überqueren.

Das Millionending

Im Herbst 1947 fürchten sich die Berliner vor dem nächsten Winter. Im letzten sind laut Statistik mehr als 500 Menschen erfroren oder verhungert. 32 000 haben mit Erfrierungen oder Hungerödemen im Krankenhaus gelegen. Die Rationen, die es auf Lebensmittelkarten gibt, reichen hinten und vorne nicht, viele Berliner leiden an Mangelkrankheiten. Wer sich nicht zusätzlich auf dem Schwarzmarkt versorgen kann, hat schlechte Karten.

Der 46-jährige Walter Pannewitz aus der Schöneberger Goltzstraße hat andere Sorgen. Vor Jahren schon hat er von Schneider auf Safeknacker „umgeschult". Der neue Beruf hat ihm jedoch kein Glück, sondern 13 Jahre Gefängnis eingebracht. Mehr oder weniger zufällig beobachtet er in diesem Herbst 1947, wie von Polizei eskortierte geschlossene Lastwagen die Einfahrt des Hauses Unter den Linden 10 an der Ecke Charlottenstraße passieren. Sie bringen die Einnahmen der S-Bahn und der Fernbahn, denn das

Das Haus Unter den Linden 10, das den Krieg unbeschadet überstanden hatte, steht noch heute.

Bürohaus, das nur geringe Kriegsschäden aufweist, beherbergt die Verkehrskasse der Deutschen Reichsbahn. Der Tresorkeller soll durch eine 90 Zentimeter dicke Betondecke vor unliebsamen Eindringlingen geschützt sein. Absolut einbruchssicher, sagt man. Über so etwas kann Pannewitz nur lachen. Der passionierte „Schränker" ist entschlossen, sich der anspruchsvollen Aufgabe zu stellen.

Doch das Millionending muss gut geplant werden. Zunächst braucht er Spezialisten, die ihr Fach verstehen. Unter seinen früheren Kumpels findet er einige.

Die ehemaligen Knastbrüder Heinrich Müller und Karl Schwanitz sind im Immobiliengeschäft. Sie mieten in dem Haus Büroräume an, und den Keller, der unmittelbar neben dem Tresorraum liegt, mieten sie auch gleich. Wie die legendären Brüder Sass wollen sie vorgehen: einen Tunnel graben, von unten durch den Boden brechen und dann in den Tresorraum einsteigen. Pannewitz heuert nur die altbewährte Schränkerelite an, so auch seinen alten Kumpel Erich Markgraf, der inzwischen Inhaber eines Pharmaziegroßhandels ist und das Projekt finanzieren will. Um mit dem Boden, der auch aus Beton ist, fertigzuwerden, werben sie den Maurerpolier Karl Engelter an, der allerdings nicht eingeweiht wird, worum es geht.

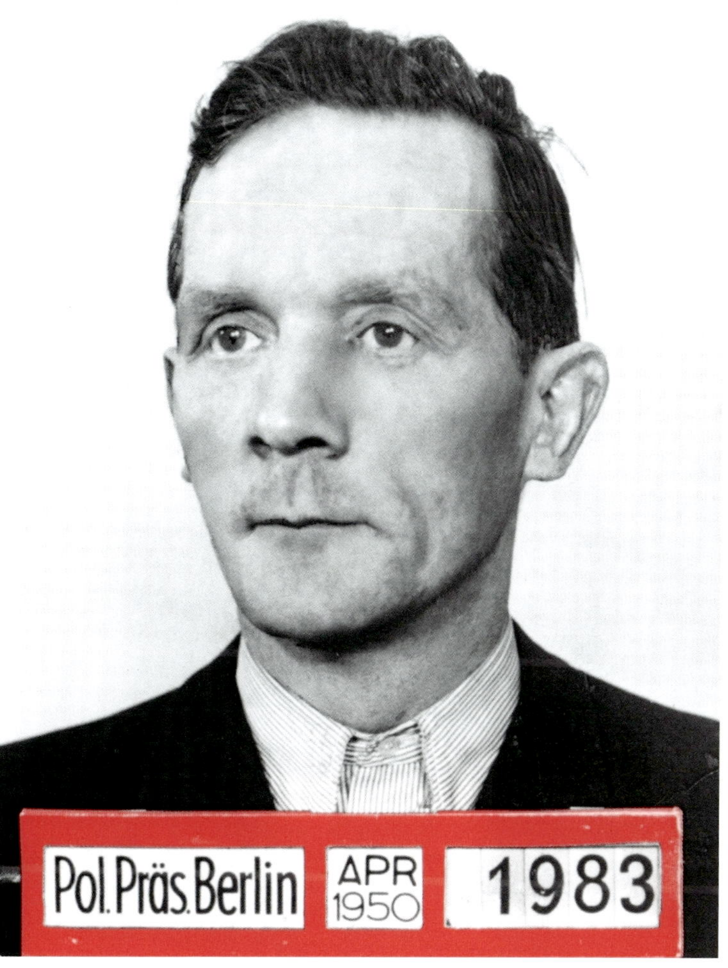

Walter Pannewitz auf einem Polizeifoto aus dem April 1950

Als Spezialist für „kalten Bruch", also Tresoreinbruch ohne Schneidbrenner, holen sie Eddi Groß, ebenfalls einen alten Kumpel. Da sie aber nicht wissen, um was für einen Tresor es sich handelt, überreden sie noch Max Mikulla mitzumachen, den ungekrönten König aller Geldschrankknacker. Mikulla ist zwar schon über 70, aber eine Kapazität. Er hat sein Metier in Chicago gelernt. Das kam so: Als 17-Jähriger riss er aus und schlug sich quer durch Europa bis noch Genua durch. Dort heuerte er auf einem Frachter an und gelangte auf abenteuerliche Weise über New York nach Chicago. Er fand Zugang zur Unterwelt von Chicago, wurde Meisterschüler und absolvierte eine exzellente Ausbildung als Einbrecher. 1910 wurde er als unerwünschter Ausländer ausgewiesen, ging mit seinen Ersparnissen wieder nach Berlin, eröffnete ein Zigarrengeschäft und ging nur noch nebenbei einbrechen. Sein „Hobby" brachte ihm zwei Jahre Zuchthaus ein.

Am Silvesterabend 1949 geht es endlich los. Mit Werkzeug beladen, gelangen sie unbemerkt in den Keller. Vorsicht ist geboten, denn der Hausmeister ist wachsam. Außerdem müssen sie auf den Nachtwächter achten, der regelmäßig seine Runden dreht.

Es ist leichter als gedacht. Der Asphalt ist nicht sehr hart, der Sand lässt sich gut ausheben. Engelter steht schon bis über die Hüften in dem Loch, da hält er plötzlich inne. Er bekommt nasse Füße. Ein Wassereinbruch. Grundwasser! Es steigt immer höher und hat schon bald den Rand der Grube erreicht. Sie schippen das Loch wieder zu. Aus der Traum von den Millionen!

Dann die nächste Hiobsbotschaft: Am 31. Januar 1950 werden die „Immobilienmakler" Müller und Schwanitz von der Vopo abgeführt. Ihre Schiebergeschäfte mit Buntmetall sind aufgeflogen.

Inzwischen ist es Pannewitz mit einem Trick aber gelungen, im Katasteramt die Pläne des Hauses einzusehen, und er stellt fest, dass direkt über dem Tresorkeller ein Abstellraum ist. Wenn sie nicht von unten an den Tresor kommen, dann eben von oben. So mieten sie den fensterlosen Raum als Lager für eine imaginäre Firma.

Die Stahlbetondecke des Tresorraums ist härter als erwartet. Nicht einmal millimeterweise kommen sie weiter. Um nicht aufzufallen, arbeiten sie jeden Abend nur zwei Stunden und dämpfen die Geräusche mit einer Steppdecke. Eines Nachts aber hört der Hausmeister doch verdächtige Geräusche. Gerade noch rechtzeitig werden sie auf die Polizei aufmerksam, doch zur Flucht ist es zu spät. Sie decken das Loch mit Brettern zu, verstecken Decke und Werkzeug und schaffen es im letzten Moment, in ihrem Versteck aus Kisten und Gerümpel zu verschwinden. Die Polizisten schauen sich nur flüchtig um und gehen wieder.

Erst im Frühjahr 1951 geht es weiter. Doch zunächst brauchen sie Geld, um den Bruch zu finanzieren. Da trifft es sich gut, dass Groß gerade einen Tipp bekommen hat. In der Fleischerei Friedrich Roman in der Wrangelstraße 83, ist ein Wandsafe im Büro. Der Laden ist wegen seiner Lage in der Nähe der Sektorengrenze eine Goldgrube, sagt der Fleischergeselle, der Tippgeber. Er weiß auch, dass die Romans am Sonntag, es ist der 27. Mai 1951, nach Mahlsdorf zu einer Familienfeier fahren.

Pannewitz greift zum Schneidbrenner, Groß zu Stemmeisen und Bohrer. Die Beute: 22 000 DM-West, 26 000 DM-Ost und jede Menge Fleisch und Wurst.

Als Erich Markgraf, der ebenfalls dabei gewesen ist, seinen Anteil bei der Post einzahlen will, fällt dem Beamten auf, dass die Geldscheine an den Rändern angesengt sind. Er alarmiert die Polizei und Markgraf wird festgenommen.

Pannewitz beherrscht zwar den kalten Bruch aus dem Effeff, aber der Schneidbrenner ist nicht seine Sache. Er ist zu sparsam gewesen und hat zu wenig Sauerstoff gegeben. Er hat geblakt. Wenig später wird auch Groß festgenommen. Pannewitz selbst jedoch kann fliehen: Er setzt sich zu einer Freundin in den Ostsektor ab.

Im Sommer 1951 gehen die Arbeiten im Abstellraum weiter. Die „verschütt" Gegangenen ersetzt Pannewitz durch Komplizen von früher, Wilhelm Kremmin und Walter Geiß, der den „warmen

Bruch“ perfekt beherrscht. Anfang November trennen sie nur noch einige Zentimeter vom großen Geld. Doch die Öffnung ist für Geiß zu eng. Der schlankere Pannewitz kommt durch, aber er muss sich nackt ausziehen. An einem Feuerwehrschlauch lässt er sich herunter. Zum Glück sind die Schläuche des Schneidbrenners lang genug, sodass sie die schweren Flaschen nicht herunterlassen müssen. Nach einer Stunde ist Pannewitz am Ziel, reicht das Werkzeug nach oben und lässt die Geldsäcke ebenfalls hochziehen. In einem Transporter bringen sie das Geld in die Klosterstraße, wo sie einen Abstellraum gemietet haben. Alle müssen erst einmal ausschlafen und so zählen sie das Geld erst am nächsten Tag. Es sind rund 1,7 Millionen Ostmark und 225 000 Westmark. Dann wird die Beute geteilt. Den größten Anteil bekommen die Hauptakteure, alle anderen erhalten den verabredeten Anteil. Die Ostmark schmuggeln sie, in die Sitzpolster des Lieferwagens eingenäht, in den Westsektor und tauschen das Geld in verschiedenen Wechselstuben gegen harte Währung.

Am 7. November 1951 wird der Bruch entdeckt. Doch erst drei Tage später erfährt die Öffentlichkeit davon. „Millionen-Bankeinbruch im Ostsektor“, titelt die Presse in West-Berlin.

Es ist die West-Berliner Kripo, die den Kollegen im Osten den Tipp gibt. „Das war Pannewitz, der gibt immer zu wenig Sauerstoff.“ Doch der hat sich inzwischen längst wieder in den Westen abgesetzt.

Für diejenigen, die gefasst werden können, beginnt am 26. August 1952 der Prozess vor dem Ost-Berliner Landgericht. Wegen schwerer Wirtschaftsverbrechen werden unter anderem Wilhelm Kremmin zu elf Jahren, Max Mikulla zu sechs Jahren und Karl Engelter zu fünf Jahren Zuchthaus verurteilt.

Pannewitz wird erst am 7. Januar 1953 in West-Berlin gefasst, wo er bis dahin unter falschem Namen gelebt hat. Am 27. März 1954 wird er in Berlin-Moabit zu neun Jahren Zuchthaus verurteilt. Die inzwischen ebenfalls gefassten Erich Markgraf, Eduard Groß und Walter Geiß müssen für sieben bzw. sechs Jahre ins Zuchthaus. Ein Großteil der Millionen bleibt verschwunden.

1989 verfilmt die DEFA den Fall als Gaunerkomödie „Der Bruch“ mit Götz George, Rolf Hoppe und Otto Sander in den Hauptrollen.

Pannewitz bei seiner Verhaftung

Der Todesengel

Berlin, im Dezember 1949. Viereinhalb Jahre nach Kriegsende und gut sechs Monate nach Beendigung der Blockade geht es langsam wieder bergauf. Mit der Währungsreform verbessert sich die Versorgungslage – zumindest in den Westsektoren – stetig. Fast täglich eröffnen neue Geschäfte, Restaurants, Bars, Cafés und Vergnügungsstätten. Das Kulturleben erfährt eine ungeahnte Blüte. Die Berliner strömen in die Theater und die Kinos. Doch noch immer gibt es Ruinengrundstücke, die zwar gesichert, aber nicht geräumt sind.

In einer solchen Ruine im Ostsektor, in der Borsigstraße in Berlin-Mitte, werden am 5. Dezember 1949 Leichenteile gefunden: zwei Unterschenkel, ein linker Oberschenkel und ein linker Arm. Von Bombenopfern stammen sie nicht, denn sie sind „frisch". Die Gliedmaßen, sie gehören zu einem erwachsenen Mann, werden in der Gerichtsmedizin in der Hannoverschen Straße untersucht.

Am 9. Dezember ein weiterer grausiger Fund: der Rumpf eines männlichen Körpers. Diesmal im Westsektor, im Keller der Ruine Schillerstraße 3 in Charlottenburg. In diesem Fall ist die Gerichtsmedizin beim Krankenhaus Moabit zuständig. Dass hier ein Verbrechen vorliegt, steht außer Zweifel. Auch die Art der Tötung kann noch festgestellt werden: Das Opfer ist erdrosselt oder erwürgt worden. Auffällig sind aber die Schnittstellen. Sie sind nicht etwa mit einem Beil oder einer Axt, sondern mit einem sehr scharfen Messer glatt und mit großer Sicherheit ausgeführt. Zweifellos verfügt der Täter über sehr gute anatomische Kenntnisse. Demnach könnte die Tat von einem Arzt, einem Krankenpfleger oder einem Fleischer ausgeführt worden sein. Da es in den letzten Tagen recht kalt gewesen ist, kann der Torso seit etwa einer Woche in der Ruine gelegen haben.

Am 14. Dezember findet die Polizei, wieder auf einem Ruinengrundstück im Ostsektor, in der Chausseestraße, den Kopf, den rechten Oberschenkel und den rechten Arm eines Mannes. Die politische Lage ist kompliziert, die administrative Teilung der Stadt besiegelt. Doch irgendwie muss das Leichenpuzzle zusammengesetzt werden. Da die Gerichtsmediziner weitaus besser zusammenarbeiten als die Polizei, einigen sich die Behörden in diesem Fall schnell. Die in Ost-Berlin gefundenen Leichenteile werden in den Westsektor gebracht. Und die Vermutung bestätigt sich: Sie gehören zu ein und derselben Person. Aber wer ist der Tote?

Am 7. Dezember 1949 ist bei der Polizei im britischen Sektor die Vermisstenanzeige eines Geschwisterpaares aus Berlin-Moabit eingegangen. Ihr Bruder, der 47-jährige Handelsreisende Hermann Seidelmann aus Sachsen, ist verschwunden. Am 17. November ist er zur Beerdigung seiner Mutter nach Berlin gekommen und hat, wie immer, wenn er Berlin besucht, bei seinen Geschwistern gewohnt. Am 3. Dezember hatte er mit ziemlich viel Bargeld in der Tasche, vornehmlich Ostmark, die Wohnung verlassen, um Einkäufe am Bahnhof Zoo zu erledigen. Er ist nicht mehr zurückgekommen. Die Geschwister werden in die Gerichtsmedizin gebracht und identifizieren die verstümmelte Leiche als die ihres Bruders.

Die Ermittlungen konzentrieren sich auf den Bahnhof Zoo, das Zentrum der Berliner Unterwelt. Jede Menge lichtscheuer Gestalten treiben hier ihr Unwesen. Schwarzhändler, wilde Geldwechsler, Prostituierte beiderlei Geschlechts. – Ein gefährliches Pflaster, auf das die Polizei ein wachsames Auge wirft. Jetzt überwacht auch die Kripo das Treiben auf dem Bahnhof, doch ohne Erfolg. Für Hinweise, die auf die Spur des Täters führen, wird eine Belohnung von 500 DM ausgesetzt, kurz nach der Währungsreform eine beachtliche Summe: Ein gelernter Arbeiter verdient so viel in zwei Monaten. Hinweise bleiben jedoch aus.

Am 4. Januar 1950 entdecken spielende Kinder auf einem Ruinengrundstück in der Memhardstraße in Ost-Berlin Leichenteile. Es handelt sich um eine vollständige zerstückelte Frauenleiche. Seit einer Woche mögen sie hier schon gelegen haben. Zudem stellt der Gerichtsarzt fest, dass die Frau erwürgt oder erdrosselt worden ist. Die Schnitte sind ebenso sauber und fachgerecht ausgeführt wie bei der Leiche Hermann Seidelmanns. Handelt es sich also um ein und denselben Täter? Um einen Geistesgestörten oder einen Psychopathen?

Mord an Seidelmann!

500.– DM Belohnung!

Am 9. Dezember 1949 wurde in der Hausruine Berlin-Charlottenburg, Schillerstr. 3, ein männlicher Rumpf gefunden. Die restlichen Leichenteile wurden am 5. Dezember und 14. Dezember 1949 im Ostsektor Berlins, in Ruinen der Borsig- und Chausseestraße, entdeckt.

Der Tote wurde als der ehemalige Schausteller

Hermann Seidelmann

7. September 1903 in Habelschwerdt/Schles. geboren, zuletzt Plauen/Sachsen, Ernst-Thälmann-Str. 19. wohnhaft gewesen, identifiziert.

Seidelmann war am 17. November 1949 zur Beerdigung seiner Mutter nach Berlin gekommen und hielt sich bei seinen Verwandten in Berlin-Moabit, unweit des Bahnhofs Beusselstraße, auf.

In den Jahren 1948-49 ist Seidelmann wiederholt nach Berlin gekommen und betätigte sich am Anhalter Bahnhof und hauptsächlich am Bahnhof Zoo als illegaler Geldwechsler. Manchmal verkaufte er auch Strümpfe.

Am Sonnabend, dem 3. Dezember 1949, gegen 16 Uhr, verließ Seidelmann die Wohnung seiner Angehörigen und kehrte nicht zurück.

Die Tat muß bald nach seinem Fortgang, vermutlich in der Nacht zum 4. Dezember 1949, begangen worden sein.

Die Zerstückelung der Leiche ist in äußerst geschickter Art erfolgt.

Der oben abgebildete Seidelmann wird wie folgt beschrieben:

Etwa 1,70 m groß, Sportfigur, dunkelblondes Haar. Bekleidung: Er trug einen braun-grauen Hut mit breitem Rand und kleiner Kordel, dunkelgrauen, flauschartigen Winterulster mit aufgesetzten Taschen (Fischgrätenmuster), dunkles, gewendetes Jackett, Brusttasche rechts, weißes Oberhemd, dunkle, gestreifte Hose und braune Halbschuhe.

1. **Wer kann über Seidelmann und seinen Umgang näheres sagen?**
2. **Wer hat Seidelmann am Sonnabend, dem 3. Dezember 1949, nach 16 Uhr, allein oder in Begleitung gesehen und wo?**
3. **Wer kann sonstige zur Aufklärung des Verbrechens sachdienliche Angaben machen?**

Für Mitteilungen, die auf die Spur des Täters führen, wird obige Belohnung ausgesetzt, deren Verteilung unter Ausschluß des Rechtsweges erfolgt.

Sachdienliche Angaben, die auf Wunsch vertraulich behandelt werden, nehmen die Mordinspektion im Polizeipräsidium Berlin, Berlin SW 29, Friesenstr. 16, KJ. M I/3, II. Stock, Zimmer 205, Tel. 75 02 51, App. 436, und jede Polizeidienststelle entgegen.

Der Polizeipräsident in Berlin

Berliner Ausstellungen, Abt. Berek, Charlbg., Masurenallee 2

Mit einem Fahndungsplakat wird nach dem Mörder von Hermann Seidelmann gesucht.

Die Vermisstenanzeigen werden durchforstet. Eine davon passt auf die Ermordete. Und in der Tat handelt es sich um die 46-jährige Doris Merten. Ihr Mann hat die Anzeige am 29. Dezember aufgegeben. Doris, Angestellte in einem Büromaschinengeschäft, hat die Wohnung am zweiten Weihnachtsfeiertag verlassen. Sie wollte erst nach Charlottenburg, um einer Kundin, einer Krankenschwester, eine Reiseschreibmaschine zu bringen, die als Weihnachtsgeschenk gedacht gewesen ist. Anschließend wollte sie zu ihrer Schwester fahren. Dort ist sie aber nie angekommen. Hat die Krankenschwester mit dem Mord zu tun?

Die politischen Gegebenheiten in der Viermächtestadt Berlin erschweren die Ermittlungen erheblich. Eine Leiche aus dem Westen wird im Osten gefunden, die Tatverdächtige ist im Westen. Was für die Gerichtsmediziner machbar gewesen ist, wird für die Polizei zum Politikum. Die beiden Polizeipräsidenten Stumm und Markgraf sind unversöhnlich verfeindet, sodass jede Zusammenarbeit unmöglich scheint. Die Ostpolizei darf unter Strafandrohung nicht im Westen ermitteln und umgekehrt. Ermittlungsergebnisse werden in aller Regel nicht weitergeleitet. So wird die 36-jährige Krankenschwester Elisabeth Kusian aus der Charlottenburger Kantstraße 154a zunächst von der „Stummpolizei“ im Westen, später von der „Markgrafpolizei“ im Osten verhört.

Bei ihrer Vernehmung im Westen erklärt sie, Doris Merten zum Bahnhof Zoo begleitet zu haben, von wo diese zu ihrer Schwester fahren

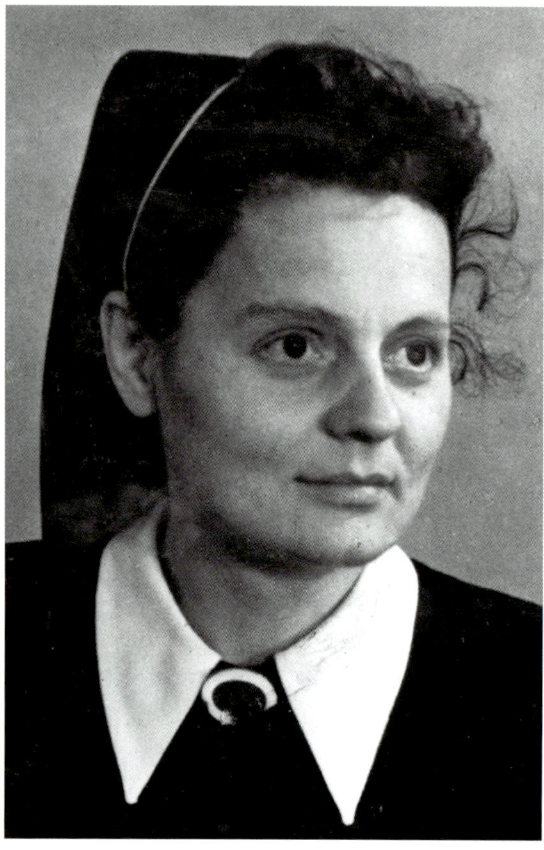

Die Krankenschwester Elisabeth Kusian

wollte. Am 6. Januar wird die Krankenschwester ins Ost-Berliner Polizeipräsidium vorgeladen, denn auch die im Ostsektor lebende Schwester der Doris Merten hat Vermisstenanzeige erstattet. Hier verläuft das Verhör weniger glatt. Elisabeth Kusian verwickelt sich in Widersprüche und wird festgenommen. Der Fall Kusian gehört zu den wenigen, in denen es doch noch zu einer Zusammenarbeit zwischen Ost- und Westpolizei kommt. So durchsuchen Kriminalbeamte beider Polizeien das möblierte Zimmer der Mordverdächtigen in Charlottenburg – mit Erfolg. Sie finden eine gestreifte Krawatte, die dem Toten gehört hat, Blutspuren an Wolldecken, an einem Rucksack und in einem Holzkoffer, der zum Transport der Leichenteile gedient haben muss. Blutspuren finden sich ebenso in den Ritzen zwischen den Dielen des Fußbodens, sowie an einem Küchenmesser, mit dem die Leichen offenbar zerteilt worden sind.

Vier Tage wird Elisabeth Kusian von der Ost-Berliner Kripo verhört, bis sie endlich gesteht, am 3. Dezember Hermann Seidelmann und am 26. Dezember Doris Merten ermordet zu haben. Hermann Seidelmann hat sie, weil er einen gut situierten Eindruck gemacht hat, auf dem Bahnhof Zoo angesprochen, um angeblich Westmark gegen 150 Ostmark zu tauschen. Sie sagte, sie würde gerne mehr tauschen, habe aber nicht genug Westgeld dabei. Er möge sie am Abend in ihrer Wohnung aufsuchen, denn mit den wilden Geldwechslern möchte sie nichts zu tun haben. Da auch Seidelmann schon betrogen worden ist, zeigt er Verständnis und verspricht zu kommen. Er hat Vertrauen zu der liebenswürdigen Frau mit dem Schwesternhäubchen.

Arglos geht Seidelmann in die Falle. Er klingelt pünktlich um 20 Uhr. Elisabeth Kusian bietet ihm Kaffee an. Sie selbst hat sich am Nachmittag eine Morphiuminjektion gegeben – sie ist süchtig nach dem Schmerzmittel. Jetzt kommt die Müdigkeit. Um für ihr Vorhaben munter zu bleiben, braucht sie auch einen Kaffee und schluckt noch eine Dosis Pervitin, ein hochwirksames Aufputschmittel. Sie plaudern zwei Stunden lang sehr angeregt. Dann stellt sie die Musik im Radio lauter, steht auf, um irgendetwas zu holen, nimmt die aus einer Wäscheleine vorbereitete Schlinge, wirft sie dem ahnungslosen Seidelmann von hinten über den Kopf und zieht zu. Es kommt nur zu einem kurzen Kampf, dann verliert Seidelmann das Bewusstsein. Nachdem sie sich vergewissert hat, dass er wirklich tot ist, durchsucht sie seine Sachen nach Geld und Wertsachen. Doch die Beute ist gering. Nur 300 Mark hat er bei sich. Sie zieht ihn aus und macht sich an die Zerstückelung der Leiche. In Anatomie kennt sie sich gut aus, denn sie hat im Operationssaal im Virchow-Krankenhaus assistiert. Aufgeputscht mit Morphium und Pervitin, schafft sie die Leichenteile am nächsten Morgen in mehreren Gängen aus der Wohnung und versteckt sie auf Ruinengrundstücken.

Das Geld, das sie erbeutet hat, reicht ihr hinten und vorne nicht. Sie braucht es für Weihnachtsgeschenke für ihren Geliebten. Kurt, verheiratet, drei Kinder, ist Kriminalsekretär bei der West-Berliner

Wie viele Berliner in der Nachkriegszeit, wohnt Elisabeth Kusian zur Untermiete. Die Kriminalpolizei fertigte diese Skizze der Charlottenburger Wohnung an.

Tatortzeichnung

zur Mordsache: Hermann SEIDELMANN u. Doris MERTEN

Wohnung: Schönbeck-Stohr, Bln.-Charlottenburg, Kant str. 154 a v. 4 Tr.

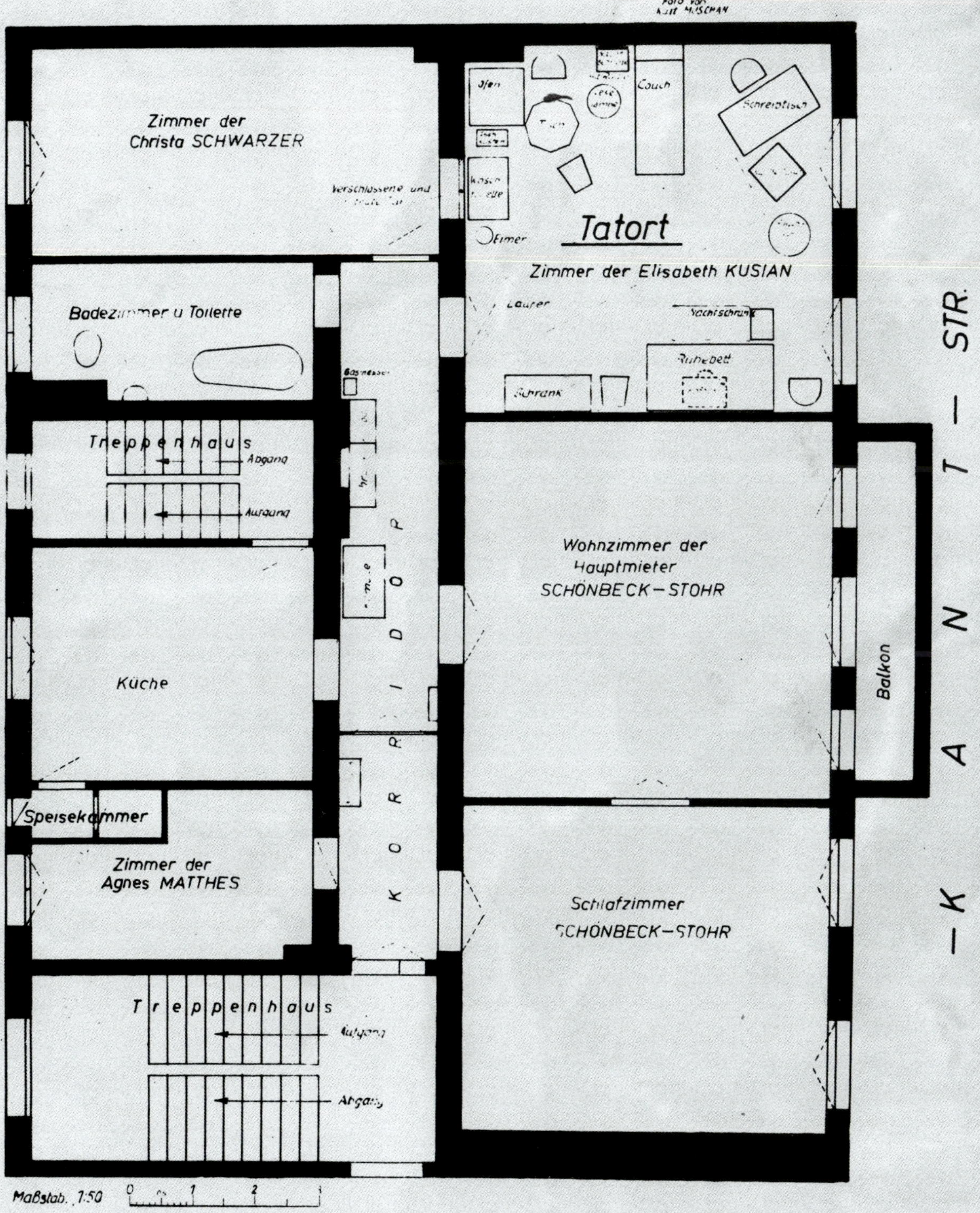

Kripo und ihre große Liebe. Zu Weihnachten will sie ihm eine Reiseschreibmaschine schenken, die er sich so wünscht. Doch wovon soll sie die bezahlen?

In dem Büromaschinengeschäft wird sie von Doris Merten bedient und vereinbart Ratenzahlung. Die erste Rate, 25 Mark, wird bei Lieferung fällig. Sie bittet die Verkäuferin, sie ihr am zweiten Weihnachtsfeiertag in die Wohnung zu bringen, weil ihr Dienstplan keine andere Zeit zulasse. Es solle doch ein Weihnachtsgeschenk sein. Doris lässt sich überreden.

Elisabeth Kusian geht genauso vor wie bei Seidelmann. Sie bittet Doris in die Wohnung, bietet ihr Kaffee an, stellt das Radio lauter, wirft ihr eine Schlinge über den Kopf und zieht zu. Bis Kurt kommt, bleibt ihr aber keine Zeit mehr, die Leiche zu entsorgen. Sie schiebt sie unter das Bett und feiert mit ihrem Geliebten ein harmonisches Weihnachtsfest mit Geschenken, Kerzenlicht und einem Festmahl. Die Nacht verbringen sie gemeinsam in Elisabeths Bett. Der Kriminalassistent ahnt nicht, was sich darunter verbirgt.

Am nächsten Tag zerstückelt sie die Leiche, verpackt die Teile und schiebt sie wieder unter das Bett. Dann säubert sie den Tatort und geht zum Dienst. Die Fenster lässt sie geöffnet, um Leichengeruch zu verhindern und das Zimmer kühl zu halten, denn erst in der Neujahrsnacht kann sie die Leichenteile wegschaffen. Drei Mal fährt sie mit den Rucksäcken in den Ostsektor.

Am 8. Februar 1950 überstellt die Ost-Berliner Kripo die Geständige mit allen Akten nach West-Berlin, denn die Morde sind im Westen geschehen.

Am 15. Januar 1951 beginnt in Berlin-Moabit der Schwurgerichtsprozess gegen die Doppelmörderin. Der Publikumsandrang ist so groß, dass die Polizei die Zugänge absperren muss. Verteidigt wird sie unter anderem von Dr. Max Weimann, dem Bruder des Direktors des Landesinstituts für gerichtliche und soziale Medizin Waldemar Weimann. Dieser wird in dem Verfahren als sachverständiger Zeuge gehört und attestiert der Angeklagten eine „abartige psychopathische Persönlichkeit mit disharmonischer Charakteranlage und hysterischen Zügen", sie sei aber „weder geisteskrank noch geistesschwach".

Die Presse berichtet in sensationell aufgemachten Berichten von jedem Verhandlungstag. Einzelheiten über den Werdegang Elisabeth Kusians werden

Blick in das Zimmer von Elisabeth Kusian. Das Bett befindet sich rechts.

Elisabeth Kusian im Gerichtssaal

bekannt: In Thüringen geboren, arbeitet sie nach Abschluss der Volksschule als Hausmädchen. 1936 heiratet sie den Krankenpfleger Walter Kusian und hat mit ihm drei Kinder. Als er zu Beginn des Krieges einberufen wird, macht sie sich ein schönes Leben und bringt sämtliche Ersparnisse durch. Während der Kampf um Berlin wütet, wird sie Sanitäterin und erleidet eine Verwundung am Bein. Gegen die Schmerzen bekommt sie Morphium und wird süchtig. Kurz nach Kriegsende kehrt Walter aus der Kriegsgefangenschaft zurück. Es kommt zum Zerwürfnis, die Ehe wird geschieden, die Kinder werden in einer Pflegefamilie untergebracht. Wegen ihrer Morphiumsucht will Elisabeth unbedingt Krankenschwester werden. Mit der Behauptung, ihr Mann, ein Chirurg, sei an der Ostfront vermisst und sie selbst studiere Medizin, erschwindelt sie sich schließlich eine Anstellung als Lehrschwester im Rudolf-Virchow-Krankenhaus.

Nach sechs Verhandlungstagen wird Elisabeth Kusian am 24. Januar 1951 wegen zweifachen Mordes zweimal zu lebenslänglichem Zuchthaus verurteilt. Ein Revisionsantrag bleibt erfolglos. Der Todesengel im Schwesterngewand stirbt 1958 in der Haft an einem Krebsleiden.

Der Mörder hat den Schlüssel

Die Portiersfrau aus der Reichenberger Straße 38 stutzt, als sie den Keller aufschließen will, denn sie weiß ganz genau, dass sie ihn vor zwei Stunden zugesperrt hat. Es ist Sonnabend, der 20. Mai 1950, gegen 10 Uhr. ,,So eine Sauerei'', schimpft sie, als ihr Blick auf eine Blutlache fällt. ,,Hat hier doch tatsächlich jemand ein Kaninchen geschlachtet.'' Als sie einen Schritt weiter in den Keller tritt, vermag sie vor Entsetzen nicht einmal zu schreien. Zitternd hastet sie nach oben. ,,Kommen Sie schnell'', ruft sie einem Mieter zu, der gerade mit dem Mülleimer auf den Hof will. ,,Da unten, da ist was Furchtbares!'' Er geht mit in den Keller und muss einen Würgereiz unterdrücken. Neben der Blutlache liegt, über und über mit Blut besudelt, eine Kinderleiche. Der Kopf ist vom Rumpf abgetrennt.

Die West-Berliner Mordkommission aus der Friesenstraße ermittelt schnell, dass es sich um die viereinhalbjährige Margit H. aus der Manteuffelstraße handelt, die erst seit einer Stunde vermisst wird.

Der Täter hat zwar keine Spuren hinterlassen, da er sich aber mit Blut besudelt haben muss, ist er auf der Flucht vom Tatort mit Sicherheit aufgefallen. Und: Er muss einen Kellerschlüssel gehabt haben. Kaum sind die Abendzeitungen mit den ersten Berichten erschienen, meldet sich ein Möbelpacker bei der Kripo. Zwischen 9 Uhr 30 und 10 Uhr habe er in besagtem Haus zu tun gehabt und sei im Flur von einem Mann angerempelt worden, der es offenbar sehr eilig hatte. Auf seinem Jackett habe er einen dunklen Fleck gesehen, vermutlich Blut. Der Mann sei 40 bis 45 Jahre alt, 1,70 bis 1,75 Meter groß und habe auffallend vorstehende Backenknochen.

Der grausame Kindermord ist Tagesgespräch. Die Mordkommission kann sich kaum retten vor vermeintlichen Zeugen. Eine heiße Spur ist jedoch nicht dabei.

Am 4. Juli 1950 verschwindet die sechsjährige Petra K. aus der Jenaer Straße in Wilmersdorf. Sechs Tage später wird die Leiche der Vermissten in einer Ruine in der Waghäuseler Straße aufgefunden.

Für Hinweise, die zur Ergreifung des Täters führen, wird eine Belohnung von 5000 D-Mark ausgesetzt. (Ein durchschnittliches Jahresgehalt liegt um 1950 bei rund 3000 D-Mark.) Mehr als 100 Personen werden aufgrund von Hinweisen überprüft. Ein Tatverdächtiger ist nicht darunter. Am 25. September erscheint der arbeitslose Artist Erich W. in der Friesenstraße. „Ich hab' den Kindermörder gesehen und ich weiß auch, wo er arbeitet", behauptet er und erzählt, dass er in der Straßenbahn der Linie 21 einen Mann beobachtet habe, der zwei sechs bis sieben Jahre alten Mädchen, die neben ihm saßen, die Knie getätschelt habe, während er so tat, als lese er Zeitung. W. habe den Mann verfolgt, bis er bei der AEG in der Turbinenfabrik in der Huttenstraße verschwand.

Die Beamten halten W. zwar für einen Wichtigtuer, begleiten ihn aber dennoch in die Huttenstraße. Der Mann, den W. beobachtet hat, ist der 20-jährige geistig zurückgebliebene Hilfsarbeiter Heinz Kaprzak. Als der Kommissar ihn fragt, was er über die Kindermorde wisse, reagiert er nicht, denn er hört nur auf das Bimmeln der Straßenbahn und zeigt nach draußen: „Das ist die 21. Ist ganz pünktlich." Und zur Verblüffung der Ermittler beginnt er, den Straßenbahnfahrplan mit allen kreuzenden Linien und Verbindungen herunterzurattern. Eine Vernehmung ist unmöglich. Kaprzak ist zu sehr abgelenkt. Er muss mit in die Friesenstraße, wo ihm die Fotos der ermordeten Mädchen vorgelegt werden. „Kennst du die Mädchen?", fragt der Kommissar. „Na klar", antwortet Kaprzak. „Die sind doch in allen Illustrierten und an den Litfaßsäulen!" In den Zeitschriften, die seine Mutter immer kauft, steht alles darüber drin. Die Vernehmung verläuft schwierig, denn Kaprzak erzählt offenbar das, was er in den Zeitschriften gelesen hat. Eine Hausdurchsuchung, Kaprzak wohnt in Neukölln bei seiner Mutter, bringt nichts Belastendes zutage. Dann die Über-

Heinz Kaprzak

In den Vernehmungen schweigt Kaprzak zunächst, gibt dann aber doch zu, die beiden Mädchen getötet zu haben, und fragt, ob er nun die Belohnung bekomme. Genaue Angaben zu den Taten kann er nicht machen. Es habe doch alles in den Zeitungen gestanden, sagt er. Der Kommissar kontert: „Ich habe die Zeitungen aber nicht gelesen. Erzähl mir doch mal, wie du das gemacht hast.“ Da Heinz jeden duzt, geht der Kommissar auch dazu über. Das Verhör muss immer wieder unterbrochen werden. Der Junge ist völlig überfordert und kann nur schwer folgen. Jedoch immer, wenn er eine Straßenbahn hört, nennt er die Linie und sagt ihren Verlauf mit allen Zeiten und Umsteigemöglichkeiten auf.

In den Reihen der Kripo wachsen Zweifel. Ist der geistig Zurückgebliebene tatsächlich der Mörder? Der ermittelnde Kommissar lässt sich nicht beirren. Er stellt Kapzak so geschickte Fragen, dass dieser genau das sagt, was er hören will. Zudem fühlt sich der Junge in seiner Rolle sichtlich wohl. Er ist stolz, ganz Berlin spricht von ihm – und er bekommt die Belohnung.

raschung: Am folgenden Tag erscheint ein Cousin Kaprzaks und sagt aus, sein Vetter habe ihm in einem Gespräch den Mord an den beiden Mädchen gestanden. Heinz habe ihm die Zeitungen gezeigt und gesagt, da stehe drin, wie er es gemacht habe. Er sei jetzt der berühmteste Mann Berlins und bekäme die 5000 Mark Belohnung.

Günter Prodöhl, seinerzeit Gerichtsreporter für Ost-Berliner Zeitungen, zitiert in seinem 1957 im Ostsektor erschienenen Buch „Die im Dunkeln. Kriminalfälle von heute“, aus dem Schlussbericht der vernehmenden Kriminalbeamten: „Bei der Wie-

[B.-V.-G.]
Hoch-Untergrundbahn-Verkehr
Hoch-Untergrundbahn-
Pankow Vinetastraße
Schönhauser-Allee
Dimidroff-Strasse
Senefelder-Platz
Luxemburg-Platz
S-Alexander-Platz
Kloster-Straße
Märkisches-Museum
Spittel-Markt
Hausvogtei-Platz
Stadt-Mitte
Thälmann-Platz
S-Potsdamer-Platz
Gleisdreieck
Bülow-Straße
Nollendorf-Platz
Wittenberg-Platz
Zoologischer-Garten
Am Knie
Deutsches-Opernhaus
Sophie-Charlotte-Platz
Kaiser-Damm
Reichskanzler-Platz
Neu-Westend
Olympia-Stadion
Ruhleben
B. Bedeutet Aussen-Betrieb

Minutiös schreibt Kaprzak seine BVG-Fahrten auf.

derfindung des Tatortes war K. sehr unsicher. K. hat das Haus nicht allein wiedergefunden. Wir haben ihn hinführen müssen. Der Termin musste erfolglos abgebrochen werden. […] Beim Tatort Reichenberger Straße wurde K. bis vor die Tür gefahren. Seine Angaben über die Lage der Leiche entsprechen dem Bildbericht der Illustrierten." Und weiter: „Dem Geständnis des schwachsinnigen Heinz Kaprzak ist nur mit größten Zweifeln zu begegnen. Die Frage, ob er die Morde an den beiden Mädchen begangen haben kann, wurde zwar von den psychiatrischen Sachverständigen bejaht, wird aber endgültig erst von einem Gericht entschieden werden können."

Seit dem 25. September 1950 ist der vermeintliche Kindermörder in Untersuchungshaft. Doch dann der Schock: Am 20. Oktober 1950 wird in Charlottenburg eine Fünfjährige in einen Keller verschleppt und misshandelt. Am 30. Oktober das nächste Opfer, eine Vierjährige aus Wilmersdorf. Zwischen Januar und April 1951 erleiden weitere vier Mädchen zwischen vier und acht Jahren das gleiche Schicksal. Alle werden bewusstlos in Kellern von Wohn- oder Abrisshäusern aufgefunden und weisen schwere Würgemale auf. Zudem hat der Täter immer einen Kellerschlüssel, oder ist zumindest in der Lage, die Tür zu öffnen, ohne Einbruchsspuren zu hinterlassen.

Die West-Berliner Kriminalpolizei tappt im

Kaprzak macht vor Gericht, hier mit seinem Verteidiger, einen gelösten Eindruck.

Dunkeln, und die Ost-Berliner Presse propagiert die Unfähigkeit der „Stumm-Polizei", die nicht in der Lage ist, den Kinderschänder zu fassen.

Am 15. Mai 1951 verschwindet wieder ein Mädchen, die vierjährige Ingrid L. aus Charlottenburg. Die größte Fahndungsaktion der West-Berliner Polizei läuft an. Tausende Polizisten sind dabei im Einsatz. Zwei Tage später wird das Kind in der Hausruine Crusiusstraße in Charlottenburg tot aufgefunden. Ingrid L. ist missbraucht und erwürgt worden. Wieder hat der Täter keine Spuren hinterlassen.

Die Öffentlichkeit ist empört. Mit der Überschrift „Ein Unhold ist unter uns" schreibt die Zeitung Der

Abend am 19. Mai 1951: Niemand habe die Morde und Sexualverbrechen der Rotarmisten, die vor sechs Jahren Berlin eroberten, zusammengestellt. „Aber man hat nie gehört, dass diese Soldaten Kindern etwas zuleide getan hätten. Kindern gegenüber waren auch die Entmenschten unter ihnen Menschen geblieben. Dass ein Unhold seine böse Lust an einem Kind befriedigt, dass er sein Opfer mordet, das ist etwas, das jeden von uns sich entsetzen lässt." Die Bevölkerung muss die Polizei unterstützen. „Genau so wie sie ihr half, als es galt, den Mörder der Margit H. und Petra K. zu finden."

Ist Kaprzak tatsächlich der Täter gewesen? Die populäre Berliner Wochenzeitschrift „Sie" äußert am 3. Juni 1951 Skepsis und fragt: „Verfolgt die Berliner Polizei bei den Kindermorden die richtige Spur?" Am 26. Juni 1951 beginnt vor der großen Jugendschutzkammer der Prozess gegen Heinz Kaprzak. Wegen des großen Publikumsandrangs findet die Verhandlung aber im großen Schwurgerichtssaal des Moabiter Kriminalgerichts statt. Kaprzak ist sich der Bedeutung des Prozesses gegen ihn keineswegs bewusst. Lächelnd steht er da und genießt es, von allen Seiten fotografiert zu werden. Wie schon bei der Polizei, ist Kaprzak auch vor Gericht nicht in der Lage, glaubhafte Aussagen zu den Taten zu machen. Die Zeugenaussagen ergeben Entlastendes für den 20-Jährigen: Der Möbelpacker erkennt Kaprzak nicht als den Mann wieder, der ihn im Hausflur in der Reichenberger Straße 38 angerempelt hat, und die Portiersfrau beteuert, den Keller am Morgen ganz gewiss abgeschlossen zu haben. Demnach muss der Täter einen Schlüssel gehabt haben. Bei Kaprzak ist aber weder ein Schlüssel noch ein Dietrich gefunden worden. Sein Verteidiger Dr. Max Weimann bezweifelt ohnehin, dass sein Mandant in der Lage ist, Spuren so geschickt zu verwischen, wie der Mörder es getan hat. Auch die Mutter des Angeklagten ist von der Unschuld ihres Sohnes überzeugt. Sie sagt aus, ihr Sohn sei am Morgen der Tat zu Hause gewesen und habe noch geschlafen.

Die Ärzte attestieren dem Angeklagten zwar „ausgesprochenen Schwachsinn", doch verblüfft er durch seine Kenntnis der BVG-Linien. Er sagt jedem, welche U-, S- und Straßenbahnen seinen Bezirk durchfahren, woher sie kommen, wo die Endstationen sind. Das ist eine Meisterleistung und eines seiner beiden Steckenpferde. Das zweite ist der Gegenstand dieser Verhandlung: das Spiel mit kleinen Kindern. „Ich kenne die kleine Hilde, die Rosemarie und die Regine. Ich spiele gerne mit ihnen Versteck. Manchmal mache ich auch Dummheiten mit ihnen … Ich möchte dann immer gerne …", zitiert Der Abend den Angeklagten und schreibt: „Man kann seine furchtbaren Wünsche nicht wiedergeben. Und da Kaprzak immer wieder versuchen wird, sich seine Wünsche zu erfüllen, bildet er eine stete Gefahr für seine Umwelt."

Bei der psychiatrischen Untersuchung wenden die Sachverständigen ein seinerzeit noch neues Verfahren an. Der Angeklagte wird an einen Kasten mit kleinen Menschen- und Tierfiguren aus Holz geführt: „Heinz hat sich sehr gefreut", so der Gutachter, „als wir ihm sagten, er könne nach Herzenslust damit spielen." Heinz griff in den eigens für solche Tests entwickelten Kasten und baute eine kleine Szene auf: zwei Mädchen, ein Wolf und ein Krokodil. Dann ließ er die Untiere sich auf die Kinder stürzen …

Angeblich hat der Prozess Klarheit gebracht. Das Gericht sieht den 21-Jährigen als überführt an. Heinz Kaprzak wird am 29. Juni 1951 auf Lebenszeit in eine Heil- und Pflegeanstalt eingewiesen. Die Ost-Berliner Presse, allen voran das Neue Deutschland, kommentiert den Prozess als ein „Verschleierungsmanöver der Westberliner Justiz", um die „Unfähigkeit der Polizei" zu vertuschen, die nicht in der Lage sei, die zahlreichen Sittlichkeitsverbrechen an Kindern in „Westberlin" aufzuklären.

Am 10. Juli 1951 geschieht ein neuer Kindermord. Im Keller des Hauses Hirtenstraße 23 im Ostsektor entdeckt die Portiersfrau die Leiche der seit fünf Wochen vermissten Barbara T. Das Kind ist missbraucht und durch Messerstiche getötet worden. Der Täter hat keine Spuren hinterlassen. Auch der Vopo gelingt es nicht, den Kindermörder zu fassen.

Zehn Monate vergehen, ohne dass ein neuer Mord geschieht. Am 26. April 1952 berichten die Tageszeitungen: Der 39-jährige Schwerverbrecher Erich G. hat sich in seiner Moabiter Zelle erhängt. Er hat einen Abschiedsbrief hinterlassen, in dem er die Sexualmorde an Margit H., Petra K., Ingrid L. und Barbara T. gesteht.

Eine Wiederaufnahme des Verfahrens gegen Kaprzak wird dennoch abgelehnt.

Kaprzaks Mutter versucht, ihren Sohn zu beruhigen.

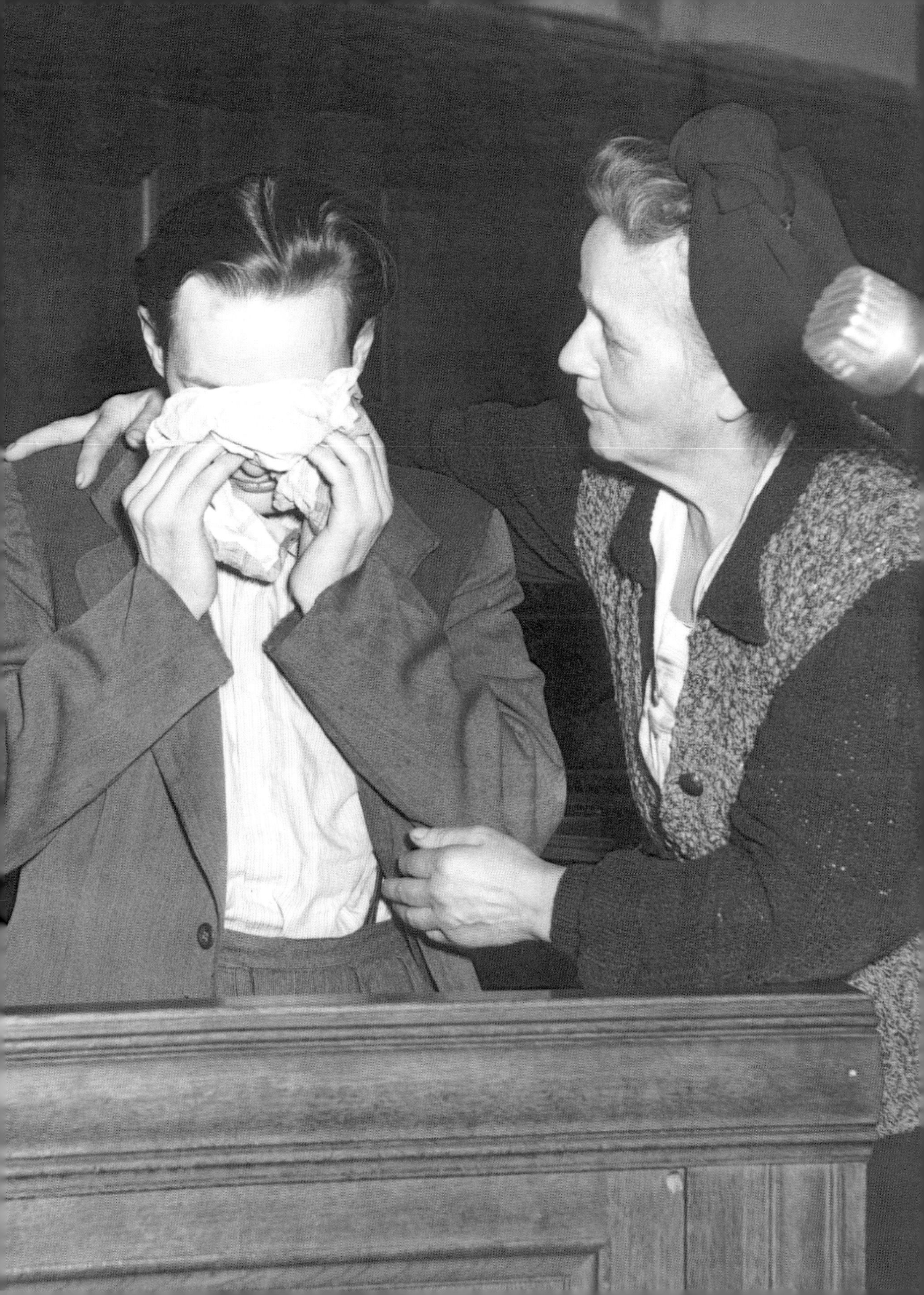

Die Gladowbande

„Jugendkriminalität größer als je zuvor in Berlin", titelt die britisch lizenzierte Tageszeitung Der Berliner am 20. Oktober 1945 und beklagt die ständig wachsende Kriminalität unter den Berliner Kindern. Diebstahl, Einbruch und Schiebereien sind die häufigsten Delikte. „Fast täglich haben es die Beamten mit acht- bis zwölfjährigen Knirpsen zu tun, die in der U-Bahn Hausfrauen beklauen. Sie klauen weniger Geld, als vielmehr Lebensmittelkarten. Motiv: Hunger", schreibt das Blatt.

Den 15-jährigen Werner Gladow treibt eher die Abenteuerlust als der Hunger in die Menschenmengen auf dem Schwarzmarkt am Alexanderplatz. Es wird getauscht, geschoben und betrogen. Gladow schaut sich die Tricks ab und lernt schnell. Besonders gut beherrscht er den Kipper-Trick. Der funktioniert folgendermaßen: Amerikanische Zigaretten sind Gold wert, eine einzelne kostet acht bis neun Mark. Man bekundet das Interesse an einer oder zwei Stangen, zählt dem Verkäufer die ersten zwei oder drei Geldscheine eines eng geschnürten Bündels vor. Bei der Geldübergabe ruft ein Komplize: „Achtung, Polizei! Razzia!". Noch bevor der Käufer das Bündel prüfen kann, rennen alle auseinander. Erst jetzt merkt der Verkäufer, nur die ersten Scheine sind echt. Der Rest ist Makulatur. Die Betrüger sind über alle Berge.

Im Sommer 1947 gerät Gladow an einen Kriminalbeamten in Zivil und wird geschnappt. Er muss für vier Monate ins Gefängnis. In der Haftanstalt Plötzensee lernt er Gleichgesinnte kennen, mit denen er Pläne schmieden kann. Sein Zellengenosse Werner Papke, genannt Sohni, der sich damit brüstet, zwei Pistolen zu haben, ist dabei. Gladow träumt davon, eine Gangsterbande aufzubauen. So wie die in Amerika, wie Al Capone oder wie John Dillinger, in den USA der „Staatsfeind Nr. 1". Der fackelte nicht lange, der knallte jeden ab, der ihm in die Quere kam.

Der 1931 in Berlin geborene Werner Gladow ist in schwierigen Verhältnissen aufgewachsen. Der ständig arbeitslose Vater ist ein Säufer und Schläger. Anfang 1945 wird der 14-jährige Hitlerjunge für den „Endkampf" zur Verteidigung der Reichshauptstadt ausgerüstet. Er bekommt eine Waffe und lernt auch mit ihr umzugehen. Für Gladow ein willkommenes Abenteuer. Nach Kriegsende soll er wieder zur Schule gehen, doch er verbringt seine Zeit lieber in den Westsektoren, sieht sich amerikanische Gangsterfilme an und vertieft sich in billige Kriminalschmöker. Im Kino findet er seine Idole: die großen Gangsterbosse, die Millionen erbeuten, teure Autos fahren, elegante Kleidung tragen und im Luxus leben. Gladow beschließt, auch so ein Gangsterboss zu werden. Oder doch lieber Arzt? Er treibt sich im zerstörten Berlin herum, am Bahnhof Zoo, wo allerhand lichtscheues Gesindel

Werner Gladow nach seiner Verhaftung

verkehrt, und erzählt überall, er habe ein Semester Medizin studiert, was ihm den Spitznamen „Doktorchen“ einbringt.

Als er im Frühjahr 1948 aus dem Knast kommt, ist auf dem Schwarzmarkt für ihn nicht mehr viel zu holen. Den Kipper-Trick kennt inzwischen jeder. Mit Sohni will er nun eine richtige Gang aufbauen. Sohni überlässt ihm seine zweite Pistole und Gladow beschließt, sein Gesellenstück als Gangster abzuliefern. Als sie im Westen spazieren gehen, sehen sie unweit der Kaiser-Wilhelm-Gedächtnis-Kirche in der Rankestraße im provisorischen Schaufenster eines Fotogeschäfts eine Kamera, eine sündhaft teure Leica, die einige Tausend Mark wert sein muss. Am 15. April 1948 sind sie kurz vor Ladenschluss in Charlottenburg. Das Schaufenster hat noch immer keine Scheibe. Es ist nur mit Holz vernagelt, in das eine kleinere Glasscheibe eingelassen ist. Gladow stößt sie mit dem Ellenbogen ein, greift sich die Kamera und will flüchten. In diesem Moment geht die Ladentür auf. Zwei Männer stürzen heraus, hinter ihnen ein bellender Schäferhund. Sohni rennt weg, Werner Gladow zieht seine Waffe aus dem Halfter und schießt. Einer der Verfolger bricht zusammen, der andere gibt die Verfolgung auf und kümmert sich um den Verletzten.

Doch die Enttäuschung ist groß. Die vermeintlich teure Kamera erweist sich als Attrappe. Sie hätten ahnen können, dass ein Fotogeschäft eine so wertvolle Kamera wohl kaum in ein provisorisch vernageltes Schaufenster stellen wird.

Der zweite Versuch, ein legendärer Gangster zu werden, läuft ebenso wenig ruhmreich ab. Auf einem Rummel in der Schönhauser Allee überfallen sie den Kassierer der Achterbahn. Als er mit dem Karton mit den Tageseinnahmen in seinen Wohnwagen geht, will Gladow ihm den Karton mit

In der Schreinerstraße in Friedrichshain in der Wohnung seiner Eltern wird Gladow festgenommen. Ein Polizist stellt Gladows Lage bei seiner Festnahme nach.

den Worten „Kohle her, sonst knallt's" wegreißen. Der Kassierer wehrt sich, Gladow schießt ihm in den Arm. Vom Lärm aufgeschreckt, rennen andere Schausteller herbei. Um ihre Verfolger abzuschütteln, schießen Gladow und Sohni in die Luft, bis die Magazine leer sind, und flüchten in den nahe gelegenen französischen Sektor. Hier sind sie sicher.

Die Beute: 2000 Mark. Um ein Al Capone zu werden, reicht das nicht. Dennoch, Werner Gladow hat den Traum vom großen Gangsterboss noch nicht aufgegeben. Am Alexanderplatz und rund um den Bahnhof Zoo treibt er sich herum und sucht nach professionellen Verbrechern. Nur die Crème de la Crème will er für seine Bande haben. Hier trifft er auf Diebe und Einbrecher mit einem eindrucksvollen Vorstrafenregister: Kutte Gaebler, Gerhard Rogasch, Dietrich Bohla, Olaf Wellnitz. Auch Gustav Völpel, Henker-Hannes genannt, da er passenderweise für die vier Sektoren Berlins als Scharfrichter tätig ist. Der Älteste ist Franz Redzinski, genannt Bomme, der es mit 34 Jahren auf 19 Vorstrafen bringt. Das Phänomen: Alle ordnen sich dem 17-jährigen Grünschnabel unter.

Die brutalsten Bandenüberfälle, Überfälle auf Postämter, Juweliere und Pfandleihen gehen auf das Konto der Bande. Um an Waffen zu kommen, überfallen sie Volkspolizisten und entwaffnen sie. Wer sich widersetzt, wird niedergeschossen. Dabei profitieren sie von der Spaltung der Stadt, denn die Ermittlungsakten werden zwischen den Polizeipräsidien nicht ausgetauscht.

Sie kommen zu Geld und leben nicht schlecht, können sich sogar Maßanzüge leisten. Eine weiße Krawatte mit blauen Punkten wird zu ihrem Erkennungszeichen. Untereinander kennen sie sich nur mit ihren Spitznamen, wie „Sohni", „Doktorchen" oder „Dicker". Allein Gladow kennt die vollen Namen und Adressen. Sie haben auch keinen festen Treffpunkt, kein Stammlokal. Ihre Treffen finden meist in Parkanlagen statt.

Am 7. Dezember 1948 überfallen sie in der Frankfurter Allee 268 in der vierten Etage eine Tauschzentrale. Tauschzentralen sind eine legale Möglichkeit, gebrauchte Waren zu verkaufen, aber auch Umschlagplätze für Wertgegenstände jeglicher Herkunft. Der Inhaber, seine Verkäuferin und eine Kundin wollen gerade gehen. Die beiden Gangster sind mit schwarzen Tüchern maskiert, die Pistolen haben sie in den Händen. Sie drängen die drei zurück in die Wohnung, fesseln sie und fordern von dem Inhaber 20 000 Mark. Dieser beteuert, kein Bargeld zu haben. Alles sei auf der Bank. Gladow droht ihm, die Nase und ein Ohr abzuschneiden, wenn er das Geld nicht rausrückt. Doch er droht vergeblich. Nun nimmt er sich die Verkäuferin vor. Sie wisse nicht, wo noch Geld ist, sagt sie. Gladow sticht ihr mit dem Messer mehrmals in Brust und Beine. Sie verliert das Bewusstsein.

Dann reißt Gladow dem Gefesselten die Schuhe und Strümpfe herunter, steckt ihm Zeitungspapier zwischen die Zehen und zündet es an. Der Überfallene „gesteht". Das Geld ist in seiner Wohnung in der Pfarrstraße. Sohni und Rogasch müssen in die Pfarrstraße. Dem Händler ist es inzwischen gelungen, sich zu befreien. Er eilt trotz der schweren Verletzungen an den Füßen und ohne Schuhe auf die Straße, ruft um Hilfe und nach der Polizei. Auf der Flucht aus der Pfarrstraße schießen die Gangster wieder um sich. Die Beute: 8000 Mark, zwei Butterpakete und eine Ente.

Inzwischen hat sich der Ost-West-Konflikt verschärft. Die Sowjets antworten auf die Einführung der D-Mark auch in West-Berlin mit der Blockade der Westsektoren. Was für die West-Berliner eine harte Belastung wird, bietet der Gladowbande neue Möglichkeiten.

In der Nacht des 27. Februar 1949 – der Strom ist wegen der Blockade gesperrt – brechen sie in die Villa einer alleinstehenden älteren Dame in Dahlem ein. Dass vor der benachbarten Villa ein Polizist patrouilliert, stört sie nicht. Es amüsiert sie eher, denn dort wohnt der West-Berliner Polizeipräsident Johannes Stumm. Die Frau wird an Armen und Beinen gefesselt und misshandelt. Sie überlebt, bleibt aber gelähmt. Die Beute: Schmuck und etwa 3000 West- und 5000 Ostmark.

Die Überfälle der Gladowbande werden immer brutaler, sie sind die gefährlichsten Verbrecher von Berlin. Sie rauben in allen Bezirken, von Neukölln bis nach Frohnau.

Am 9. April 1949 wirft Gladow mit einem Ziegelstein die Schaufensterscheibe des Juweliers Wockenfuß in Friedrichshain ein, rafft den Schmuck zusammen und rennt zu seinem Fahrrad. Zwei Angestellte stürmen mit Gummiknüppeln aus dem

Werner Gladow im Verhör nach seiner Verhaftung

Laden. Einer bekommt den Dieb zu fassen. Gladow schießt ihn nieder. Der zweite versucht, Gladow festzuhalten, doch Gladow schießt ihm in Arme und Beine. Als er nicht loslässt, schießt er ihm in die Hände. Eines der Opfer stirbt noch am Tatort, das andere bleibt ein Krüppel. Ein ihn verfolgendes Auto schüttelt Gladow durch gezielte Schüsse auf die Reifen ab. Die Beute: eine goldene Stoppuhr und eine Nickeluhr. Beides von geringem Wert. Nach diesem Überfall steigen einige der Bandenmitglieder aus, so auch Sohni. Mit Mord wollen sie nichts zu tun haben.

Ein Überfall auf ein Gasthaus im brandenburgischen Kaulsdorf, wo sie die Gäste ausrauben, wird ihnen schließlich zum Verhängnis. Jemand hat einen gewissen Gerhard Rogasch zu erkennen geglaubt. Rogasch ist wegen schweren Diebstahls vorbestraft und wird vernommen. Seine Freundin gibt ihm zwar ein Alibi, aber er wird überwacht.

Gladow will nun endlich an das große Geld und plant, die Hauptkasse der Gasag zu überfallen. Mit seinen Komplizen verabredet er sich am Bahnhof Zoo, um die Sache zu besprechen. Dabei werden sie belauscht: Der Beamte in Zivil hört, wie Rogasch sich von „Doktorchen" verabschiedet. Den Namen hat er schon einmal gehört.

Es ist der 11. Mai 1949. Für den geplanten Überfall brauchen sie einen schnellen Wagen. An der Ecke Unter den Linden/Charlottenstraße, wohin das Café Kranzler nach dem Krieg gezogen ist, zerren sie einen wartenden Chauffeur aus einem viertürigen BMW. Der Fahrer wehrt sich, Gladow schießt sofort. Er stößt den Schwerverletzten auf den Bürgersteig. Der Chauffeur stirbt auf dem Weg ins Krankenhaus.

Die Besucher im Kranzler haben zwar nicht alles mitbekommen, aber das Kennzeichen des Wagens notiert. Es wird umgehend an die Presse weitergegeben, und der Rundfunk bringt sofort einen Fahndungsaufruf. Gladow gibt den Überfall auf die Gasag einstweilen auf. Das Risiko ist zu groß. Den Wagen stellen sie am Müggelsee ab.

Bald bekommt die Polizei einen Tipp aus der Unterwelt. „Doktorchen" sei ein junger Mann mit dem Vornamen Werner aus der Schreinerstraße in Friedrichshain. Bald steht fest, dass der Gesuchte nur Werner Gladow sein kann.

Die Festnahme Gladows am Vormittag des 3. Juni 1949 läuft alles andere als glimpflich ab. Als die Volkspolizei vor seiner Tür steht, holt Gladow aus präparierten Buchkassetten drei Pistolen, die alle geladen sind. Von seiner Mutter unterstützt, sie soll die Pistolen nachgeladen haben, liefert sich Gladow vom Balkon aus eine wilde Schießerei mit den Polizisten auf der Straße. Ein Polizist stirbt im Kugelhagel. Hunderte Schaulustige strömen herbei. Es dauert mindestens eine Stunde, bis der Spuk vorbei ist. Gladow, ebenfalls schwer verletzt, wird festgenommen.

Die Gladowbande, zu der etwa 70 Kriminelle gehörten, verübte zwischen 1946 und 1949 mehr als 350 Straftaten, darunter mindestens 127 Schwerver-

brechen: Zwei Morde, 15 Mordversuche, 19 Raubüberfälle und zahlreiche schwere Diebstähle.

Am 22. März 1950 beginnt der Prozess gegen den 18-jährigen Werner Gladow. Er wird zu einem Medienspektakel. Gladow tritt selbstsicher auf, er genießt die Aufmerksamkeit. Ein paar Jahre Gefängnis werden es wohl werden, denkt er. Knapp drei Wochen später wird das Urteil gesprochen: Gladow wird wegen zweifachen Mordes und fortgesetzten unbefugten Waffenbesitzes zum Tode verurteilt – obwohl er zur Tatzeit noch minderjährig gewesen ist. Möglich wird das durch eine Regelung aus der Nazizeit, die die Anwendung des Erwachsenenstrafrechts auf Jugendliche dann erlaubt, wenn sie „charakterlich abartige Schwerverbrecher" sind und „der Schutz des Volkes diese Behandlung fordert". Auch Rogasch und Gaebler erhalten wegen Beihilfe zum Mord und Mordversuchs die Todesstrafe. Sohni und drei weitere Bandenmitglieder müssen für jeweils 15 Jahre ins Zuchthaus.

Am 9. Dezember 1950 wird Werner Gladow in Frankfurt an der Oder hingerichtet.

Der von Gladow angeschossene Chauffeur auf einem nachgestellten Foto

Der Liebesknochenmord

Am 3. November 1956 gegen 16 Uhr biegt ein amerikanischer Militärjeep von der Finckensteinallee in Berlin-Lichterfelde in den Dahlemer Weg ein. Plötzlich muss der Fahrer eine Vollbremsung machen. Der Radfahrer vor ihm ist einfach umgekippt. Der Fahrer hält an und steigt aus. Der Junge, er ist höchstens 16, scheint bewusstlos zu sein und hat Schaum vor dem Mund. „Sieht nach einem epileptischen Anfall aus", konstatiert ein Passant, der herbeigeeilt ist. Der Junge kommt kurz zu sich und stammelt auf Befragen seinen Namen und die Adresse. Er heißt Tilman Z. und wohnt in der Finckensteinallee 130. Der Amerikaner fährt ihn nach Hause. Während Til sich in Krämpfen windet, ruft Irmgard Z., seine Mutter, in ihrer Panik gleich mehrere Ärzte an. Doch sie können Til nicht mehr helfen. Eine halbe Stunde später ist der Junge tot.

Irmgard Z. fühlt sich hilflos. Seit vier Wochen ist sie mit ihren drei Kindern allein. Ihr Mann, ein Chemiker, hat eine Beamtenstellung in Westdeutschland, in Koblenz, bekommen. Er will alles vorbereiten und die Familie dann nachholen. Die Russen kassieren West-Berlin ja sowieso bald, sagt ihr Mann. Man sieht ja, was gerade in Ungarn passiert.

Die verzweifelte Mutter fragt sich, ob ihr Sohn vielleicht etwas Falsches gegessen hat. Da fällt ihr der Kuchen wieder ein. Als Erik, ihr ältester Sohn, gegen 13 Uhr von der Uni gekommen ist, hat ihn eine Nachbarin auf ein Päckchen aufmerksam gemacht, das auf der Treppe gelegen hat. „Für Til" entziffert er auf dem völlig durchgefetteten Papier. „Hat jemand für dich abgegeben. Sicher schon wieder 'ne Belohnung", sagt Erik und reicht das Päckchen seinem Bruder. Vor kurzem erst hat Til von seiner katholischen Gemeinde ein Kuchenpaket bekommen, denn der 16-Jährige engagiert sich sehr. Er ist Oberministrant und fährt regelmäßig die Gemeindeblätter aus. Neugierig öffnet er das Paket. Es enthält vier Eclairs, in Berlin nur als Liebesknochen bekannt, und vier Stück Makronengebäck. Til bietet das Gebäck erst der Mutter und seiner 14-jährigen Schwester Inka an. „Nee, ich will nicht zunehmen", lehnt Inka ab und auch die Mutter schüttelt den Kopf. Erik und Til nehmen jeder einen Liebesknochen. Doch kaum haben sie hineingebissen, verziehen sie die Gesichter. „Das schmeckt ja eklig", ruft Erik und spuckt den Bissen sofort wieder aus. Til ist noch unschlüssig, spuckt dann aber auch aus und trinkt einen Schluck Saft hinterher, um den widerlichen Geschmack loszuwerden. Frau Z. schaut sich den Kuchen an. Die Cremefüllung scheint verdorben, jedenfalls ist sie grünlich verfärbt. Doch bevor sie das Paket in den Mülleimer wirft, schnappt sich Erik noch ein Stück von dem Makronengebäck. Das Zeug ist weniger verderblich und schmeckt auch noch.

Bereits am Vorabend hat jemand das Paket an die Türklinke des Dreifamilienhauses gehängt, berichtet die Nachbarin. Sie dachte, es sei Hühner-

Tilman Z.

Stefanie Burgmann an ihrem Arbeitsplatz im Behring-Krankenhaus

futter für den Hauswart, und hat es auf die Treppe gelegt. Ist der Kuchen an Tils Tod schuld?

Am Abend des 4. November kommt Tils Vater, Dr. Hans Z., nach Berlin. Gemeinsam suchen die vier nun nach einer Erklärung für den plötzlichen Tod des Jungen. Sie wollen Gewissheit. Zwei Tage später gehen die Z.s ins West-Berliner Polizeipräsidium in der Friesenstraße, äußern ihre Vermutung und beantragen eine gerichtsmedizinische Obduktion. Die Kriminalpolizei holt die Reste des Kuchens aus der Mülltonne und lässt sie untersuchen. Einen Tag später findet die Leichenöffnung statt. Das Ergebnis ist eindeutig. In Tils Organen wird das hochgiftige Pflanzenschutzmittel E 605 nachgewiesen. Auch die Creme in den Liebesknochen enthält eine „überreiche Menge" des Giftes. Offenbar hat Til etwas davon heruntergeschluckt. Das andere Gebäck, von dem Erik gegessen hat, ist aber frei von Giftspuren.

Eine Mordkommission nimmt die Ermittlungen auf.

Wer hat das Paket an die Haustür gehängt? Hausbewohner wollen einen jungen Mann vor dem Haus gesehen haben, andere reden von einem Radfahrer. Die Nachforschungen konzentrieren sich zunächst auf Tils Mitschüler. Die ständig steigende Jugendkriminalität und die Untaten der „Halbstarken" lassen den Gedanken aufkommen, dass es sich um einen Racheakt unter Jugendlichen gehandelt haben könnte. Doch Tils Schulkameraden scheiden aus. Sie haben ihn „Tilli" gerufen. „Til" ist er nur von der Familie und dem engsten Freundeskreis genannt worden. Dann verwickelt sich aber doch ein 18-jähriger Freund von Til in Widersprüche und wird festgenommen. Nach zehn Tagen Untersuchungshaft stellt sich heraus, dass er unschuldig ist. Ein peinlicher Missgriff der Kripo.

Die Tatsache, dass vier Liebesknochen präpariert waren, wirft die Frage auf, ob der Täter die Absicht gehabt hat, die drei Geschwister und deren Mutter gezielt zu vergiften. Doch das Motiv liegt im Dunkeln.

Auch die Lichterfelder Bäckereien können nicht weiterhelfen. Keine hat das besagte Gebäck hergestellt. Die Ermittlungen in den Drogerien verlaufen ebenfalls im Sande. Kunden, die Giftstoffe gekauft haben, müssen sich ausweisen und werden registriert. Aber niemand hat E 605 gekauft.

Zwei Tage nach der Obduktion erhält Dr. Z. einen anonymen Brief, in dem seine Frau und seine Kinder übel beschimpft werden. Es ist nicht das erste Schreiben dieser Art, das die Z.s bekommen. Und damit nicht genug: Seit zwei Jahren werden sie mit anonymen Telefonanrufen terrorisiert. Manchmal hört man leises Atmen, das Ticken einer Uhr oder Radiomusik. Die Familie hat nicht die geringste Ahnung, wer dahinterstecken könnte. Die Briefe kommen in die kriminaltechnische Untersuchung. Eventuell führen sie ja auf die Spur des Mörders.

Die Sachverständigen „begrüßen die Briefe wie alte Bekannte", schreibt der Gerichtsmediziner Waldemar Weimann in seinen Erinnerungen an den Fall. Sowohl was den Schreibstil als auch den Inhalt betrifft, sind die Briefe denen gleich, die seit Jahren in Zehlendorf und Lichterfelde kursieren. Die Empfänger sind ausschließlich Ärzte, Apotheker, Krankenschwestern oder Verwaltungsangestellte in Kliniken. Die Besonderheit: Der Schreiber ist über Interna aus Krankenhäusern und Apotheken bestens informiert.

Dr. Z. ist Chemiker und hat, bevor er nach Koblenz gegangen ist, verschiedene Pharmafirmen beraten und diese in

Bei der Prozesseröffnung ist der Gerichtssaal bis auf den letzten Platz gefüllt.

Krankenhäusern und Apotheken vertreten. Die Briefe an ihn und seine Familie passen somit ins Bild. Seit Langem bemüht sich die Polizei, die Herkunft der Briefe zu klären. Jetzt werden die Schnittpunkte akribisch geprüft, und langsam fügen sich die Puzzleteile zu einem Bild.

Der Verdacht konzentriert sich auf die 49-jährige unverheiratete Stefanie Burgmann, die Oberapothekerin im Behring-Krankenhaus in Zehlendorf. Die gebürtige Rumänin ist 1940 nach Berlin gekommen und seit 1948 in der Apotheke angestellt. Ihr Gehalt liegt bei rund 1000 D-Mark im Monat, fast das Doppelte eines Durchschnittsverdienstes.

„Kennen Sie die Apothekerin Stefanie Burgmann?", fragt Kommissar Prabell Irmgard Z.

„Ja, natürlich. Mein Mann hat mit ihr beruflich zu tun. Auf dem Apothekerball im Hotel ‚Esplanade' hat er sie mir vorgestellt. Nach Tils Tod hat sie mir einen Kondolenzbesuch abgestattet. Bei Tils Beisetzung ist sie auch gewesen."

Am 28. November sucht der Kommissar Stefanie Burgmann in der Apotheke auf. Er fällt gleich mit der Tür ins Haus und fragt, ob sie in ihren Giftbeständen E 605 habe. Die Apothekerin reagiert schnippisch: „In der Krankenhausapotheke werden keine Pflanzenschutzmittel geführt." Prabell gibt sich mit der Auskunft scheinbar zufrieden und geht wieder.

Zurück in Berlin, wird auch Dr. Z. über Stefanie Burgmann befragt. „Wie weit geht Ihre Bekanntschaft mit Frau Burgmann?", will der Kommissar wissen.

Z. windet sich. Es sei nur eine Bekanntschaft, sagt er. Prabell glaubt ihm nicht und lässt nicht locker. Erst nach mehreren Befragungen gibt er zu, mit der Apothekerin „enger befreundet" zu sein. Doch er habe nie daran gedacht, sich ihretwegen von seiner Familie zu trennen. Das habe er ihr Ende Oktober auch unmissverständlich klargemacht, als sie ihn in Koblenz völlig überraschend besucht habe. Das war wenige Tage vor Tils Tod.

Für die Mordkommission ist das Tatmotiv nun klar. Stefanie Burgmann hat sich aus Enttäuschung über die Zurückweisung rächen und seine Familie vergiften wollen.

Am 9. Januar 1957 wird Stefanie Burgmann zur Vernehmung ins Polizeipräsidium geholt. In ihrer Abwesenheit durchsuchen Kriminalbeamte die Apotheke. Die Beamten sind gründlich: Aus einem Glasschrank mit Fachbüchern nehmen sie jedes einzelne heraus und blättern es durch. Da fällt aus einem ein Zettel: eine Rechnung der Firma Bayer Leverkusen vom 6. Juni 1956 über 15 Kubikzentimeter E 605.

Im gleichzeitigen Verhör streitet Stefanie Burgmann noch ab, je E 605 in der Hand gehabt zu haben. Sie wird festgenommen.

Schließlich gibt sie den Besitz von E 605 doch zu. Sie habe damit die Obstbäume im Garten gespritzt, um Schädlinge zu bekämpfen, sagt sie. Zu diesem Zweck habe sie sich von einem Gärtner eine Spritzpumpe geliehen. Sie nennt den Namen des Gärtners, doch dieser weiß von nichts. So steht Aussage gegen Aussage. Bei der Durchsuchung der Apotheke werden zudem gebrauchte Injektionsspritzen sichergestellt. In einer von ihnen wird eine geringe Menge E 605 nachgewiesen. Stefanie Burgmann hat auch dafür eine Erklärung. Sie habe wissen wollen, wie zäh die Flüssigkeit ist. Der Kommissar glaubt eher, dass sie damit die Liebesknochen präpariert hat. Nachweisen kann er es ihr aber nicht. Cremereste werden an der Spritze nicht nachgewiesen.

Einen Erfolg kann die Kripo dennoch verbuchen. Stefanie Burgmann ist die Schreiberin der anonymen Briefe. Das Beweisstück wird in ihrem Dienstzimmer sichergestellt: ein Aktendeckel, auf dessen Innenseite einer der anonymen Briefe in Spiegelschrift deutlich zu lesen ist. Ohne zu ahnen, dass sich ein Bogen Blaupapier darin befindet, hat sie den Aktendeckel als Unterlage benutzt. Der Originalbrief befindet sich seit geraumer Zeit in den Händen der Polizei. Ungeachtet der Indizien leugnet Stefanie Burgmann weiter, Til Z. vergiftet zu haben. Werden die Indizien für eine Verurteilung reichen?

Der Prozess gegen Stefanie Burgmann beginnt am 3. Februar 1958. Doch die gesammelten Indizien reichen nicht aus: Das Verfahren endet nach 16 Verhandlungstagen mit einem Freispruch aus Mangel an Beweisen.

Doch dann der Paukenschlag: „Ganz Berlin jagt den unbekannten E-605-Mörder" titelt am 16. Mai 1959 eine Berliner Tageszeitung. Diesmal haben vier Personen des öffentlichen Lebens je ein Päckchen mit einem vergifteten Liebesknochen bekommen: der Landgerichtsdirektor, der das

Verfahren gegen Stefanie Burgmann geleitet hat, ihr Anwalt, ein Journalist des Senders Freies Berlin und der Redakteur einer Tageszeitung. Zu Schaden gekommen ist jedoch niemand. Die Päckchen an die beiden Journalisten enthalten ein anonymes Schreiben, in dem der Verfasser den Mord an Til Z. „gesteht". Das Schreiben, es ist nicht mit der Hand geschrieben, sondern mit den Buchstaben eines Stempelkastens für Kinder, ist konfus und wenig glaubwürdig. Wieder gerät Stefanie Burgmann ins Visier der Ermittler. Eine Haussuchung bringt jedoch keine Erkenntnisse. Da der Stempelkasten neu auf dem Markt ist und nur im KaDeWe verkauft wird, konzentriert sich die Suche ganz auf den Käufer des Kastens. Er ist nämlich erst 17 Mal über den Ladentisch gegangen. Zudem hat sich der angebliche Mörder telefonisch bei einer Zeitungsredaktion gemeldet. Der Tonbandmitschnitt wird im RIAS, im SFB und in der Berliner Abendschau gesendet. Die Ermittlungen verlaufen allerdings im Sande.

1960 steht Stefanie Burgmann erneut vor Gericht.

Stefanie Burgmann wird die Justiz dennoch weiter beschäftigen. Am 29. August 1959 wird sie wegen Unterschlagung von Medikamenten zu neun Monaten Gefängnis verurteilt; die Strafe wird auf drei Jahre zur Bewährung ausgesetzt. 1960 steht sie erneut vor Gericht und wird am 9. Juni 1960 als Verfasserin der anonymen Briefe, wegen Beleidigung, Verleumdung und falscher Anschuldigung zu zwei Jahren Gefängnis verurteilt.

Für den Mord an Til Z. ist niemals jemand verurteilt worden.

Der König von Kreuzberg

Es ist ein historischer Tag, jener 17. Mai 1951. Gerhard Hirschfeld feiert seinen 30. Geburtstag. Das allein ist zwar kein epochales Ereignis, doch das Geburtstagsgeschenk, das er sich selbst macht, hat es in sich. Er gründet den „Sparverein Südost", einen Nachfolgeverein der berühmt-berüchtigten „Ringvereine", jener Ganovenvereine der 1920er-Jahre mit den schönen Namen „Immertreu", „Hand in Hand" oder „Glaube, Liebe, Hoffnung". Zur feierlichen Gründungszeremonie treffen sich rund 20 gestandene Ganoven in einem Café in der Wiener Straße in Kreuzberg. „Gerhard Hirschfeld" steht über dem Eingang. In der Tür hängt ein Schild: „Geschlossene Gesellschaft", denn Hirschfeld hat keine Konzession, und natürlich hält er sich an die Buchstaben des Gesetzes. Auch einige Vertreter vom „Sparverein West", der Vereinigung der Spieler und Zuhälter, geben sich die Ehre. Doch Hirschfeld hat edlere Ziele.

Sein Leben ist schnell erzählt. 1932, Gerhard ist zehn Jahre alt, stirbt sein Vater. Er ist ein aufgeweckter Junge, „ein Wildfang – ein ganzer Junge", wie er selbst sagt. Er beendet die Schule, wird Kochlehrling im Europahaus, dann kommen Arbeitsdienst und Wehrdienst. Den Krieg verbringt er zum großen Teil auf Fronttheaterreisen, bei denen auch Heinrich George mit von der Partie ist. Aus zwei Ehen hat er vier Kinder. 1945 eröffnet er ein Café in Kreuzberg. 1946 kommt er zum ersten Mal ins Gefängnis. Sein Vergehen: Amtsanmaßung. Er hat sich mehrfach als Kriminalbeamter ausgegeben. Bis 1955 bringt er es auf 17 Vorstrafen.

Zu den Gründungsmitgliedern des Sparvereins zählen auch Veteranen wie der ehemalige 1. Vorsitzende des Ringvereins „Hand in Hand". Sogar die Schlacht am Schlesischen Bahnhof 1928 hat er noch miterlebt.

Für die Gastwirte im Kiez wird Hirschfeld bald der „Schrecken" von Kreuzberg. Hirschfelds Methode: Zwei Abgesandte des Sparvereins suchen das Lokal auf und bieten, mit dem nötigen Nachdruck, den „Schutz" des Vereins an. Lehnt der Gastwirt trotz „intensiver Beratung" ab, gehen sie wieder. Wenn im Lokal ein paar Abende später dann ganz zufällig eine Massenkeilerei losbricht, bei der die gesamte Einrichtung zu handlichem Brennholz geschlagen wird, sagt sich der Gastwirt: „Hätte ich mal …" So werden die Widerspenstigen gezähmt. Die betroffenen Wirte schweigen lieber. Einen längeren Krankenhausaufenthalt will niemand riskieren. Vom „Terror des Sparvereins" wird gesprochen. Hirschfelds Rollkommandos sind berüchtigt. Die Polizei ist überfordert.

Eine Massenschlägerei in ihrem Stammlokal Löwengrube in der Manteuffelstraße 47 in SO 36 bringt das Fass zum Überlaufen. Im Polizeipräsidium in der Friesenstraße wird die Sonderkommission E1/S zur Bekämpfung der Unterweltvereine gebildet. Und an einem Tag im April 1955 führt die Kripo um 9 Uhr in den Wohnungen von 36 „Sparbrüdern" zeitgleich eine Razzia durch und stellt eine große Menge von Beweisen sicher.

Am 8. Januar 1957 beginnt vor der 2. Strafkammer des Landgerichts Moabit der Prozess gegen den Sparverein Südost. Gerhard Hirschfeld und 16 weitere eifrige „Sparer" sitzen auf der Anklagebank. Unbeschriebene Blätter sind sie alle nicht. Alle zusammen bringen es auf mehr als 100 Vorstrafen. Und die 115 Zeugen? Nicht wenige von ihnen kennen den Gerichtssaal schon – allerdings von der anderen Seite der Barriere. Gauner gegen Gauner, wie böse Zungen behaupten.

Verhandelt werden sollen 42 Straftaten: Schutzgelderpressung, einfache und gefährliche Körperverletzung, Betrug und Nötigung. Allein auf Hirschfeld selbst entfallen 16 Rohheitsdelikte, acht Betrügereien und vier Nötigungsdelikte. Zudem soll der Prozess klären, ob der Sparverein Südost eine „kriminelle Vereinigung" ist und nach § 129 des StGB verboten werden kann.

Der Publikumsandrang ist kaum zu bewältigen, denn der Prozess, es ist der bis dahin größte im Berlin der Nachkriegszeit, zeichnet sich vor allem durch seinen hohen Unterhaltungswert aus. Sowohl von den Angeklagten als auch von den Zeugen gibt es so manche unbeabsichtigte kabarettistische Einlage.

Auch über die spektakulären Kneipenschlägereien wird verhandelt, wie die vom 24. Dezember 1951. Im Lokal des Gastwirts P. geht es hoch her. Unter den Gästen ist ein gewisser R., am Nebentisch der Sparbruder D. mit seiner Braut. Während D. plötzlich Weihnachtsgefühle bekommt und Weihnachtslieder singen will, pfeift R. die neuesten Schlager. Im Nu ist eine handfeste Keilerei in Gange, bei der D. zerschlagen auf der Strecke bleibt. Ein gedemütigter Sparbruder ist ein Unding. D. ruft im Vereinslokal an, aber niemand ist da. Kurz entschlossen rückt er Hirschfeld auf die Bude. Der ist zwar nicht begeistert, am Heiligen Abend behelligt zu werden, der Anblick des Zerschundenen lässt ihn aber nicht lange zögern: Er ruft zwei Kumpel an und sie fahren im Taxi zum Lokal zurück. Es kommt zur größten Saalschlacht, die Kreuzberg seit Langem gesehen hat. Von dem Lokal bleibt nicht viel mehr als ein Trümmerhaufen. Ob er selber auch geschlagen habe, will der Richter wissen. „Nee", sagt Hirschfeld, „War'n ja ooch so schon jenuch dabei." Und außerdem habe er es nie für möglich gehalten, „dass zarte, schlanke Damen so zuschlagen, dass einem Hören und Sehen vergeht". Zum Wirt soll er gesagt haben: „Wenn du nicht die Schnauze hältst, kriegst du 'nen Schwinger." Der Wirt meldete nur Glasschaden.

Auf den Vorwurf, dass sein Verein kriminelle Ziele verfolge, reagiert Hirschfeld verständnislos. Ganz im Gegenteil, beteuert er. Der Verein habe die Aufgabe, Verbrechen zu verhüten. Er habe sich der entlassenen Strafgefangenen angenommen, ihnen Stellungen verschafft, damit sie wieder Fuß fassen. Seine eigenen traurigen Erfahrungen nach seiner Haftentlassung hätten ihn dazu bewogen. Ein Mitangeklagter stimmt ihm zu. „Die Strafe fängt ja erst an, wenn man sie verbüßt hat. Kein Mensch gibt einem mehr Arbeit. Schließlich muss man ja leben. Und so kommt es immer wieder zu neuen Straftaten."

Hirschfeld behauptet, Kreuzbergs Bezirksbürgermeister Willy Kressmann habe ihn sogar darum gebeten, in seinem Bezirk als polizeiliche Hilfstruppe für Ordnung zu sorgen und das Problem der „Halbstarken" im Bezirk mit „allen Mitteln" zu lösen. Für Willy Kressmann eine peinliche Angelegenheit. Der Bürgermeister gibt zwar zu, mehrfach mit den „Sparern" Kontakt aufgenommen zu haben, aber nur, um die Mitglieder zu verwarnen, weil sich die Zahl der Beschwerden dramatisch gehäuft hatte. 1955 sei der Terror gegen Gastwirte dann so massiv gewesen, dass er die Kriminalpolizei aufgefordert habe, energischer einzugreifen. Er habe sich sogar beim Regierenden Bürgermeister Otto Suhr über das Versagen der Polizei beschwert.

Gerhard Hirschfeld (links) mit einem Tragebanner seines Vereins

Jeder Kreuzberger Wirt kannte den Sparverein. Hier das „Nasse Dreieck" in der Skalitzer Straße, 1950

Doch der Prozess verläuft nicht so, wie der Vorsitzende es sich vorgestellt hat. Die Zeugen erkranken reihenweise, sind bettlägerig und verhandlungsunfähig. „Angstitis" heißt die Krankheit, schreibt Der Abend. Immer wieder muss der Gerichtsarzt bemüht werden, die plötzlich Erkrankten auf ihre Verhandlungsfähigkeit zu untersuchen. Eine Gastwirtin kommt mit der Komödie nicht durch. Der Gerichtsarzt befindet sie für verhandlungsfähig und lässt sie von der Polizei in den Gerichtssaal bringen, und sie entpuppt sich als die Entlastungszeugin schlechthin. „Hirschfeld ist ein so reizender Mensch", sagt sie. „Und so hilfsbreit." Hat er sie doch von dem Terror der „Halbstarken" befreit. Ein „Kriminaler" habe ihr dann empfohlen, sich an Hirschfeld zu wenden. Der hat ihr auch prompt einen „Geschäftsführer" besorgt. Ein Wort von dem, und im Lokal ist Ruhe.

Der 60-jährige Gastwirt Helmut B. haut in die gleiche Kerbe. „Wenn einer meiner Gäste frech wurde, und Hirschfeld verprügelte ihn, dann ist mir mehr geholfen, als wenn die Polizei mit ihren mangelhaften Befugnissen eingreift", sagt er.

Andere sind weniger gut auf Hirschfeld zu sprechen. So auch der Gastwirt Willi L. Mehr als einmal haben die Sparbrüder bei ihm Schlägereien provoziert und die Einrichtung demoliert. „Wenn die Brüder kamen, haben die anderen Gäste schnell bezahlt und gingen", sagt er.

Aber alle diese Aussagen helfen den Angeklagten nicht. Nach dreimonatiger Verhandlung wird Gerhard Hirschfeld zu sieben Jahren Zuchthaus verurteilt. Die Strafen für seine Mitangeklagten liegen zwischen viereinhalb Jahren und drei Monaten Gefängnis.

Gerhard Hirschfeld 1954 bei einem Lumpenball des Sparvereins mit einem Streifenpolizisten.

Die Hertie-Knacker

„Versuchter Tresoreinbruch in bekanntem Warenhaus" – „Einbrecher ohne Glück, Panzerschrank hielt stand", titeln die Boulevardblätter am Morgen des 29. Januar 1965 in fetten Lettern. RIAS und SFB melden in ihren Nachrichtensendungen: „In der Nacht drangen Einbrecher in das Warenhaus Hertie in der Wilmersdorfer Straße in Charlottenburg ein. Über das Nachbarhaus in der Goethestraße gelangten sie auf das Dach des Kaufhauses, von wo aus sie in die sechste Etage einstiegen. Von hier aus erreichten sie den fünften Stock, in dem sich die Zentralkasse mit dem Tresor befindet. Mangels geeigneter Werkzeuge mussten die Einbrecher ihr Vorhaben jedoch aufgeben. In dem Geldschrank befanden sich die Lohngelder, insgesamt rund 500 000 D-Mark. Für Hinweise, die zur Ergreifung der Täter führen, ist eine Belohnung von 10 000 D-Mark ausgesetzt."

Die Hertie-Einbrecher raufen sich derweil die Haare. „Wie kann man nur so dämlich sein!" Alles für die Katz. 500 000 Emmchen! Das schöne Geld!

Geschlagen geben sich die beiden, der 23-jährige Günter P. und der zwei Jahre jüngere Udo H., jedoch nicht so leicht. Sie wollen einen zweiten Versuch wagen. Was riskieren sie schon? Schließlich hat die Polizei nicht die geringste Spur. Diesmal werden sie professioneller vorgehen und beginnen, „das große Ding" gründlich vorzubereiten, das „zum erfolgreichsten und originellsten Kassenraub im Nachkriegsberlin werden sollte", wie das Nachrichtenmagazin Der Spiegel am 7. Juli 1965 schreibt.

Nichts wollen die Panzerknacker dem Zufall überlassen. Sie planen sogar, wohin sie nach dem Coup mit den Moneten abhauen wollen. Ins Ausland natürlich, das ist klar. Aber wohin? In der Amerika-Gedenkbibliothek am Blücherplatz wälzen sie dicke Geografie- und Reisebücher. „Ick stell

Das Ziel der Träume: Hertie in der Wilmersdorfer Straße während der Renovierung 1965

Am Tatort findet die Kripo keine verwertbaren Spuren. Keine Fingerabdrücke, keine zurückgelassenen Werkzeuge. Die Polizei rätselt. Die Zahl der aktenkundigen Geldschrankknacker, die für den missglückten Coup infrage kommen, ist überschaubar. Verdächtige finden sich unter ihnen allerdings nicht. „Panzerknacker", die Elite der Verbrecher, genießen in der Öffentlichkeit durchaus Sympathien und so manchem Zeitungsleser tun die Unglücksraben eher leid.

Ganz Berlin ist auf den Beinen: Königin Elisabeth am 27. Mai 1965 vor dem Schöneberger Rathaus

mir vor, Berlin läg in Italien“, summt Udo den Song vor sich hin, den Bruno Fritz im RIAS gesungen hat. „Nee, bei die Italiener kassier'n se uns gleich ein“, meint Günter. New York wäre dufte, aber 'n ziemlich heißes Pflaster. Sie entscheiden sich für Brasilien, denn zwischen dem südamerikanischen Land und Deutschland gibt es seit Jahren kein Auslieferungsabkommen mehr. Bei der Gelegenheit studieren die Freunde auch gleich einschlägige Kriminal- und Rechtsliteratur. Günter, der Schlosser, vertieft sich in das Magazin DM, eine frühe Warentest-Zeitschrift, die einen Testbericht diverser Schlösser enthält und dem Fachmann wertvolle Hinweise gibt.

Nach Abschluss dieser anstrengenden Studien muss nun das richtige Werkzeug beschafft werden. Nichts leichter als das! In der Nacht des 22. Februar 1965 brechen sie in Schöneberg in ein Eisenwaren- und Werkzeuggeschäft ein. Doch das Glück meint es wieder nicht gut mit den verhinderten

HERTIE
HERTIE
SAHNE HOFFMANN
39 39 32

Der Innenhof von Hertie bietet während der Bauarbeiten den beiden Einbrechern ideale Voraussetzungen.

„Schränkern". Sie werden beobachtet und wenig später gefasst.

Sie gestehen freimütig. Er habe doch nur eine Laubsägegarnitur für seinen Neffen und ein bisschen Werkzeug klauen wollen, redet sich Günter heraus. Udo habe nur Schmiere gestanden. Da sich die beiden vorbildlich führen, erhalten sie als Bagatelltäter nach zwei Monaten Untersuchungshaft bis zum Termin des Strafverfahrens Haftverschonung. Mit der Auflage allerdings, sich jeden Dienstag auf dem Polizeirevier zu melden.

Nun haben sie genug Zeit, das im Kiez so beliebte Kaufhaus gründlich zu inspizieren. Diesmal meint es Merkur, der ja auch der Gott der Diebe ist, besser mit ihnen: Am Kaufhaus steht ein Baugerüst, denn die Fassade wird renoviert. Da es bei der Gelegenheit auch gleich eine Klimaanlage bekommt, ist auch der Innenhof teilweise eingerüstet. Ihr Bekannter Herbert G., der ihnen Tipps gibt, ist bis vor Kurzem Hauselektriker bei Hertie gewesen. Er kennt jede Leitung und fertigt eine detaillierte Skizze an. Auch die Lage der Steckdosen zeichnet er ein, denn die brauchen sie für die Bohrmaschine. Günter stellt in der Schlosserei, in der er derzeit arbeitet, die benötigten Spezialbohrer her. In Schlossermontur und mit Werkzeug in der Hand inspizieren Günter und Udo die Baustelle inklusive des Materiallagers. Bei der Menge der Bauarbeiter fallen die beiden nicht auf. Den beiden gehen die Augen über – sie glauben sich im Schlaraffenland für Geldschrankknacker. Alles liegt griffbereit: alle möglichen Werkzeuge, Schneidbrenner, Sauerstoff- und Acetylenflaschen.

Warum noch länger warten? Günstiger wird die Gelegenheit nicht mehr. Am Donnerstag ist Himmelfahrt, Montag ist der 31. Mai. Die Lohngelder befinden sich folglich schon im Tresor. Zudem wird die Polente alle Hände voll zu tun haben. Die Queen kommt! Im Rahmen ihres Staatsbesuches in der Bundesrepublik stattet die britische Königin Elisabeth II. West-Berlin einen kurzen Besuch ab. Was will man mehr? Ideale Voraussetzungen!

Am Mittwoch kurz vor Ladenschluss, es ist der 26. Mai, schlendern Günter und Udo in Blaumännern über den Hof des Kaufhauses, treten in den außen angebauten Lastenaufzug und fahren nach oben. Zwischen zwei Etagen stellen sie die Notbremse auf „Stopp" und warten. Erst als völlige Ruhe eingekehrt ist, fahren sie nach unten, klettern auf dem Gerüst in die fünfte Etage und drücken ein Fenster des Treppenhauses auf, das nicht verriegelt ist. Unbemerkt haben sie es schon am Nachmittag präpariert. Schneidbrenner, Sauerstoff- und Acetylenflaschen sind in einem Nebenraum aufbewahrt, den die Handwerker als Lagerraum nutzen. Dazu holen sie sich aus der Werkzeugabteilung noch zwei elektrische Bohrer.

Die Schlösser der Stahltüren, die zu bewältigen sind, um in den Kassenraum zu gelangen, sind für Günter kein Problem. „Ich habe in der ‚DM' gelesen, wo man die Schlösser getestet hat, wie man sie aufmacht", sagt er im Prozess. So weit die Vorbereitung. Nun machen sie es sich im Kassenraum gemütlich, denn sie können erst bei Tageslicht an die Arbeit gehen, um sich durch den Schein des Schneidbrenners nicht zu verraten. Bei Hertie gibt es alles, was man für einen netten Abend braucht: Sie holen zwei Campingliegen und Decken, einen Wecker und ein Transistorradio. Auf UKW kann man schön den Polizeifunk abhören. Aus der Lebensmittelabteilung bringen sie sich gleich noch ihr Abendessen mit: Salami, Tomatensaft und noch allerlei leckere Sachen. Satt und zufrieden stellen sie den Wecker auf 6 Uhr. Die Liegen sind bequem, die Decken sind herrlich weich, und so fallen die Panzerknacker wohlig in Morpheus' Arme. Doch der Wecker klingelt nicht – oder sie überhören ihn, jedenfalls werden sie erst um 8 Uhr wach. Egal. Sie haben ja den ganzen Tag Zeit. Erst genehmigen sie sich ein ausgiebiges Frühstück. Die Kaffeemaschine aus der Hausgeräteabteilung ist das neueste Modell von Melitta. Der letzte Schrei.

Dann machen sie sich ans Werk. Das Transistorradio ist immer eingeschaltet – auf Polizeifunk. Hier erfahren sie, wo die Queen sich gerade befindet. Für andere Dinge hat die Polizei heute ohnehin keinen Kopf.

Zur halben Stunde schalten sie die RIAS-Nachrichten ein. Ganz Berlin ist auf den Beinen. Nicht so viele wie bei Kennedy vor zwei Jahren, aber immerhin.

Vor den Erfolg haben die Götter bekanntlich den Schweiß gesetzt. Es dauert geschlagene acht Stunden, bis sich der Sesam endlich öffnet. Acht weitere Stunden, die Beute zu bergen und zu zählen. Damit fängt die Arbeit erst an. Tüten über Tüten, alles voller Tüten. Lohntüten! Sie müssen einige Hundert Lohntüten öffnen und leeren und den Inhalt sortieren. Nach mehr als sieben Stunden liegen 434 024 D-Mark und 31 Pfennige vor ihnen. Sie sortieren das Geld und versehen es mit Banderolen. Auch die finden sie im Safe.

In der Lederabteilung suchen sie sich zwei schöne lederne Reisetaschen aus und verstauen die Beute. Den Schmuck, der sich noch im Tresor befindet, lassen sie zurück. Der Verkauf könnte schwierig werden und sie verraten. Gegen Mitternacht verlassen sie das Kaufhaus. Aus dem Hof gelangen sie über eine Mauer auf das Nachbargrundstück und von da auf die Straße.

„Neuer Einbruch bei Hertie“, titeln die Zeitungen am nächsten Tag. 470 000 D-Mark Beute. Die Versicherung setzt eine Belohnung von 47 000 D-Mark aus. Das weckt Begehrlichkeiten. In Verdacht gerät sogleich Herbert G., der Tippgeber. Er ist es, der seine früheren Kameraden verpfeift.

Als sich Günter P. am folgenden Dienstag auf dem Polizeirevier meldet, wird er festgenommen. Er leugnet zunächst und behauptet, am Schöneberger Rathaus gewesen zu sein. Er habe die Queen sehen wollen. Aber Günter verwickelt sich mehr und mehr in Widersprüche. Auf die Frage, woher er seinen teuren neuen Anzug habe, druckst er herum. „Na ja, ich mache manchmal Männerbekanntschaften. Die sind sehr großzügig.“ Die zugegebenen homosexuellen Beziehungen bieten allein schon einen Grund für einen Haftbefehl – 1965 steht Homosexualität nach § 175 StGB noch unter Strafe.

Günter P. und Udo H. werden festgenommen und legen bald umfangreiche Geständnisse ab. Zwar schildern sie detailliert, wie sie den Einbruch verübt haben, was den Verbleib des Geldes betrifft, hüllen sie sich jedoch in Schweigen. Nicht einmal die Aussicht auf Strafminderung im Falle der Preisgabe des Verstecks kann sie umstimmen, denn immerhin erwartet sie eine Zuchthausstrafe von mindestens zehn Jahren. Dennoch knicken sie nicht ein.

Udo verweist auf seinen Komplizen. Günter habe für ein Versteck gesorgt. Der aber winkt ab. „Nö“, sagt der trotzig. „Meine Strafe kriege ich doch sowieso.“ Nach dem Knast muss man ja schließlich auch von irgendwas leben, denkt er.

Auch der Hinweis, dass in Kürze neue Fünfzig-Mark-Scheine ausgegeben und die alten ungültig werden, denn die sogenannten Nylonscheine haben sich nicht bewährt, kann die beiden nicht umstimmen. Günter zuckt nur die Schultern. „So viele waren das nicht. Das tut mir nicht weh. Es bleibt trotzdem noch genug.“

Dem Hertie-Konzern ist im Übrigen kein Schaden entstanden. Die Versicherung hat den Schaden ersetzt und alle Angestellten haben ihren Lohn ausbezahlt bekommen. Dennoch ist die Kripo verärgert. Sie würde zu gerne wissen, wo das Geld geblieben ist. Sie kommt aber nicht dahinter. Dass die beiden es nach Westdeutschland gebracht haben, ist relativ unwahrscheinlich. Dazu hätten sie gefälschte Personalpapiere gebraucht. Es ist für gesuchte Verbrecher gar nicht so einfach, nach 1961 von der Insel West-Berlin über das „Rote Meer“ in den Westen zu gelangen.

Das Urteil lautet: sieben Jahre Haft sowohl für Udo H. als auch für Günter P. Der als Helfer angeklagte Herbert G. erhält sechs Jahre Jugendstrafe – zum Zeitpunkt der Tat war er noch minderjährig.

1967 wird die Geschichte des Hertie-Einbruchs in der 30-minütigen RIAS-Hörspielreihe „Es geschah in Berlin“ detailgetreu erzählt. Die Reihe, die von 1951 bis 1972 in Zusammenarbeit mit der Kriminalpolizei wahre Kriminalfälle in Hörspielform erzählt, ist besonders in den Anfangsjahren ein Straßenfeger.

Udo H. wird im Juli 1970 mit der Auflage entlassen, „innerhalb einer Woche nach Entlassung aus der Haft seinen Beuteanteil in Höhe von 214 000 D-Mark herauszugeben“. H. zögert die Herausgabe des Geldes hinaus und behauptet, es sei ihm gestohlen worden. Mitte Oktober 1970 muss er seine Reststrafe von 689 Tagen antreten. Günter P. hingegen wird vorzeitig aus der Haft entlassen. Er hat sich mit der Versicherung über eine Wiedergutmachungsregelung geeinigt.

Als Udo H. am 4. September 1972 aus der Strafanstalt Tegel entlassen wird, gelobt er, so Der Spiegel am 18. Juli 1977: „‚Eines steht fest: Ich werde in meinem ganzen Leben nie mehr Eintopf essen.‘ Und weiter: ‚Ich habe mir nichts schenken lassen, ich habe meine ganze Strafe abgerissen‘ – sprach's, fuhr zum Flughafen Tempelhof, startete nach Frankfurt mit Ziel ‚Süden‘ und ward nicht mehr gesehen.“

Der aufgeschweißte Hertie-Tresor

Literaturverzeichnis

ADLON, Hedda: Hotel Adlon. Das Berliner Hotel, in dem die große Welt zu Gast war. 11. Auflage, München 1993.

BOSETZKY, Horst (-ky): Wie ein Tier. Der S-Bahn-Mörder. Dokumentarischer Roman. Berlin 1995.

BOSETZKY, Horst: Der kalte Engel. Dokumentarischer Kriminalroman aus dem Nachkriegs-Berlin. Berlin 2002.

CONRADT, Sylvia; HECKMANN-JANZ, Kirsten: Berlin halb und halb. Von Frontstädtern, Grenzgängern und Mauerspechten. Berichte und Bilder von Sylvia Conradt und Kirsten Heckmann-Janz. Frankfurt am Main 1990.

EBEL, Friedrich; RANDELZHOFER, Albrecht (Hrsg.): Rechtsentwicklungen in Berlin. Acht Vorträge, gehalten anläßlich der 750-Jahrfeier Berlins. Berlin, New York 1988.

ENGELBRECHT, Ernst: In den Spuren des Verbrechertums. Ein Streifzug durch das großstädtische Verbrechertum und seine Schlupfwinkel, Berlin-Schöneberg o. J. (ca. 1926).

ENGELBRECHT, Ernst; HELLER, Leo: Berliner Razzien. Neu-Finkenburg bei Berlin o. J. (um 1924).

ENGELBRECHT, Ernst; HELLER, Leo: Verbrecher. Bilder und Skizzen aus dem Verbrecherleben. Mit 30 Zeichnungen von Conny. Neu-Finkenburg bei Berlin 1924.

FEUSTEL, Jan: Raub und Mord im Kiez. Historische Friedrichshainer Kriminalfälle. Begleitmaterial zur Ausstellung. Berlin 1996.

FREY, Erich: Ich beantrage Freispruch. Die Erinnerungen des berühmten deutschen Strafverteidigers Professor Dr. Dr. Erich Frey. München 1962.

GESERICK, Gunther; VENDURA, Klaus; WIRTH, Ingo: Zeitzeuge Tod. Spektakuläre Fälle der Berliner Gerichtsmedizin. Leipzig 2002.

GLATZER, Ruth (Hrsg.): Berlin wird Kaiserstadt. Panorama einer Metropole. Einleitung von Lothar Gall. Berlin 1993.

GLATZER, Ruth (Hrsg.): Das Wilhelminische Berlin. Panorama einer Metropole 1890–1918. Einleitung von Ernst Engelberg. Berlin 1997.

HANNOVER-DRÜCK, Elisabeth; HANNOVER, Heinrich (Hrsg.): Der Mord an Rosa Luxemburg und Karl Liebknecht. Dokumentation eines politischen Verbrechens. Frankfurt am Main 1967.

HARDER, Alexander: Kriminalzentrale Werderscher Markt. Die Geschichte des „Deutschen Scotland-Yard“. Bayreuth 1963.

HEINRICH, Wolfgang: Meister der Kriminalistik. Berlin 1955.

HEINRICH, Wolfgang: Meister der Kriminalistik. Neue Folge. Berlin 1962.

KAUL, Friedrich Karl: Von der Stadtvogtei bis Moabit. Ein Berliner Pitaval. Berlin 1985.

KESSLER, Harry Graf: Tagebücher. 1918–1937. Herausgegeben von Wolfgang Pfeiffer-Belli. Frankfurt am Main 1996.

KLEIN, Michael: Vera und der braune Glücksmann. Wie der NS-Staat einen Judenmörder hinrichtete. Eine wahre Geschichte. Leipzig 2006.

KNOBLOCH, Heinz: Der arme Epstein. Wie der Tod zu Horst Wessel kam. Berlin 1996.

KNOBLOCH, Heinz: Meine liebste Mathilde. Die beste Freundin der Rosa Luxemburg. 5. Auflage, Berlin 1994.

KOLARZ, Henry: Das große Ding. Wenn Joseph nicht gesungen hätte. Zwei Romane. Würzburg o. J.

LANDSBERGER, Artur: Die Unterwelt von Berlin. Nach den Aufzeichnungen eines ehemaligen Zuchthäuslers. Berlin 1929.

MALZACHER, Werner W.: Berliner Gaunergeschichten. Aus der Unterwelt 1918–1933. (Berlinische Reminiszenzen 28) Berlin 1970.

MARCUS, Paul (PEM): Heimweh nach dem Kurfürstendamm. Aus Berlins glanzvollsten Tagen und Nächten von PEM. Berlin 1952.

MITTMANN, Wolfgang: Gladow-Bande. Die Revolverhelden von Berlin. (Große Fälle der Volkspolizei 5). Berlin 2003.

MORECK, Curt: Führer durch das „lasterhafte" Berlin. Leipzig 1931.

POLLAK, Hans: Tatort Mulackritze. Berliner Unterwelt in den zwanziger Jahren. Berlin 1993.

POLLAK, Hans: Tatort Sektorengrenze. Berliner Kriminalfälle der Nachkriegszeit. Berlin 1994.

PRODÖHL, Günter: Die im Dunkeln. Kriminalfälle von heute. Illustriert von Klaus Poche. Berlin 1957.

SCHÄFER, Hans Dieter (Hrsg.): Berlin im Zweiten Weltkrieg. Der Untergang der Reichshauptstadt in Augenzeugenberichten. Neuausgabe, München, Zürich 1991.

SCHWERK, Ekkehard: Die Meisterdiebe von Berlin. Die Gebrüder Sass und die zwanziger Jahre. Berlin 2001.

SHERIDAN, Kenneth Frank: Entführung 1934: Episode aus der Frühzeit des Naziregimes = Kidnap the Jew. Marbach a. N. 2002.

SONNENBERG, E. Liebermann von; TRETTIN, Otto: Kriminalfälle. Berlin 1934.

STEINBORN, Norbert; KRÜGER, Hilmar: Die Berliner Polizei 1945–1992. Von der Militärreserve im Kalten Krieg auf dem Weg zur bürgerlichen Polizei? Berlin 1993.

STEINMANN, Carl-Peter: Tatort Berlin. Erlesene Kriminalfälle. Berlin 1997.

SZATMARI, Eugen: Das Buch von Berlin. (Was nicht im »Baedecker« steht, Band 1). München 1927.

TRESCKOW, Hans von: Von Fürsten und anderen Sterblichen. Erinnerungen eines Kriminalkommissars. Berlin 1922.

WAGNER, Patrick: Volksgemeinschaft ohne Verbrecher. Konzeptionen und Praxis der Kriminalpolizei in der Zeit der Weimarer Republik und des Nationalsozialismus. (Hamburger Beiträge zur Sozial- und Zeitgeschichte. Herausgegeben von der

Forschungsstelle für die Geschichte des Nationalsozialismus in Hamburg; Band 34.) Hamburg 1996.

WEIEN, Karl: Aus dem Berliner Verbrecherleben. 6. verbesserte Auflage. Berlin 1903.

WEIMANN, Waldemar: Diagnose Mord. Die Memoiren eines Gerichtsmediziners, aufgezeichnet von Gerhard Jaeckel. Bayreuth 1964.

Unveröffentlichte Quellen

Landesarchiv Berlin: A Pr.Br. Rep. 030 Nr. 60-66; 77–82; 96; 98; 130; 482;492; 603; 604; 619; 620; 632-634; 687; 688; 710; 784; 786; 793; 795; 954; 997; 998; 999; 1000; 1162; 219-1221; 1305; 1384; 1414–1416; 1433–1441; 1450; 1455; 1467; 1685–1687; 1712–1719; 1724; 1737–1740; 1742; 1744–1748; 1782; 1783; 1790; 1979; 2051; 2407; 2418.

Tageszeitungen

Berliner Börsen-Courir
Berliner Morgenpost
Berliner Tageblatt
BZ am Mittag
Der Abend
Der Berliner
Der Tagesspiegel
Der Telegraph
Neues Deutschland
Vossische Zeitung

Bildnachweis

Polizeihistorische Sammlung, Berlin
S. 54, 63, 64, 65, 91 (2), 92, 93, 100,101, 102/103, 143, 152, 153, 154/155, 158, 169, 170, 171, 172, 173, 180, 181, 183, 184/185,196, 198, 201.

Landesarchiv Berlin
Bestand A Pr. Br. Rep. 030-03: Nr. 15: S. 15; Nr. 1686: S. 21, 22/23; Nr. 1384: S. 25, 26; Nr. 61: S. 27; Nr. 1450: S. 28; Nr. 96: S. 29; Nr.: 66: S. 30, 31; Nr. 1455: S. 32, 33, 36, 37; Nr. 1162: S. 34/35; Nr. 954: S. 38, 40, 41; Nr. 1714: S. 43, 44/45, 47; Nr. 1715: S. 46; Nr. 997: S. 56/57, 59, 61; Nr. 477: S. 66, 67; Nr. 1434: S. 68; Nr. 130: S. 69; Nr. 604: S. 80/81, 82; Nr. 1416: S. 84; Nr. 1415: S. 85, 86 (3), 87 (2); Nr. 1416: S. 88; Nr. 1414: S. 89; Nr. 688: S. 104/105; Nr. 2418: S. 113, 114/115, 116; Nr. 1979: S. 119; Nr. 1737: S. 120, 121; Nr. 620: S. 122, 123, 124; Nr. 688: S. 126 (Titelbild), 129; Nr. 687: S. 127; Nr. 795: S. 131, 133; Nr. 786: S. 132; Nr. 633: S. 134/135, 135, 136/137; Nr. 1790: S. 140/141, 141, 142, 144 (2); Nr. 1748: S. 146, 147, 149, 150, 151.
Bestand F Rep (290): II3036 (Waldemar Titzenthaler): S. 19; 0272392: S. 24; 024609: S. 81 (oben); 0281466: S. 111; 0001027: S. 139.

akg-images, Berlin
S. 12, 14, 48/49, 50/51, 53, 55 (Album, Berlin Nero Film AG), 58, 98, 99, 106/107, 159, 160, 163 (Erich Lessing)

ullstein bild, Berlin
S. 4, 5, 11/12 (SZ Foto/Scherl), 70/71, 72 (bpk-Salomon), 73, 75 (bpk-Salomon), 77, 78, 79, 95, 96, 97 (dpa), 108, 109 (SZ Foto/Scherl), 156/157, 160/161 (dpa), 165, 166/167, 175 (Gert Schütz), 176 (Gert Schütz), 177 (dpa), 179 (Gert Schütz), 186 (Alex Waidmann), 188/189 (Berlinbild), 191 (Topfoto), 193, 194 (Alex Waidmann), 195, 197 (dpa)

Wikimedia commons:
S. 39, 164

Das Foto von Otto Schlesinger auf S. 17 mit der freundlichen Erlaubnis des Verlages BIK Keil aus dem Buch: SHERIDAN, Kenneth Frank: Entführung 1934: Episode aus der Frühzeit des Naziregimes. Marbach a. N. 2002.

Archiv der Autorin
S. 16, 20, 129 (oben).

3. Auflage 2019

Gestaltung und Satz: Felgner & Zierke, Berlin

Printed in the Czech Republic

ISBN 978-3-944594-18-7

www.elsengold.de